중국 구매대행의 전설 '중판' 대표의 300만 원으로 30억 번 비밀 노하우 대공개!

이윤섭 손승엽 공저

누구나 따라할 수 있는 기막힌
중국 구매대행 + 수입판매
끝장 매뉴얼

- 구매대행 비즈니스의 새로운 5가지 사업방법
- 최저가 아이템 찾기와 상품 상위노출 방법
- 수입판매 A~Z까지 동영상 강의
- 중국 수입제품 브랜딩 판매 비밀기법
- **1위** 중국 구매대행

누구나 따라할 수 있는 **기막힌** 　최신 개정 증보판
중국 구매대행 + 수입판매 끝장 매뉴얼

최신 개정 증보판 1쇄 발행 　| 2024년 2월 10일

지　은　이 | 이윤섭 손승엽 공저
발　행　인 | 김병성
발　행　처 | 앤써북
편 집 진 행 | 조주연
주　　　소 | 경기 파주시 탄현면 방촌로 548
전　　　화 | (070)8877-4177
팩　　　스 | (031)942-9852
등　　　록 | 제382-2012-0007호
도 서 문 의 | answerbook.co.kr

I S B N | 979-11-93059-19-7 13000

이 책은 저작권법에 따라 보호받는 저작물이므로 무단 전재와 무단 복제를 금하며,
이 책 내용의 전부 또는 일부를 사용하려면 반드시 저작권자와 앤써북 발행인의
서면동의를 받아야 합니다.

※ 책값은 뒤표지에 있습니다.
※ 잘못된 책은 구입한 서점에서 바꿔 드립니다.

이 책은 "누구나 따라할 수 있는 기막힌 중국 구매대행 끝장 매뉴얼"의 완전 개정 증보판이며, 수입판매 분야를 새롭게 추가했고, 기존의 내용을 트렌드에 맞게 전체적으로 개편 수정하였음을 안내해 드립니다.

Preface
머리말

잘나가던 IT 업계를 떠나 사업을 시작했습니다. 한때는 월급쟁이 시절보다 호화스러운 생활을 경험했지만, 모든 사업이 그렇듯 사업은 어느 시점부터 내리막길로 접어들고 말았습니다. 과거의 직책, 급여 등 그 화려함을 씻어내지 못하는 사이, 저는 어느덧 생활비를 걱정하는 처지로 전락하게 됐습니다.

대출을 받았지만 얼마 안 되는 자본금이라 할 수 있는 사업 분야는 많지 않았습니다. 적은 투자로 최대한의 수익을 낼 수 있는 사업이란 게 존재할까, 존재한다면 그게 무엇일까, 늘 고민의 연속이었습니다. 그러다 선택하게 된 중국 구매대행업!

처음엔 무작정 7일간 중국 이우 시장에 갔습니다. 그곳에서 돈 되는 상품을 찾은 것은 아니었고, 처절할 정도로 장사하는 수천 명의 중국 상인들을 만날 수 있었습니다.
제가 본 시장의 풍경은 다소 생소했습니다. 엄마는 가게를 지키며 물건을 팔았고 아이들은 가게 옆 상가에서 뛰어놀고 있었습니다. 그러다 에스컬레이터에 끼여 목숨을 잃은 아이들이 많아 지금도 이우 시장의 에스컬레이터는 모두 정지되어 있다고 합니다.

이후, 저는 결심했습니다. 이제부터 모든 과거의 화려함을 잊고 바닥부터 시작해 철저하게 장사꾼이 되자!
'이제부터 나는 IT 업계 직원도 아니고, 사업체의 대표이사도 아니며, 돈을 벌기 위한 장사꾼, 즉 철저한 장사꾼이다!'를 연신 외치며 돌아오게 됐습니다.

그리고 시작한 중국 구매대행 사업은 순탄치 않았습니다. 처음 마음가짐과는 달리, 서너 달은 혼자 눈물을 훔치며 낙담하곤 했습니다. 누구 하나 가르쳐 주는 것 없이 오로지 혼자 모든 걸 감당해야 했고, 그 압박 탓에 실수가 잦았습니다. 고객에게 환불해 주어야 할 돈은 늘어만 갔고 그만큼 수익도 얼마 되지 않았습니다.

그렇게 실패와 좌절 속에 경험은 쌓여갔습니다. 주말도, 휴일도 없이 오전 9시부터 밤 12시까지 4~5년간 성공을 위해 내달렸습니다. 그리고 어느덧, 목표수익 월 삼백만 원을 넘어 월 이천만 원 가까운 돈을 벌 수 있었습니다. 또한 미래를 위한 투자로 중국에 나와 같은 셀러 전용 배송대행지를 설립하고 계속적인 투자를 진행하여 중판(www.jungpan.com)이 탄생하게 되었습니다.
여러분 또한 이뤄낼 수 있습니다. 이전에 무엇을 했는지, 얼마를 벌었는지 등 모든 과거를 잊고
이제부터는 '장사꾼'의 마인드로 철저하게 정신 무장해야 할 때입니다. 저는 누구 하나 가르쳐주는 멘토가 없었지만, 여러분들의 뒤에는 중판 대표가 있지 않습니까?

여러분이 포기하지 않으면 저 또한 여러분을 포기하지 않을 것입니다.

이 책에는 구매대행업 초창기 때부터 어느 정도 자리 잡았을 때까지 관련 법을 몰라서 세관 업무를 이해하지 못했고, 타오바오 특성을 제대로 파악하지 못한 상황, 오로지 저의 실수로 인해 고객에게 환불 또는 보상을 해줘야 했던 상황 등 구매대행 셀러로서 반드시 겪게 될 수많은 상황들과 더불어 시대가 변해감에 따라 국내 수입 판매 시장의 규모가 더욱 활성화되고 다변화되는 지금. 앞으로 중국 비즈니스 셀러들의 새로운 먹거리가 될 수입 판매업의 기본적인 이해와 수입 시 주의해야 할 품목별 세관 인증요건에 대한 설명, 세법에 저촉되지 않는 올바른 수입 자금 송금 방법, 수입한 상품으로 플랫폼 경쟁에서 살아남기 위한 전략 등 구매대행 시장과는 또 다른 시각으로 바라보고 준비해야 하는 수입 판매 시장에서 여러분의 시행착오를 줄이고 중국 수입 판매 셀러로서 성공적인 도약과 정착을 하실 수 있도록 관련 노하우와 필자의 경험담을 알기 쉽게 주제별로 구성했고, 각각의 상황들을 이해하기 쉽게 설명했습니다.

저자 이윤섭

Reader Support Center

독자지원센터

이 책을 보면서 궁금한 사항이나 중국 비즈니스 관련 정보는 저자가 운영하는 중판 네이버 카페에서 그 답을 얻을 수 있습니다. 중판 네이버 카페에서 [카페 가입하기] 버튼을 눌러 가입 완료 후 [독자와 함께 하기]–[기막힌 중국 구매대행 끝장 매뉴얼] 게시판을 누른 후 문의글을 올리면 답변 받을 수 있습니다.

- 중판 네이버 카페 : https://cafe.naver.com/taobao4

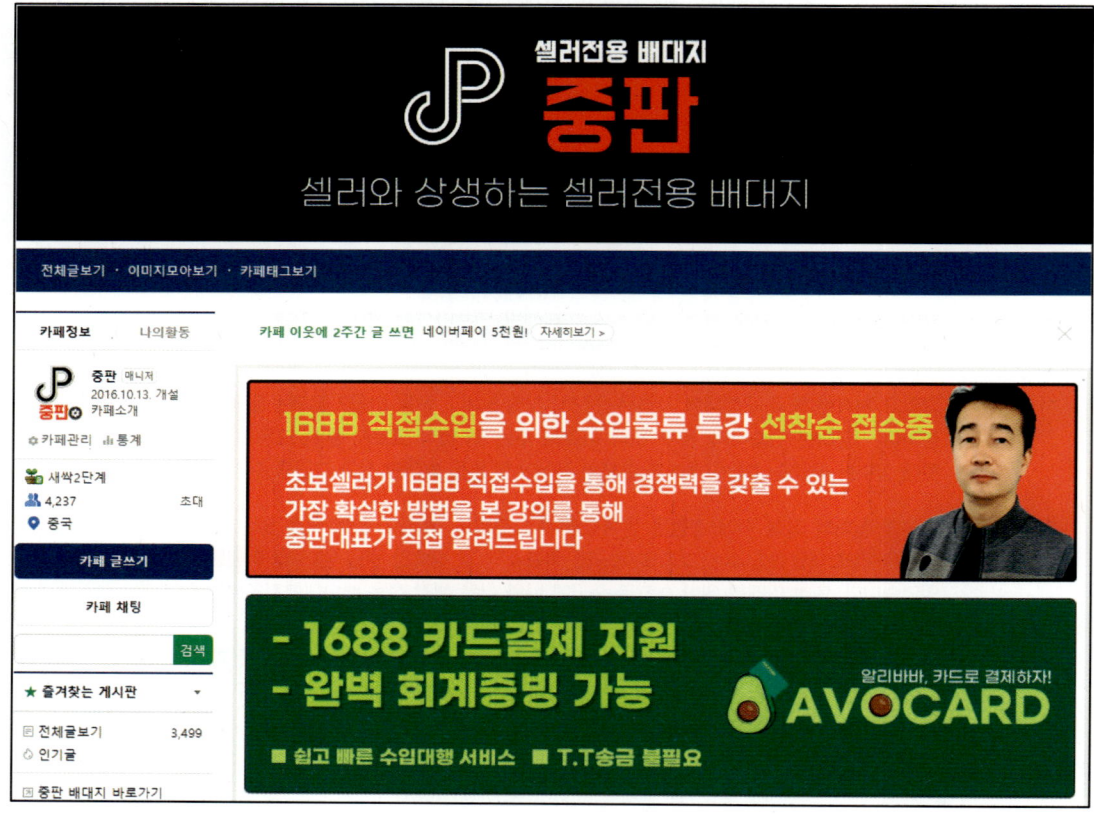

Contents
목차

Chapter 01 중국 구매대행 사업 · 12
    1 _ 중국 구매대행 사업이란? · 12
    2 _ 배송시간의 비밀 · 13
    3 _ 중국 구매대행 직배송 사업 수익 비교 · 13
    4 _ 중국 구매대행 사업의 장점 · 14
    5 _ 구매대행 대량등록 프로그램에 대한 중판 대표의 생각 · 15
    6 _ 중판대표 사업일지_계절 상품 기획부터 중국 공장 제작까지 리얼 스토리 · 16

Chapter 02 중국 구매대행 사업 5가지 · 20

Chapter 03 중국 구매대행 사업의 비전 · 23

Chapter 04 중국 구매대행업 시작을 위한 체크 리스트 · 26
    1 _ 체크 리스트 · 26
    2 _ 중국 휴대폰 개통과 중국 통장의 중요성 · 27
    3 _ 번역사이트 · 28
    4 _ 수입식품 위생교육 · 29
    5 _ 한국 신용카드 · 30
    7 _ 초보 구매대행업자가 3개월간 매일 해야 할 일 · 30

Chapter 05 전안법 들여다보기 · 31

Chapter 06 중국 대표시장 들여다보기 · 33

Chapter 07 알리바바 그룹 살펴보기 · 35
    1 _ 타오바오 · 36
    2 _ 1688 · 37
    3 _ 티몰(Tmall) · 37
    4 _ 알리왕왕 · 38
    5 _ 알리페이 · 39
    6 _ 알리바바 그룹 ONE ID 가입하기 · 39

Chapter 08 배대지(배송대행) 설정하기 · 45
    1 _ 배송대행지가 필요한 이유 · 45
    2 _ 타오바오 배대지 설정하기 · 45
    3 _ 1688 배대지 설정하기 · 47
    4 _ 타오바오/1688 배대지 주소 변경하기 · 48

Chapter 09 타오바오 주문 준비하기 · 49
    1 _ 타오바오에서 한국 신용카드 등록하기 · 49
    2 _ 알리왕왕 판매자 채팅 프로그램 설치와 기능 살펴보기 · 52

Contents
목차

Chapter 10 타오바오에서 주문하기 • 56
  1 _ 타오바오 화면 이해하기 • 56
    검색 후 주문 전체화면 구성 메뉴 살펴보기 • 56
    상품 페이지 화면 구성 메뉴 살펴보기 • 57
    타오바오 어플 활용하기 • 59
    타오바오 화면에서 찜한 상품 또는 찜한 상점 보는 방법 • 60
  2 _ 타오바오 주문/결제하기 • 61
    결제 전 쿠폰정보(优惠价) 확인하기 • 62
  3 _ 타오바오 환불/반품/중재 신청하기 • 64
    상품 환불 완료 화면 • 67
    판매자 배송 전 트래킹번호 미 입력 상태에서의 환불 방법 • 67
    상품 발송과 주문완료(회색주문서) 이후 환불 방법 • 68
  4 _ 타오바오에서 트래킹번호 확인하기 • 76
    하나의 주문번호에서 하나의 상품 트래킹번호를 확인하는 방법 • 76
    하나의 주문번호에서 여러 개의 상품 트래킹번호 확인 시 유의사항 • 76
  5 _ 타오바오 상점 마크와 판매자 등급 • 78
    타오바오 판매자 등급 • 79

Chapter 11 1688에서 주문하기 • 80
  1 _ 1688의 화면 이해하기 • 80
    검색 후 주문 전체화면 • 80
    상품 페이지 화면 • 81
    카트(장바구니) 화면 • 81
  2 _ 1688에서 주문/결제하기 • 83
  3 _ 1688에서 환불 신청하기 • 86
  4 _ 1688에서 트래킹번호 확인하기 • 88
  5 _ 1688 제품 1개 최저가 주문하기 • 89
  6 _ 1688 판매자 신용확인 및 원생산공장 찾기 • 94

Chapter 12 위챗으로 주문하기 • 97
  1 _ 위챗 아이디 확인하기 • 97
  2 _ 위챗 아이디 친구 추가하기 • 100
  3 _ 판매자와 위챗 상담결제하기 • 101

Chapter 13 기타 브랜드 사이트 주문하기 • 103
  1 _ 브랜드 사이트 중국 공식 홈 확인 방법 • 103
    도메인으로 확인하기 • 103
    국가 표기 선택으로 확인하기 • 104
  2 _ 브랜드 상품 가격/재고 비교 • 105
  3 _ 같은 브랜드 중국에만 있는 상품 • 106

Chapter 14 상품 소싱 필수 어플 및 보조 어플 활용 · 108
    1 _ 소싱 어플 소개 · 108
    2 _ 중국 본토 어플 다운로드 방법 · 110

Chapter 15 중국 소싱 노하우 7가지 조언 · 114

Chapter 16 아이템 선정 방법 · 117
    1 _ 키워드 데이터 조회를 활용하기 · 117
    2 _ 제품 브랜드 모델명으로 검색하는 방법 · 119
    3 _ 타오바오 추천 소싱법 · 120
    4 _ 한류로 유행하는 상품 찾기 · 120
        타오바오에서 확인한 한국의 유명 배우와 드라마 속 패션 정보 · 121
        중국어 검색 방법 · 121
        내 블로그 활성화 · 122
    5 _ 타 업체의 인기 판매 상품 따라 소싱하기 · 122
        타 업체의 인기 제품 찾는 법 · 122
    6 _ 중국 직구 상품 검색하기 · 124
    7 _ 기타 중국 앱으로 찾기 · 124
        상품 소싱 시 유용한 중국 앱 · 124
        썸머즈더마이 사이트 이용하기 · 126
    8 _ 기타 소싱법 · 127
        인기 상품 순서대로 소싱하는 방법 · 127
        타오바오 전문몰로 찾는 방법 · 127
        한국에 없는 특화 제품 및 상점 찾는 방법 · 128
    9 _ 아이템 소싱 시 주의사항 · 128
        라이센스 확인하기 · 128
        같은 이미지 다른 제품 · 128
        이미지 사용 주의하기 · 129
        사이즈의 오류 · 130
        재고 유무 체크 · 132
        바로 배송 가능 유무 체크 · 133

Chapter 17 이미지, 동영상 다운로드 및 편집 방법 · 134
    1 _ 이미지 다운로드 방법 · 134
        전체 이미지 다운로드 받는 방법 · 134
        PicPickTools 프로그램 사용하기 · 135
        크롬 확장 프로그램을 이용하여 이미지 다운로드 받는 방법 · 136
        이미지 배경 편집 방법 · 138
        중국어 제품 상세페이지가 아닌 영문 제품 상세페이지 작성법 · 138

Contents
목차

　　2 _ 동영상 다운로드 방법 • 140
　　　　소스보기로 동영상 다운로드하기 • 140
　　　　1688 사이트 동영상 다운로드 방법 • 141
　　3 _ 店查查(디엔차차) 활용 방법 • 142

Chapter 18 잘나가는 구매대행 사업자 분석 • 144
　　1 _ 자신의 전문분야 발굴 • 144
　　2 _ 소비자 선택에 의한 상품군 확장 • 145
　　3 _ 노가다 마케팅으로 승부 • 146
　　4 _ 행운의 MD 추천 • 146
　　5 _ 상품등록 숫자로 승부 • 147
　　6 _ 중판 대표의 "사주세요"로만 승부 • 147

Chapter 19 최저가 상품 검색을 위한 중국어 키워드 • 148
　　1 _ 번역사이트 이용하기 • 148
　　2 _ 타오바오 상품 제목으로 추출하기 • 149
　　3 _ 조건에 맞는 상품 검색하기 • 151
　　4 _ 이미지 검색으로 찾기 • 152
　　　　타오바오 앱의 활용 • 152
　　　　타오바오 PC 버전의 활용 • 152
　　5 _ 스마트폰 어플에서 이미지 검색 사용법 • 154
　　　　1688 상품 이미지 검색하기 • 154

Chapter 20 최저가 흥정하기 • 157
　　1 _ 판매자와 알리왕왕으로 흥정 • 157
　　2 _ 흥정에 필요한 번역문 • 158
　　3 _ 가격 할인받고 결제하는 방법 • 158
　　　　흥정을 통해 가격을 할인받고 결제하는 방법 • 158
　　　　가격 할인받고 결제하는 방법 • 159
　　　　결제 대기 중 상태에서 결제 • 160
　　4 _ 상품군별 도매사이트 이용하기 • 161

Chapter 21 중국 구매대행 물류의 이해와 실습 • 163
　　1 _ 용어의 이해 • 165
　　　　각종 번호를 부르는 용어의 이해 • 165
　　　　배송관리 4개의 관리 탭 • 166
　　2 _ 구매대행 물류의 흐름 • 167
　　3 _ 물류 입고하기 • 167
　　　　기본 입고 • 167
　　　　수취인 없이 입고 가능 • 169

　　　　나눔 입고 • 170
　　　　재고 입고 • 171
　　4 _ 물류 출고하기 • 172
　　　　단독 배송 출고 • 172
　　　　바로 출고 • 173
　　　　합배송 출고 • 173
　　　　재고 출고 • 174
　　　　일반 주문 +재고 주문의 합배송 출고 • 175
　　　　묶음 출고 • 176
　　5 _ 출고 시 주의사항 • 177
　　　　트래킹번호 예측하기 • 177
　　　　멀티박스 출고 • 178
　　　　우드 특수 포장 출고 • 178
　　　　국내 도착화물의 경동/대신 화물로 변경(이형화물) • 179
　　6 _ 택배 조회 • 179
　　　　중국 내 택배 조회 • 179
　　　　한국 세관 통관조회 • 181
　　　　한국으로 잘못 배송된 제품의 교환, 이동, 반품 • 182

Chapter 22　마케팅과 홍보 • 183
　　1 _ 마케팅/홍보 툴 • 184
　　2 _ 활용 가능한 마케팅 콘텐츠 • 186
　　3_ 네이버의 광고 영역 • 186
　　4 _ 지식인 마케팅 방법 • 187
　　5 _ 블로그 노출 방법 • 189

Chapter 23　통관 잘하는 방법 • 191
　　1 _ 밀수 및 관세포탈 • 191
　　2 _ 통관 시 주의사항 • 192
　　3_ 지재권 침재에 대한 세관 판단 • 195

Chapter 24　결제대행 사업 방법 안내 • 196
　　1 _ 결제대행 사업이란? • 196
　　2 _ 결제대행 수익율 계산 • 197
　　3_ 결제대행 진행방법 • 197
　　　　결재대행 사업, 고객의 요청 방법 안내 – 타오바오 요청 • 197
　　　　결재대행 사업, 고객의 요청 방법 안내 – 1688 요청 • 198
　　　　결제대행 사업 – 모바일 알리페이 결제 처리법 • 198
　　　　결제대행 사업 –PC 알리페이로 결제 처리법 • 199

Contents
목 차

Chapter 25 "이 물건 사주세요" 특강 · 200
1_ 카톡으로 진행하는 중국 구매대해업(블로그 및 폐쇄몰 판매) · 200
2_ "이물건 사주세요" 수익율 계산 · 203
3_ 조타구 약관 안내 · 204
4_ "이물건 사주세요" 주의사항 · 205

Chapter 26 "이 물건 어때요" 특강 · 206
1_ 오픈마켓을 통한 중국 구매대행법(스마트스토어 기준) · 206
2_ 상품 노출 방법 및 상품 최적화 기본 원리 · 206
  광고 · 207
  상품 최적화를 통한 상단노출 · 209
3_ 상품 최적화의 구성요소와 이해 · 210
  키워드와 메타데이터 · 210
  내 상품에 맞는 키워드 찾기 · 211
4_ 상품 최적화를 위한 키워드 분석 도구 · 213
  각 사이트별 특징과 사용방법 · 213
5_ 키워드 분석 도구 활용 시 주의사항 · 216
6_ 최적화에 도움이 되는 상세설명 작성법 · 217
7_ 스토어 운영의 핵심 리뷰관리와 선제적 CS · 218
  리뷰관리 중요성 · 218
  선제적 CS의 중요성 · 219
8_ "이물건 어때요" 사업의 주의사항 · 219

Chapter 27 사업자 구매대행 · 220
1_ 사업자 구매대행이란? · 220
  KC 인증이 필요 없는 경우(대리통관) · 220
  KC 인증이 필요한 경우 · 220
2_ 견적내기 및 수익분석 · 221
3_ 계산서 발행하기 · 232

Chapter 28 구매대행의 회계처리 · 223

Chapter 29 중국 수입판매로 진정한 셀러되기 · 226
1_ 중국 수입 소싱 사이트의 이해 · 231
2_ 중국 구매대행과 수입판매의 차이점 · 233
3_ 어떤 제품을 수입판매 해볼까 · 234
  구매대행을 했다면 내가 판매한 구매대행 상품중 5개 이상 팔렸던 상품을 수입하기 · 237
  본인이 관심 있는 가장 잘 아는 카테고리에서 상품찾기 · 237
  아이템 위너 상품중에 가격 경쟁력 있는 상품 찾기 · 239
  아이템 선정이 어렵다면 국내 위탁상품 판매 먼저 해보기 · 240
  처음부터 기획상품 만들어보기 · 241

4_ 수입시 필요한 용어 설명 · 243
    부피와 포장에 따른 기초 용어 · 243
    통관방법에 따른 용어 · 244
    관세와 부가세 및 환율 · 245
    원산징 증명과 원산지 표기 · 246
    인보이스와 사전무역대금 그리고 T.T 송금 · 248
    수입신고 필증과 수입세금계산서 · 250
    자금증빙과 매입증빙 · 251
    KC 인증과 지재권 (지식재산권) · 251

5_ 수입시 주의 사항 5가지 · 255
    인증이 필요한 제품인가? · 255
    원산지 표기는 되어 있는가? · 256
    지재권 침해 상품은 아닌가? · 256
    국제 물류의 선택 · 258
    FTA 관세 혜택 유무 · 259

6_ 수입물류처리시 주의사항 · 260
    1688의 모든 트래킹번호 확인하기 · 260
    배대지는 트래킹번호로만 관리한다 · 261
    통관시 세관이 중요하게 보는것 · 262
    노데이터란 무엇인가? · 263
    여러 품목 주문서 작성하는 방법 · 264
    배대지와 상생 소통하기 · 267

7_ 브랜드 상표가 필요한 이우 · 268
    소비자가 내 브랜드를 아나요? · 268
    상표권 보호와 외부유입 · 269
    브랜드 네이밍 쉽거 하기 · 270

8_ 1688 슈퍼아이디로 최저가 수입하기 · 272
    1688 슈퍼아이디의 장점 · 273
    1688 슈퍼D 이용 방법 · 275
    수입대행과 카드결제 수입대행 아보카드 · 276

Epilogue · 278
    중판 카페 활용하기 · 278
    독자를 위한 무료강의 · 279
    중판 배대지 장점 활용하기 · 279
    중판 유튜브 활용하기 · 282
    셀러에게 최적화된 중판 중국 배대지 · 283
    중판과 함께 성장한 파워셀러 리뷰 · 284

CHAPTER

01 중국 구매대행 사업

1 _ 중국 구매대행 사업이란?

중국 구매대행이란, 중국 내 제품을 자신이 직접 구매하는 것이 아니라 다른 사람에게 일정한 수수료와 물건 값을 지불하고 대신 구매하게 하는 일이다. 여기서 다른 사람이 우리를 지칭하여 '글로벌 셀러' 또는 '구매대행업자'로 부른다. 우리나라에서는 중국과의 지리적 관계 및 저렴한 가격 등의 이점을 이용한 중국 구매대행 사업이 성행이다.

중국 웨이하이(Weihai, 威海)에서 선박이 출발하면, 8시간이면 한국에 도착한다. 중국 구매대행은 소비자가 온라인으로 주문을 하면, 중국 사이트(타오바오, 1688 등)에서 구매하여 직접 중국에서 한국의 소비자에게 직배송하는 사업이다.

2 _ 배송시간의 비밀

국내 온라인 시장에서 확인할 수 있는 배송 시간은 크게 3가지로 나눌 수 있다.

첫 번째는 국내 당일배송으로 홍보하는 상품으로, 이는 국내 제품의 재고를 가지고 있으며 소비자의 주문에 맞춰 발송하는 것이다.

두 번째는 주말 제외 2~5일로, 중국 제품을 중국 내 배대지 창고에 적재 후 주문이 들어오면 즉시 출고 배송하는 상품이다. 본래 구매대행업은 한국과 중국 어디든 재고를 두어서는 안된다. 단, 주력 상품인 경우는 중국 쇼핑몰에 대량 주문을 하고 상품을 배대지에 입고시켜 배대지의 재고시스템을 이용하여 주문서를 분리하여 각각의 고객에게 배송 지시를 하게 된다. 즉, 회전율이 높은 상품에 한해 어제도 판매되고, 내일도 판매될 제품의 회전율을 닺춰 재고를 조정하면 된다.

세 번째는 재고를 가지고 구매대행 하는 방법은 중판의 해외 인보이스 서비스를 이용하는 방법이 있다. 이를 통해 재고의 책임과 관리를 중판 중국해외법인이 책임을 가지게 되고 셀러는 인보이스 송금을 완료한 중판으로부터 재고 물품을 구입하는 방식으로 재고 적재 후 구매대행도 가능한 길을 중판은 열어 두었다. 해외 인보이스 서비스에 대해서는 한 번 더 자세히 다루도록 하겠다.

네 번째는 주말 제외 10~15일이다. 한국에서 주문이 들어오면, 판매자는 중국에서 상품을 주문하여 소비자에게 배송한다. 따라서 재고가 남지 않지만 제품 수령까지 시일이 많이 걸려 배송도중 고객의 주문취소를 자주 경험하는 단점을 가지고 있다.

3 _ 중국 구매대행 직배송 사업 수익 비교

중국 구매대행으로 상품을 판매하게 되면, 국내의 상품과 같은 상품이라 할지라도 다음과 같이 마진을 약 2배 이상 남길 수 있다. 소비자 판매가 역시 저렴하게 책정되어, 가격 경쟁력에서도 우위를 갖는다.

최근에는 구매대행 셀러들이 늘어남에 따라 가격 경쟁력이 심해 수익율이 이전만 못한 건 사실이다. 그렇다 하더라도 제품군에 따라 아직도 국내 사업 판대보다 마진율이 좋은 제품군이 훨씬 많으니 이 책을 통해 소싱제품을 찾는 방법을 배워 보도록 하자.

판매가	43,580원
할인가	25,150원
택배비	3,000원
판매가	28,150원
예상 마진율 : 3,000원	

◆ KC인증 정식 수입 유통

￥57.5×170환율	= 9,775원
국제 운송비	6,800원
감수포장	2,000원
	18,570원
예상 마진율 : 6,580원	

◆ 중국 직배송 수입 유통

4 _ 중국 구매대행 사업의 장점

중국 구매대행 사업은 정식 수입 상품 판매와 비교하여 다양한 장점이 있다.
사업 초기에 셀러가 시작하기에도 부담이 적다. 구매대행 사업의 장점에 대해서 알아보자.
첫 번째 장점은 재고부담이 적다는 점이다. 한국 선 주문 후 중국에 주문을 넣는 방법이다. 주문 후 상품을 구입, 출고하므로 재고부담을 최소화할 수 있다.
두 번째는 각종 인증으로부터 부담이 적다. 해외에서 국내로 정식 수입 시 필요한 각종 KC 인증을 받지 않아도, 구매대행을 활용하면 합법적 판매와 유통이 가능하다.
셋 번째는 다양한 상품을 판매할 수 있다. 구매대행은 위에서 언급한 각종 인증으로부터 자유롭기 때문에 소싱이 가능한 아이템이 폭발적으로 늘어난다. 따라서 상품의 다양성을 확보할 수 있다.
네 번째는 해외에서 상품을 정식 수입할 시, 통관에는 관부가세 및 관세사비 등이 필요하다. 또한 국내에서 재고를 적재할 창고비, 물류비 등도 필요하다. 3PL 업체를 이용하면 그 또한 비용이 만만치 않게 들어가 원가에 반영되어야 한다. 그러나 구매대행을 활용하면 이 모든 기타 비용이 절약 된다. 때문에 상품의 가격경쟁력을 가지고 마진율을 높일 수 있다.
마지막으로, 유행에 민감하게 반응할 수 있다. 구매대행은 소비자 주문 시 판매자가 구입, 출고하므로 유행에 민감한 계절상품, 인기상품 등을 즉시 준비할 수 있다. 따라서 유행을 타는 상품에 있어서도 경쟁우위를 가진다.
나는 구매대행의 장점을 이렇게 5가지로 요약한다. 일부 유튜버들이 말하는 디지털 노마드는 존재하지 않는다고 생각한다. 구매대행에 대한 나의 철학은 서비스업이므로 내 몸이 피곤한 만큼 돈을 벌수 있다고 생각하지 바닷가 여유로운 휴양지에서 클릭 몇 번으로 돈을 벌 수 있다는 환상은 가지고 있지 않다.

5 _ 구매대행 대량등록 프로그램에 대한 중판 대표의 생각

우리가 간이사업자로 아주 작게 시작하여도 엄연한 기업이고 사업이다. 기업이라면 그 기업의 가치와 목표가 뚜렷해야 한다. 물론 거창하게 사업계획을 작성하지 않아도 나의 머릿속에 어떻게 사업을 끌고 나갈 것인가 확고한 설계가 반드시 필요하다.

장사꾼과 장사치는 다르다고 생각한다. 내가 차린 식당이 맛집이 되어 확장하며 프랜차이즈로 성장시키는 사업을 한다면 장사꾼을 넘어 사업가가 되는 것이고, 내 식당이 맛집으로 소문나 돈 좀 더 벌려고 반찬 줄이고 신선하지 않은 식자재를 쓰는 기교를 부린다면 그건 장사치에 불과하다. 내 몸이 피곤해야 구매대행은 돈을 벌수 있다고 이미 말했다. 그럼에도 많은 셀러는 대량등록 프로그램이라는 유혹에 벗어나지 못하고 있다. 수만 개 상품을 대량으로 등록시켜 어떤 상품이 등록되어 있는지 본인도 모른다면 이 사람을 과연 셀러라고 말할 수 있을까?

하나하나 소싱해 나가면서 이 제품이 과연 고객들에게 어떻게 반응할까? 어떤 경쟁 포인트를 가지고 있을까를 생각하며 소싱하는 것과 본인이 대량등록으로 지지권 제품인지 어떤 상품 경쟁력이 있는 건지도 모르고 오픈마켓에 올리는 것과 누가 미래에 더 큰 성장을 할지는 따져보지 안 해도 결론이 나와 있다.

100개, 1,000개의 상품을 하나하나 등록하다 보면 그것만으로도 상품 볼줄 아는 시야를 가지게 된다. 이런 능력이 쌓이다보면 나만의 자산이 되어 구매대행을 넘어 직접 수입, 더 나아가 브랜드화를 이룰 수 있고, 궁극적인 사업을 영위해야 하는 것이 목표임에도 당장 내 몸 하나 편하자고 돈 주고 구입한 상품 대량등록 프로그램을 사용한다면 얼마나 큰 사업을 할 수 있을까?

조금만 생각해 보면 상품 대량등록 프로그램은 누구나 돈만 지불하면 셋팅할 수 있다. 즉, 사업의 진입장벽이 전혀 없다는 말이다.

모든 사업을 계획할 때 진입장벽 이야기를 많이 한다. 그 장벽이 없다면 내가 하고 있는 사업은 물위에 구멍 난 보트를 타고 있는 것과 마찬가지다.

셀러의 가치와 사업을 배우는 게 아니라 상품등록 프로그램을 다루는 기술을 배우게 된다. 중국어 글자하나 안 바꾸고 올리는 이러한 대량등록 솔루션을 여러분이 오픈마켓 담당 팀장이라 가정하고 다음 두 입점업체 중 어느 업체를 좋아할지 생각해 보자.

첫 번째는 수천만 개 상품 이미지와 팔릴지 안 팔릴지 모르는 스팸 같은 상품을 올려 서버 부하와 트래픽 비용만 발생시키는 입점업체이고, 두 번째는 실제 고객에게 상세페이지 잘 만들어 상품에 대한 소개와 가격 경쟁력으로 판매하는 입점업체이다.

결론적으로 구매대행으로 시작하여 장사꾼이 되어 사업가로 가려는 분은 대량등록 프로그램은 멀리 해야 된다. 물론 모든 프로그램을 멀리 하라는 말은 아니다 단순작업해야 하고 업무의 시간을 단축시켜주는 좋은 프로그램은 얼마든지 이용하여 업무의 효율을 증대시키는 건 나의 경쟁력을 확보하는 것과 같다.

6 _ 중판 대표 사업일지_계절 상품 기획부터 중국 공장 제작까지 리얼 스토리

이 글은 중판 대표인 저자가 운영하는 중판 네이버 카페(https://cafe.naver.com/taobao4)-중판 대표 사업일지 게시판을 통해 저자가 연재한 게시글 일부 내용이며, 중판 대표가 2022년 올해 판매를 목표로 하는 여러 아이템 중 선별하여 중국 공장 협의부터 한국 판매까지 이뤄지는 과정의 일부 내용을 발췌하였다.

한국 사업자든 홍콩 사업자든 리셀러 구매대행에는 분명 한계가 있다. 내 제품 내 브랜드가 없다는 건 셀러에게 있어서 정말 치명적인 한계이다. 그렇다고 사업을 할 수 없는 건 아니지만 언제든 다양한 위험요소로부터 대비할 수 없는 취약점이 리셀러 사업이다. 그래서 구매대행으로 시작한 사업의 끝은 어떤 강의를 들으셔도 최종 목표점을 본인 제품과 브랜딩으로 결론을 낼 수밖에 없다."

우리는 구매대행 리셀 업무를 통해 전반적인 제품의 다양성을 체감하게 되고 시장성을 확인하게 되고 판매 노하우를 쌓게 된다. 이후 자본이 모인다면 그다음 과정은 사입단계나 제품 개발 단계로 넘어가야 진정한 셀러로 사업을 성장시킬 수 있게 된다. 이 과정까지 가시면 이제 셀러가 아닌 사업가로서 성장해 있는 내 모습을 보게 될 것이다. 올해 기획하는 건 작년에 이미 재미 좀 봤던 패들보드와 전자담배 다닥이에 이어서 실내용 전자담배 흡연기를 기획했다.

패들보드는 물놀이용품이라 계절상품에 속한다. 계절상품 준비는 항상 한 계절을 앞서야 판매가 가능하다. 즉, 여름계절 용품이라면 봄에는 준비해야 늦지 않게 여름에 판매가 가능하기 때문이다.

작년에 패들보드를 기획했던 건 코로나가 1년 이상 지속되어 작년 여름부터 여행과 물놀이 수요가 폭발적으로 늘어날 것으로 예상했다. 다시 한번 느끼는 것이지만 사업은 내 노력도 중요하지만 정말 운이 좋아야 한다고 생각한다.

작년 봄 패들보드 기획 당시 코로나 상황이 1년 이상 지속되어 여름쯤은 대폭 방역이 완화되어 1~2년간은 강이나 바다로 쌓인 여행심리와 그에 따른 보복 소비가 있을 것이라 예상했다. 운이 좋았던 건 여름상품이라 봄 5월까지 제품 제작을 완료하였고 6월부터 본격적으로 판매했고 광고도 붙였다. 7월 초순 한달만에 200개 준비된 상품이 완판 시점에 다시 코로나 확진자가 급증하며 방역수칙이 강화되어 결국에는 여름 성수기 기간에는 다시 해수욕장 폐쇄 등이 단행되었다. 운이 좋았던 건 그전에 나는 이미 완판을 했다는 것이다. 만약 이렇게 상품 다 찍어 두고 코로나 변수로 인해 판매가 안 되었다면 재고를 가지고 올해까지 넘어왔을 것이라 부담이 작지 않았을 것이다.

2022년 올해는 확신했다. 코로나가 다시 유행하더라도 작년처럼 통제는 되지 않을 것이기 때문이다. 그렇다면 강력하게 추진하여 다시 패들보드를 판매하고자 결정했다.

문제는 (젠장할...) 중국 자국 내에 코로나가 퍼지면서 위해, 상해, 광저우 등등 곳곳이 봉쇄상태가 발생했다. 3월부터는 시제품 가야 하는데 3월 한 달은 공쳤다. 거기다 작년에 진행했던 이전 공장이 올해는 다시 패들보다 제작 진행을 하지 못할 것 같다고 다른 공장을 찾아야 하는 상황이다. 중국에 상당히 많은 패들보드 공장이 있다. 하지만 우리가 원하는 패턴을 디자인 프린팅 하려면 규모도 되고 프린팅 장비도 갖추고 있는 공장을 찾아야 했다.

더욱이 최소한 제작 검수 과정이라도 하려면 중국에 있는 푸지엔(중국 중판창고 대표)이 차로 이동할 수 있는 산동성 지역이 유리한데 공장 조건에 맞는 공장찾기가 쉽지는 않았다.

1688에서 공장을 뒤진 결과 역시 중국은 넓고 못 찾을 게 없다는 확신이 다시 드는 순간이다.

찾았다. 우리에게 맞는 프린팅 가능하고 경험 5년 이상되며 규모가 작지 않은 공장.

이게 왜 중요하냐면 중국 공장들과 협의할 때 모든 자기네가 최고라고 한다. 경험이 없는 공장은 가격 면에서 유리하게 나올 수 있다. 하지만 결론적으로 제품 품질 저하로 이어지고 우리가 원하는 제품 그대로 표현해서 제작하지 못하고 자기들 편한 대로 이건 안되고 저것도 안 된다면서 손쉽게 제작 납품하려는 습성을 가지고 있기 때문이다. 다행 위해시에 위치하고 봉쇄도 그 지역은 아니라서 바로 연락하고 1688로 공장을 찾고 알리 왕왕으로 기본적인 대화를 한 후 위챗으로 공장 내부 동영상과 사진으로 실제 공장인지 규모가 있는지 등을 확인했다.

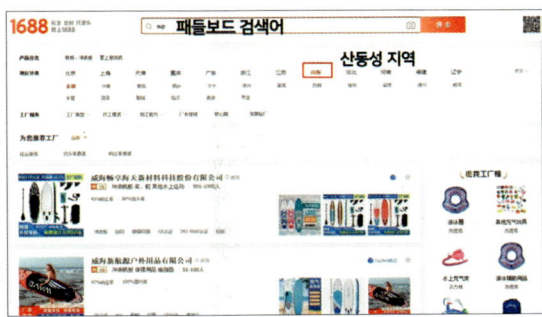 

위와 같은 영상을 올린 업체라고 모두 공장이라고 믿지는 않는다. 중국이니까! 인민이 생산한 영상이나 사진을 모두 나눠 사용하기 때문이다. 알리왕왕으로 대화가 되었다면 이제 위챗으로 담당자와 연결해 영상통화 등으로 실제 공장임을 확인해야 할 차례다.

역시 몇몇 업체는 귀찮다고 한다. 이런 업체는 패스한다.

더 찾아보자.

...중략...

패들보드 공장을 1688에서 검색하고 하나하나 채팅하면서 우리 요구조건 즉, 프린터로 프린팅 가능하고 ai 파일로 디자인되어 처리되며 전문 디자이너가 있는 공장을 찾았는데 적당한 공장이 있어 일단 샘플 의뢰를 했다. 자체적으로 프린터를 보유하고 있냐고 물어보니 보유하고 있다고 하길래, 프린터기 사진 요청했더니 아래 사진을 보내왔다.

이 정도면 믿을 수 있겠지만 그래도 확실히 체크하기 위해 프린팅되는 동영상을 요청했다. 그랬더니 위챗을 알려줬고 위챗으로 대화하면서 위와 같은 공장 영상을 받을 수 있었다.

이 정도면 우리 제품을 표현하는 데 큰 문제가 없다.
산동성에만 본인들이 운영하는 이런 공장이 4곳이 있을 정도로 전문 업체라고 소개한다.
주소 달라고 해서 업체 조회해 보니 정말 4곳에서 공장을 운영하는 것을 확인했다.
한 가지 더 확인해 볼 사항은 한국에 구글 스트리트뷰 다음의 로드뷰가 있듯이 중국도 로드뷰를 볼 수 있다. 공장을 가보지 않고 그래도 외관을 확인해 볼 수 있어도 진짜 공장 위치 인지 주소를 조회해 볼수도 있다.

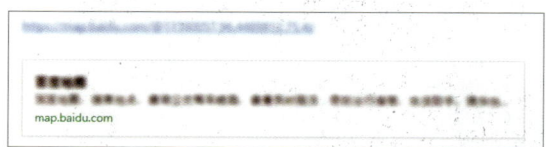

우리나라 네이버랑 비슷한 중국 바이두 지도에서 주소나 상호를 검색하면 로드뷰를 확인할 수 있다.

뭐 대충 공장도 실존하고 위챗으로 프린팅 영상도 확인했으니 일단 이 공장에 샘플을 의뢰하고 받아 봐야겠다. 샘플을 4월말까지 만들어 보내준다고 하니 작년에 기획했던 디자인 자료 넘기고 샘플을 이제 기다려 봐야겠다.

위 사례처럼 공장을 찾을 때 단순하게 1688 한번 검색만으로 확정하는 것보다 대화도 시도해보고 요구조건도 상담해보고 위챗으로 공장 관련 영상도 보고 바이두 로드뷰로 공장 위치와 사진도 확인한다면 실제 내가 공장에 방문하지 않아도 어느 정도 신빙성을 갖춘 공장이라 확정할 수 있다. 직접 방문하는 게 최선이지만 그럴 수 없을 때 검증은 위와 같이 철저하게 해야 뒷탈이 없다.

제발 이번에 호흡 맞고 좋은 공장이길 간절히 바란다. 사실 샘플을 받아본 후 테스트 해보기 전까지 좋은 공장 만났다고 확정하기 힘들고 만약 이 공장이 별로이고 생산을 맡기지 못할 것 같다면 올해 패들보드 사업은 한해 공쳐야 할 상황이다.

드디어 샘플이 도착했다. 나는 중국 미워하고 싶지 않다. 내 밥줄이니까.

근데 이건 정말 아니잖아…

샘플의 개념이 없는 것 같다. 대량생산을 위해 몇 개 제작해 보고 그 제품이 이상이 없다면 그대로 대량생산 들어가는 걸 샘플이라고 하지 않나. 그런데 샘플용이라도 따로 보내놓고 대량생산할 때 인쇄상식을 실크로 하면 지워지지 않는다. 색상도 이 색상이 아닌데 AI 파일 그대로 자기들은 인쇄했고, 인쇄 색상이 모니터랑 다르게 보일 수 있단다.

이건 그렇다고 치자.

그래도 이건 아니지…

◆ 그림 1   ◆ 그림 2

오른쪽 그림1에서 왼쪽이 작년에 팔았던 디자인 오른쪽이 이번 새 공장에서 만든 디자인이다.
이게 어떻게 똑같나? 더군다나 물티슈로 문지르면 지워진다.
오른쪽 그림2에서 흰색으로 표시된 부분이 물티슈로 지워본 부분이다. 물에서 노는 제품인데, 물티슈로 지워지는 페인팅이라… 혈압이 머리 끝까지 오른다.
곧 여름인데… 아놔 미쳐 버리겠다.

이 공장 말은 샘플이라 UV 인쇄방식을 사용한 것이고 실크방식으로 제작하면 지워지지 않는다고 말한다. 색상은 보정이 가능한데 그럼 다시 샘플 받으라고? 마감 상태도 작년에 진행했던 이전 공장만 못하다.

이제 시간이 없다. 선택을 해야 한다.

❶ 이 공장과 실크로 비싼 샘플을 다시 받아볼까?
❷ 작년에 이용한 공장에 사정이야기 하고 다시 부탁해 놀까?
❸ 완전히 새로운 공장을 다시 찾아야 할까?

과연 중판 대표는 어떤 선택을 했을까?
패들보드, 시기를 놓치지 않고 여름에 제대로 판매할 수 있을까?

이후에 벌어지는 상상을 초월하는 리얼 스토리는 중판 네이버 카페의 중판 네이버 카페(https://cafe.naver.com/taobao4)-중판대표 사업일지 게시판에 올라오는 연재 글을 통해서 확인할 수 있다.

CHAPTER

02 중국 구매대행 사업 5가지

중국 구매대행 사업은 사업의 형태가 서비스업인지 도·소매업인지, 거래 대상이 누구인지에 따라 여러 방식으로 진행할 수 있다. 구매대행업 사업을 초기부터 시작한 중판 대표는 다음과 같이 5가지로 그 방법을 구분한다.

❶ 이 제품 사주세요!
❷ 이 제품 어때요?
❸ 중국 소싱 수입판매
❹ 사업자 구매대행
❺ 결제대행 사업

위 5가지 사업의 방법은 각기마다 다른 장·단점을 가지고 있으며, 초기 자본 유무 및 이후 재무 관리 편의에 따라 선택할 수 있다. 각각의 사업 방법에 대해서 알아보자.

"이 제품 사주세요!"

구매대행 초기에 활성화되었던 사업의 방법이다. 일종의 구매대행 서비스업으로, 일반 소비자들이 알고 있는 구매대행이기도 하다. 고객이 원하는 해외 쇼핑몰의 제품 링크를 대행업자에게 알려주면 대행업자가 대신 구매·배송 대행을 진행하는 사업의 형태이다. 고객은 선불로 결제를 진행하며, 구매대행업자는 제품의 품질·반품·교환 등의 책임을 거의 갖지 않는다. 초기 비용이 들지 않으며, 회계처리가 가능하다. 소비자가 필요한 상품을 주문하는 것이기 때문에 재고가 남지 않는다.

나는 이 사업을 시작할 때 중국 판매자들로부터 영감을 얻었다. 필자가 카톡으로 구매대행을 시작한 이유는 이러하다. 필자가 카톡으로 구매대행을 시작할 때만 해도 모든 구매대행이 사이트 또는 카페를 통해 구매하고자 하는 정보를 등록해야 했다. 중국인은 기본적으로 흥정과 대화를 통해 물품을 저렴하게 구매하는 습관이 있으며, 타오바오 중국 판매자들도 그 습관이 그대로 인터넷을 통해서 재연된다. 타오바오 판매 페이지에 상품과 재고가 등록되어 있음에도 중국인들은 구매 전 꼭 알리왕왕으로 판매자와 대화 후 구매하는 습관이 있다. 이런 구매 습관을 눈여겨봤고, 내 몸이 조금 더 피곤해도 일일이 카톡으로 주문을 받아보자는 아이디어로 사업을 시작했고, 이런 나의 예상은 적중했다. 회원가입도 필요 없고 친구에게 물건 사달라고 하듯이 편하게 고객들이 주문할 수 있었던 상황들이 입소문 나기 시작하면서 많은 고객을 확보 할 수 있었다.

"이 제품 어때요?"

전안법이 통과된 이후, 활성화되기 시작한 사업의 방법이다. 구매대행의 서비스로, 대행업자가 오픈마켓 등의 인터넷 쇼핑몰을 활용하여 해외 상품을 먼저 소개하여 준비한다. 이후, 고객이 주문하면 해외에서 구매 후 고객에게 배송하는 사업의 형태이다. 제품의 품질·반품·교환의 책임은 대행업자가 가진다. 후불 정산의 방법으로 결제가 이루어지며 재고가 남지 않고 회계 처리가 가능하다.

중국 소싱 수입 판매

구매대행 서비스업이 아닌, 셀러가 국내에 재고를 가진 후 판매하는 도·소매 판매 방법이다. 정식 사업자 통관을 진행하여 팔고 싶은 제품을 정식 수입 절차를 통해 국내로 들여와 오픈마켓 및 기타 마켓에 판매하는 형태의 사업이다.

사업자 구매대행

국내의 사업자가 중국 제품의 정식 수입을 위해 구매대행을 의뢰하면, 대행업자가 그에 대한 수수료를 받는 형태의 사업이다. 재고를 전량 국내 사업자에게 인계하여 도·소매 계산서 및 수수료 계산서를 발행하며, 정식 사업자 통관 후 진행한다.

다음은 위 4가지 형태의 사업을 비교 구분한 표이다.

구매대행 사업 구분	산업구분	제품에 대한 책임	재고 유무	사업자 통관
이 제품 사주세요!	서비스업	×	×	×
이 제품 어때요?	서비스업	○	×	×
중국 소싱 수입 판매	도·소매업	○	○	○
사업자 구매대행	도·소매업	○	×	○

결제대행 사업

중국의 유명 쇼핑몰인 타오바오와 1688에는 결제 대행 시스템이 구축되어있다. 이 시스템을 활용하여, 중국 통장을 가지고 있는 대행업자가 고객 요청에 의해 단순 결제만 대행하고 환차익 또는 상품가 대비 일정 수수료의 수익을 얻는 사업이다.

TIP 구매대행, 알고 보면 쉬워요!

서비스업			
내가 내 물건을 사면?		직구	
내가 남의 물건을 사주면?	구매대행	이 물건 사주세요!	개인이 사달라고 하면?
		이 물건 어때요?	오픈마켓에 있는 것을 주문하면?
		결제대행업	결제를 대신 해달라고 하면?

도·소매업	
내가 내 물건을 수입하면?	수입판매
사업자가 물건을 사달라고 하면?	수입대행

CHAPTER 03 중국 구매대행 사업의 비전

중판 대표가 생각하는 구매대행 사업의 비전을 설명하고자 한다.

모든 사업에는 '진입장벽'이란 말이 있다. 어느 치킨집 체인 가맹점을 생각해보자. 소비자가 어느 가맹점에서 시켜먹든 그 맛은 다 동일하다. 즉 돈만 있으면 누구나 가맹점을 개설하여 장사할 수 있는 손쉬운 방법이 있다. 하지만 치킨집 가맹점을 열어 돈 많이 벌었다는 가맹점주가 있는가? 없다! 이유는 간단하다. 특별한 나만의 레시피도 없고 맛도 똑같기에 진입장벽이 전혀 없기 때문에 그렇다. 또한 누구나 가맹비와 점포만 얻으면 창업할 수 있기 때문이다. 하지만 이런 치킨 브랜드에 대적하여 몇몇 지역상권의 맛집 치킨집들이 있다. 그런 치킨집은 본인들만의 레시피와 그 레시피에 길들여진 단골들이 존재한다. 이런 치킨집이 사업화 하고 브랜드를 만들고 1호점, 2호점을 만들어 가족경영을 하는 곳이 있다. 이런 맛집들은 진입장벽이 있다. 본인들만 알 수 있는 비법소스의 레시피….

이를 구매대행에 접목해 보자. 우리가 하는 구매대행에 진입장벽이 있는가?

없다. 20대 대학생부터 70대 경비원 아저씨까지 조금간 공부하면 누구나 진입하여 할 수 있는 사업이다. 지금의 구매대행 사업으로 큰돈 벌기 힘들다는 말이 그래서 나오는 말이다. 거기다 자동대량 등록 프로그램까지 사용하여 말 그대로 누구나 남녀느소 가리지 않고 할 수 있는 사업이고 그만큼 경쟁이 치열해지니 당연히 "어렵다! 어렵다!"라는 말이 나오게 된 것도 사실이다.

중판 대표를 포함하여 모든 사업이 그렇듯 초창기에 구매대행업은 동종업계 종사자가 많지 않아서 지금보다는 손쉽게 고객을 유치하고 판매하기가 가능했다. 그것 자체가 진입장벽이었을지 모른다. 허나 이런 구매대행 매뉴얼 책도 나오고 수많은 유튜버가 공개하는 여러 노하우들을 종합하여 사업을 시작한 많은 셀러들이 있다.

이러한 구매대행 사업을 하는 셀러들의 다수는 월 300만 원 수익을 내기 힘들다.

현실이 그렇다. 물론 주력상품을 찾아 잘나가는 셀러의 경우 월 수익 천만 원을 넘기는 셀러들도 있는 건 사실이다.

그러면 우리는 구매대행이라는 사업의 집을 어떻게 지을지 고민해보자.

중판 대표의 생각은 이렇다. 구매대행이란 결국 소자본 무재고의 손실을 최소화하여 전문 셀러로 가기위한 일종의 과도기 직업이라 생각하다.

결국에는 내 브랜드 상품을 출시하여 상품에 대한 상품성과 독점성 그리고 중국 공장과 협력하여 지속적 판매가 가능한 지속성을 갖춰야 비로소 사업의 완성과 큰돈을 만질 수 있는 셀러가 아닌 사업가가 될 수 있는 것이다.

결국 궁극적인 목표는 나만의 집을 지어 그 안에서 사업해야 하다. 장사치가 되어 몇 푼을 벌기 위해 몸부림 쳐서는 결코 큰 집을 지을 수 없다

중판 대표는 우선 진입장벽을 만들기 위해 '사주세요 - 조타구(좋은 타오바오 구매대행)' 라는 집을 지었고 그 집안에 4,000명의 고객을 입주시켰다.

이 고객들은 웬만하면 '조타구'를 통해 구매대행을 진행한다. 카톡을 통해 실시간으로 상담하고 문제점을 바로바로 해결해 답을 주기 때문에 기존의 구매대행과 완전히 다른 중판 대표만의 레시피가 만들어진 것이다. 즉 4,000명의 고객이 일으켜 주는 꾸준한 매출과 수익이 존재하다.

이런 흔들리지 않는 기반위에 다시 '어때요- 오픈마켓 상품등록'을 하여 구매대행을 하다보면 상품 하나하나 소싱하면서 이런 상품은 국내에 없고 또는 가격경쟁력 있고 품질 지수가 높고 등을 알게 된다. 국내에서 상품을 팔아 수익을 만들 수 있는 상품인지를 판단할 수 있는 즉, 상품을 볼 줄 아는 안목을 가지게 된다. 이 안목이야 말로 나만의 재산이며 레시피이며 누가 쉽게 접근할 수 없는 진입장벽이 되는 것이다.

잘나가는 상품에 대해 중국 거래처와의 소통을 해나갈 수 있는 것이고 결국엔 누가 가르쳐 주지 않아도 이 시점이 되면 국내로 해당 제품을 대량으로 들여와 나만의 브랜드를 부착하고 독점성을 가지고 판매하고 싶다는 생각이 들게 될 것이다.

그래서 사업의 궁극적인 목표점은 위와 같은 셀러의 목표를 갖게 되는 것이다.

국내로 들여오는 제품의 브랜드화까지 성공하면 이제는 구매대행 셀러가 아닌 사업가가 되는 것이다. 다른 셀러에게 내 제품을 공급하며(치킨집 가맹점 또는 체인화와 비교) 사업을 확장하는 사업가가 되는 것이다.

정리하자면 우리가 진입장벽을 갖춰서 이 업계에서 살아남기 위해서는 첫 번째, 수동으로 하나하나 소싱하면서 오픈마켓에 등록해 보면서 상품을 볼 줄 아는 안목을 가져야 하다.

두 번째, 안목이 조금 생겼다면 소규모 수입 판매를 진행하여 제품 브랜드화를 꿈꿔봐야 한다.

세 번째, 나만의 충성고객을 만들어 '사주세요(카톡 구매대행)'에 매출 흔들림을 '어때요(오픈마켓 판매)'로 튼튼한 매출 기반을 만들어 놔야 한다.

네 번째, 흔들림 없는 집을 지었다면 이제부터는 수입 규모와 내 제품 브랜드화로 나만 팔수 있는 독점성과 꾸준히 팔수 있는 지속성을 갖춰야 한다.

이런 이유로 셀러로서 경쟁에서 살아남고 돈을 벌기 위해서 시간적 투자와 노력이 반드시 수반되어야 하며 그 과정은 결코 쉽지 않은 고통스러운 시간으로 남아야 비로소 성공할 수 있는 것이다.

강의만 들었다고, 이 책을 완독했다고 결코 사업에 성공할 수 없는 이유이기도 하다.

SBS 프로그램인 골목식당을 예로 보자. 중판 대표는 이 프로그램의 출연자 모두는 인생 살면서 몇 번 오지 않는 절호의 기회를 잡은 것이라고 생각한다. 중판 대표라면 그 기회를 절대 놓치지 않을 것이다.

하지만 현실을 보자. 사업할 수 있는 공중파 미디어의 마케팅이 이뤄졌고 수많은 사람들이 호기심 차원에서라도 탐방하여 맛을 보는 일생일대의 기회가 주어짐을 소홀히 하여 본래 자기 판매방식과 레시피로 돌아가서 과거의 삶을 그대로 사는 출연진이 적지 않다.

사람이기 때문에 욕심 때문이라고 하더라도 절대 이 책을 읽는 셀러는 그러한 초심은 잃지 않았으면 하는 바램이다.

한 번은 나태한 출연진에게 매일 새벽 마장동에 가서 직접 신선한 고기를 구입해와 레시피를 연구하라는 숙제를 내줬다. 왜 그랬을까?

숙제를 푸는 출연진은 그렇게 해보니 자기의 나태함도 알게 되고 매일아침 신선한 고기를 마장동에서 도매로 사오다 보니 도매처인 고깃집 사장님하고도 친해지게 되었다. 이건 어찌 보면 매일 아침 신선한 고기를 값싸게 가져올 수 있는 당연한 사업의 원리이며 이치였을 것이다.

구매대행도 다르지 않다!

최저가? 그것은 내가 판매 한 두개씩 판매되는 상품에 대해 중국 판매자와 소통하고 친구가 되면 당연히 나에게 저렴한 가격과 품질 좋은 상품을 공급하고 더 나아가 문제된 상품에 대해서 CS도 함께 처리해 주는 친구 같은 사이가 되어야 내 사업, 내 물건에 대한 가격 경쟁력과 품질의 우수성을 유지할 수 있는 것이다.

CHAPTER 04 중국 구매대행업 시작을 위한 체크 리스트

초기 사업자가 중국 구매대행업 사업을 시작하기 전 필요한 체크 리스트를 다음과 같이 제시한다. 또한 사업의 초기에는 큰 수익을 낼 수 없으므로, 지속적인 자기 관리와 홍보 및 마케팅이 필요하다. 사업의 초기 3개월간의 규칙적이고 꾸준한 생활 및 노력이 사업의 성공을 좌우한다.

1 _ 체크 리스트

	체크 리스트	비고
필수	☐ 일과 휴식의 분리	사무실 임대, 적재 공간이 있는 곳
	☐ 중국 문화 교류 및 언어 습득	중국어 학원 또는 인터넷 강의
	☐ 번역프로그램	원활한 소통 증대
	☐ 사업자등록증	간이사업자 또는 일반개인사업자
	☐ 통신판매업 신고증	오픈마켓 심사 시 필수 서류
	☐ 중국 휴대폰 개통과 중국 통장개설	사주세요 거래 시 반드시 필요
	☐ 듀얼넘버 휴대폰 구비	개인용과 업무용의 번호 구분
	☐ 글로벌결제 신용카드	국내 직구 전용 신용카드
	☐ 오픈마켓 입점	"이 물건 어때요?" 대행 시 필요
	☐ 수입식품 위생교육 수료하기	식품 구매대행 시 필요
소통 및 관리	☐ 카카오톡 플러스친구 개설	고객 관리 및 마케팅
	☐ 네이버 카페 개설	고객의 주문 접수
	☐ 네이버 블로그 개설	판매 및 홍보
	☐ 기타 SNS 활동	판매 및 홍보채널
	☐ 기타 유용한 소프트웨어 사용	업무의 효율 증대

2 _ 중국 휴대폰 개통과 중국 통장의 중요성

중국 통장과 휴대폰을 가지고 알리페이 연동되어 있어야 훨씬 유리한 사업을 펼칠 수 있다.
중국 통장 없이는 사실상 '이물건 사주세요'의 사업을 진행하기 어렵다.

❶ vvic, 1688 등 중국 내 도매사이트는 한국의 신용카드 지원이 안되고 오로지 알리페이 결제만 가능하다.
❷ 사업을 하다보면 타오바오 이외 중국 내 나이키, 아디다스 등의 정식 브랜드 독립 쇼핑몰 결제와 대행을 할 경우에도 중국만 신용카드 결제가 허용되지 않아 알르페이로 결제해야 한다.
❸ 타오바오에 한국 신용카드 결제 시 추가되는 3%의 카드 수수료를 절약할 수 있다.
❹ 교환, 반품, 환불로부터 자유롭고 빠르게 확인이 가능하다.
❺ 위쳇 판매자들과 채팅과 결제 거래가 가능하다.
❻ 대리결제 사업 이물건 사주세요 사업 또한 가능하다.
❼ 신용카드를 이용하여 발생되는 환차익 이익을 볼 수 있다.
❽ 중국 판매자들로부터 각종 홍바오(돈, 포인트)를 모아 현금으로 사용할 수 있다.

> **TIP 중국 통장의 활용법**
>
> 셀러를 지원하기 위해 중판은 매월 중국 통장 개설투어를 운영하고 있다. 하지만 중국 통장 개설 후 활용하는 법은 자세하게 모르는 셀러들이 많아 간단히 소개 하고자 한다.
> 우선 내 여권 상 이름으로 개설된 중국 통장에 한국에서 반드시 정식 송금해야 하고 구매대행업에 활용해야 한다. 이게 아닌 한국 돈을 제3자에게 송금하고 내 중국 통장으로 중국 돈(인민폐)을 입금받는 것은 일명 '환치기'로 불법이며 구매대행 회계소명 또한 되지 않는다.
> 이때 주의할 점이 있다. 중국으로의 송금은 모두 달러로 송금하게 되고 다시 중국에 도착한 달러를 인민폐(중국 돈)으로 환전하여 사용해야 한다. 문제는 이 과정에 도착한 달러를 인민폐로 바꾸기 위해 중국은행을 방문해야 하는 상황이 발생된다.
> 그래서 중판이 투어를 통해 만드는 중국 민생은행은 이러한 불편함 없이 중국에 도착한 달러를 앱에서 환전 신청을 통해 바로 인민폐로 입금받아 활용 가능하다.
> 중국의 모든 은행이 이러한 간편 환전서비스를 제공했으면 좋겠지만 아쉽게도 민생은행만 가능한 점도 참고해서 중국 통장을 개설하여야 한다.
> 또 한 가지는 지급증빙서류 제출 없이 개인송금 한도가 기존 5만불에서 2023년 7월 기준으로 10만불로 확대되었다 하지만, 구매대행 업무와 수입판매를 하기엔 역시나 부족한 금액일 뿐만 아니라 아직 법적으로도 사업을 위한 본인 해외계좌 거래가 정당성이 있는가는 판례가 없다.
> 중국통장은 중국의 결제 특수성 (알리페이로만 결제)에 따른 결제수단으로 활용하고 좀더
> 명확한 송금증빙을 위해서는 중국 법인으로 직접 T.T 송금을 진행하는 방법이다.
> 이 책을 집필할때만 해도 위와 같은 서비스를 전문으로 해주는 기업이나 사이트가 없었으나 최근 전문 중국 사이트가 생겨 소개한다.
>
> ◆ **심플 차이나** _ https://simplecn.cn
> 해당 사이트를 이용하면 본인이 수입하고자 또는 구매대행에 필요한 자금에 따른 정식 인보이스를 중국법인으로 부터 발급 받을 수 있고 이를 기반으로 정식 T.T 송금이 가능하며 이렇게 도착한 자금은 소정의 처리 수수료를 제외하고 본인의 중국통장으로 다시 입금받을 수 있는 편리한 서비스 이다.
>
> 다만 해당 사이트는 셀러 전용이므로 반드시 자금이 중국제품 구입에만 사용되어야 한다.

3 _ 번역사이트

중국 구매대행을 하면서 중국어를 잘하면 좋겠지만 중국어를 못한다고 낙담하지 말자.
많은 중국어 번역 사이트와 프로그램을 잘만 활용하면 의사소통에 큰 불편함은 없다.
첫 번째, 중판 대표가 구매대행을 진행하면서 항상 사용해야 했고, 자주쓰는 중국어를 정리해서 중판 사이트를 통해 제공하고 있다.

■ 번역문의	
제목	게시번호 .81] 판매자와 협력관계를 맺어 지속적인 할인을 받기 위한 중국어 모음
분류	할인문의
글쓴이	중판관리자
조회	564

원문 : 내가 한국에서 팔고 있는 사이트 주소입니다
번역 : 我在韩国售卖的网站地址

https://smartstore.naver.com/

원문 : 나는 한국의 판매자입니다. 너희 상품들을 내가 한국에서 판매하는 협력 관계를 만들고 싶어요
번역 : 我是韩国的销售者.我想和您建立合作关系,在韩国销售您的商品.

원문 : 앞으로 내가 너희 상품들을 한국에서 많이 판매 할테니 나에게 가격 할인을 해주면 감사하겠습니다
번역 : 以后我会在韩国大量售卖您的商品,如果价格方面能给予优惠的话,非常感谢.

원문 : 할인해 주는 만큼 한국에서 내가 경쟁력을 가지고 많이 많이 너희 상품을 팔아볼께요
번역 : 根据您给的优惠,我将在韩国具有竞争力,将商品大量售出.

원문 : 당신도 돈 벌도 나도 돈 벌수 있는 좋은 친구가 되길 희망합니다
번역 : 希望我们的合作,可以共同创造财富,并能成为好朋友

두 번째, 텍스트 번역에 네이버 파파고 (PaPago)을 활용하면 구글 번역보다 한국어 특성을 고려한 번역으로 알아보기 쉽다.

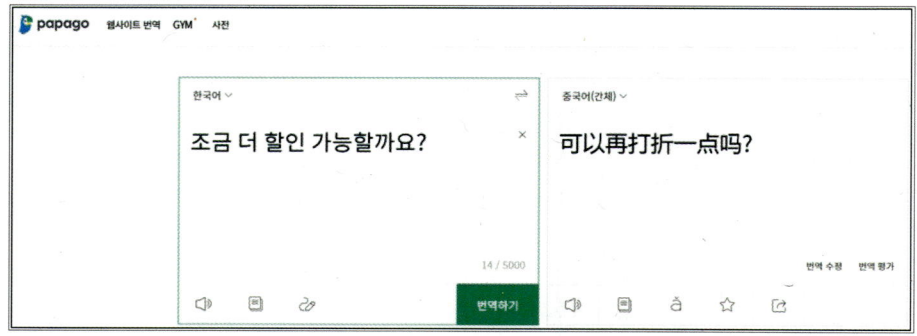

세 번째, 네이버 웨일브라우저를 이용하면 이미지 속 중국어도 번역이 가능하다.

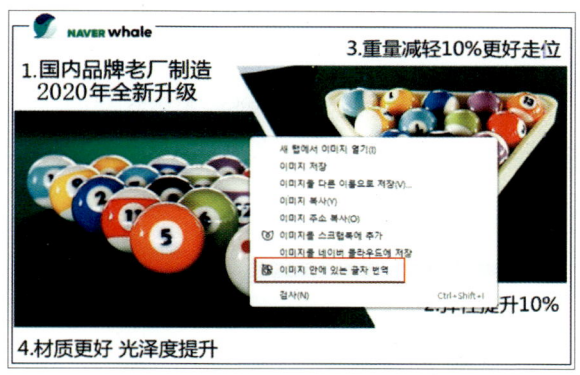

4 _ 수입식품 위생교육

구매대행이라 하더라고 식품은 국민 건강과 직결된 만큼 별도의 교육을 이수하고 수입식품 유통을 하여야 한다.

이때 주의할 점이 수입식품이라 하면 단순 먹는 것만 일컫는 게 아니라는 것이다. 입에 직간접적으로 닿는 모든 제품과 식품을 통합하여 일컫는 말이다.

직접 먹는 스낵, 차, 식자재는 물론 간접적으로 입에 닿는 컵, 젓가락과 입에 닿지 않지만 이런 식품을 보관 가공하는 믹서기, 식기류 또한 수입식품 위생교육을 받고 구매대행 전 관세청의 유니패스에 사전 신고를 하고 유통 후 본 신고를 하여야 법적으로 문제가 발생되지 않는다.

이를 무시하고 오픈마켓에 구매대행이란 표기만하고 판매하게 되면 위법행위로 간주되어 처벌대상이 되니 주의하여야 한다.

5 _ 한국 신용카드

중국 통장이 없다면 한국 신용카드를 이용하여 타오바오 결제를 진행하여야 하는데 이때 한국 신용카드 중 직구에 특화된 카드들이 있다. 이러한 신용카드를 발급받아 이용하면 카드사별 혜택을 받을 수 있으니 참고하여 직구 전용 신용카드를 이용하자.

- 하나 비바 G 플래티늄 체크카드 (MASTER)
  해외결제 시 하나은행 해외이용 수수료 면제, 해외결제 1.5% 캐쉬백 (전월실적 필요)
- 농협 글로벌 언리미티드 체크카드 (MASTER)
  10$ 이상 결제 시 해외 이용금액의 2% 무조건 캐시백 (연회비 3천원)
- 삼성카드5 V2 (MASTER)
  국제브랜드 수수료 면제(1%), 1% 빅포인트 적립과 1% 추가적립, 연회비 1.8만 원
- 롯데 스카이패스 더드림 카드
  1000원당 2마일리지 적립 , 공항 라운지 무료이용 (월1회, 년2회)

해당 혜택은 카드사 정책에 따라 변경 가능하니 카드사별로 문의 후에 발급 받도록 하자.

6 _ 초보 구매대행업자가 3개월간 매일 해야 할 일

1	매일 상품 2개 이상 수작업으로 올리기 – 스마트 스토어에서 '잘나가는 상품', '내가 팔고 싶은 상품'
2	일주일에 3번 블로그 작성하기 – 정보성 블로그, 광고성 블로그
3	각종 시간 절약 유용한 프로그램 연습하기 – 포토스케이프 연습, 동영상 편집 연습
4	철저하게 시간 관리하기 – 정해진 시간에 출근과 퇴근

CHAPTER 05 전안법 들여다보기

전안법이란, 전기용품 및 생활용품 안전관리법을 편리하게 줄여 칭하는 것이다. 위 법안은 전기용품 및 생활용품의 안전관리에 관한 사항을 규정함으로써 국민의 생명·신체 및 재산을 보호하고, 소비자의 이익과 안전을 도모함을 목적으로 한다.

전안법은 2017년 12월 29일 개정되었으며, 개정 전에도 전기용품 같은 경우는 전기용품안전 관리법에 의해 의무적으로 KC인증을 받아왔다. 전안법 개정안으로 인해 대부분의 생활용품에 KC인증이 필요해졌다. 이에 중국 구매대행 판매 상품 선택에 크게 영향을 미치므로, 전안법은 그 내용을 숙지해 둘 필요가 있다.

간략히 요점을 정리하자면, 인터넷을 통해 구매대행 할 경우 인터넷 홈페이지에 반드시 "이 제품은 구매대행을 통하여 유통되는 제품임"이라는 제품별로 안내 사항을 게시하여 소비자에게 알려야 한다. 또한 구매대행 한 제품 또는 구매대행 한 제품과 동일한 제품의 결함으로 인하여 소비자의 생명·신체 또는 재산에 위해를 끼치거나 끼칠 우려가 있다는 사실을 알게 된 때에는 해당 제품의 구매대행을 중지해야 한다.

구매대행업자가 전안법에 관련하여 소비자에게 알려야 할 사항을 알리지 않아 위반할 경우 1천만 원 이하의 과태료 처분을 받을 수 있으며, 제품 또는 포장에 KC마크 표시가 있어야만 구매대행이 가능한 제품인데도 불구하고 KC마크가 없는 제품을 구매대행한 경우에는 전기용품에 경우 3년 이하의 징역 또는 3천만 원 이하의 벌금, 생활용품의 경우 1천만 원 이하의 과태료 처분을 받을 수 있다.

그러나 구매대행은 소비자의 직구를 대행하는 것으로 해외 판매자로부터 소비자에게 직접 배송되므로 구매대행업자는 제품에 KC마크가 붙었는지 여부를 파악하기가 곤란하다.

또한 해외 시장에서는 KC마크가 붙은 제품이 거의 유통되지 않는다. 따라서 위해도가 낮은 일부 품목에 대해서는 KC마크가 없더라도 구매대행이 허용된다. 전안법에 대한 전문은 국가법령정보센터(www.law.go.kr)에서 참고확인 할 수 있고 중판 카페에도 전문 자료가 있으니 참고하기 바란다

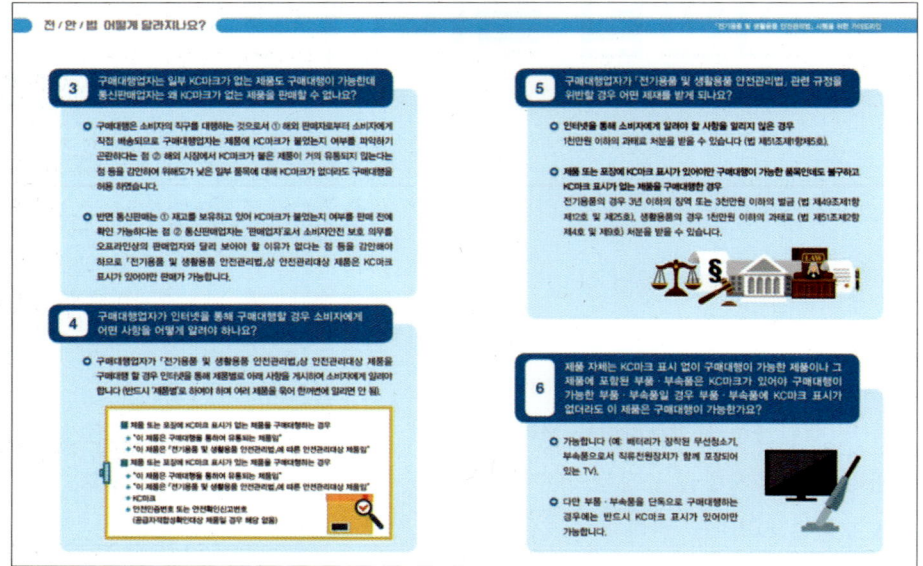

TIP 전안법 이해에 따른 주의사항

국내 국민의 생명과 안전을 보호하기 위해 전안법이라 하더라도 이 전안법 적용을 받지 않는 품목이 있다. 이러한 상품들을 오픈마켓에 등록 판매 시 아무리 구매대행 해외배송 상품이라 하더라도 국내법을 적용받으니 주의하자.
첫 번째 어린이 제품 안전 특별법이 존재한다. 그러므로 만 13세 이하 어린이가 사용하는 모든 제품이 안전관리 대상에 포함되어 별도 인증없이 구매대행으로 유통하여서는 아니 된다.
두 번째 화학제품 안전법이 존재한다. 그러므로 이에 해당하는 손세정제, 세정제, 탈취제, 세제 등도 주의하여 오픈마켓에 상품 등록을 하여야 한다.
세 번째 의료기기에 해당하는 체온계, 방호복, 마스크 등도 오픈마켓에 인증없이 등록 판매하면 제재를 받거나 과태료 처분을 받을 수 있다.
네 번째 가스, 액체연료 등을 사용하는 위험품목 또한 별도 인증없이 구매대행 표기만으로 오픈마켓 판매 시 신고접수가 되면 불이익을 받을 수 있다.
캠핑용품 중에는 가스버너, 랜턴 등이 해당할 수 있고 더 나아가 코펠은 수입식품으로 분류되니 법규를 위반하지 않도록 주의하여야 한다.
대부분 아는 내용이겠지만 이러한 문제점은 통관과는 무관하다. 세관 통관은 모두 가능한데 국내 오픈마켓에 등록판매 시 다른 경쟁 판매자로부터 민원이 접수되면 그에 따른 조사를 받고 처벌을 받는 점을 주의해야 한다.

CHAPTER

06 중국 대표시장 들여다보기

중국에는 큰 땅 넓이와 비례하여 굉장히 다양한 시장이 존재한다. 물건을 수입하러 가는 목적이 아니더라도, 중국의 다양한 상품 및 중국 시장의 현재를 파악하기 위해 도매시장은 사업 시작에 앞서 방문해 볼 필요가 있다.

중국의 도매시장은 시장이 매우 넓고 혼잡하므로, 시장을 전체적으로 둘러보기 보다는 자신이 소싱하기 원하는 상품군의 카테고리 중심으로 구경할 것을 추천한다. 대한민국의 남대문, 동대문 시장을 대표 도매시장으로 일컫듯이 중국에도 대표적인 도매시장이 몇 군데 있다.

대표적으로 이우 푸텐시장이 있다.

이우 푸텐시장은 생필품, 판촉물, 자동차용품, 악세사리, 잡화 등의 공산품 등을 주로 공급·판매하고 있다.

이우시장은 온화한 기후와 값싼 경공업품 덕분에 쇼핑을 겸한 관광지로도 각광을 받고 있다. 광주 도매시장은 의류, 신발, 가방, 시계 등의 패션 위주이다.

❶ 이우 푸텐시장 : 생필품, 판촉물, 자동차용품, 악세사리, 잡화 등의 공산품 위주

❷ 광주 도매시장 : 의류, 신발, 가방, 시계 등의 패션 위주

TIP 중국 박람회 정보 알아보기

구매대행 셀러는 이우나 광저우 도매 시장 방문이 꼭 필요하지는 않지만, 이 책 말미에 다룰
수입판매 셀러는 한번쯤은 본인이 수입할 카테고리의 상품들을 직접 경험하기 위해 방문해 보기를 추천한다.

이전 수입판매는 한국 수입판매 업자가 위 중국 도매시장에 방문하여 그 자리에서 수입 품목과 가격흥정 수량 등을 결정하여 수입하기 때문에 대량 수입 , 현지 체류에 따른 비용. 에이전시 대행비용 등을 원가에 반영할 수 밖에 없었지만 2020년에 들어서면서 1688 사이트를 활용한 소규모 수입셀러가 샘플 수입 후 바로 소량 수입으로 진행 판매하면서 재고의 부담도 줄이고 자신의 브랜드까지 갖추며 성장하는 셀러가 많아 졌다.

위와 같이 수입판매가 대세인 시장의 흐름은 책 말미에 다시한번 설명하는 기회를 갖겠다.

아울러 도매시장이 아니어도 중국에서 개최되는 각종 박람회에 방문하는 것도 셀러로 성장하는데 큰 도움이 된다.

◆ 중국 모든 박람회 정보 사이트 _ https://www.shifair.com/

CHAPTER

07 알리바바 그룹 살펴보기

알리바바 그룹은 중국 전자상거래 시장에서 80% 이상의 점유율을 차지하고 있는 중국 내 최대 전자상거래 업체이다. 현재 알리바바 그룹은 전자상거래, 온라인 결제, B2B 서비스, 클라우드 컴퓨팅, 모바일 운영체제 등 다양한 사업을 운영하고 있다. 이 가운데 핵심 사업은 쇼핑몰을 비롯한 전자상거래이다. 90% 이상의 구매대행업자들이 이용하는 사이트는 주로 타오바오, 1688, 티몰 등이 있다. 세 쇼핑몰 사이트는 모두 알리바바 그룹의 사이트이다. 알리바바 그룹은 하나의 아이디로 연동이 가능하므로, 타오바오 아이디 하나만 만들면 모두 이용 가능하다.

구매대행을 위해 상품을 수입할 때에는 각 사이트에서 가격과 품질, 브랜드, 상품의 재고 유무를 비교 후 구매하는 것이 현명하다. 예를 들어 1688 사이트에서 판매하는 상품 가격은 저렴할지 몰라도 1688 사이트는 90% 이상이 중국 내 배송비가 별도이므로 배송비를 더했을 때 무료배송 위주의 타오바오 사이트가 더 저렴한 경우도 흔히 볼 수 있다. 다만 대량 구매는 당연히 1688 사이트가 더 저렴하다. 또한 1688 사이트는 도매 사이트이다 보니 1개의 상품만 판매하지 않고 2개 이상의 상품을 판매하는 경우가 흔하다.

> **TIP** 2개 이상 판매하는 판매자에게 1개씩 구매하기
>
> 1688 사이트에서 2개 이상의 상품을 판매하는 판매자도 한국으로 말하면 위탁배송 형태로 판매하는 판매자가 있다. 이런 경우 1688 판매 페이지에는 2개 이상이라고 표시되어 있어도 1개씩 구매하는 방법이 있다. 이 방법은 1688 실습편에 자세하게 설명되어 있다.

1 _ 타오바오

• http://www.taobao.com

타오바오와 1688은 소매와 도매시장에 비교하여 이해할 수 있다. 타오바오는 소매시장으로 생각하면 이해가 쉽다. 한국으로 비교하면 홈플러스나 동네시장 등 개인 누구나 1,000위안 이라는 작은 보증금만 설정하면 판매자가 될 수 있는 것이 타오바오이다.

2020년 7월 타오바오의 정책 변경으로 중국 내 타오바오 접속이 아니면 해외에서 접속 시 모두 월드타오바오로 접속된다. 이 책의 집필이 끝난 이후 또 다시 정책 변경이 있을 수 있으므로 2가지 버전 모두를 소개한다.

◆ 2020년 7월 이후 월드타오바오 버전

◆ 2020년 7월 이전 중국본토 타오바오 버전

2 _ 1688

- https://www.1688.com

1688은 도매시장 성격으로 한국으로 비교하면 동대문 또는 남대문 시장으로 볼 수 있다. 우리가 동대문과 남대문 시장에서 소비자로 갔을 때 제품 1개씩 구매할 수 없고 도매가로 일정 수량 이상 구매할 수 있는 것처럼 1688은 1개 구입이 안 되는 판매자도 존재한다.

3 _ 티몰 (Tmall)

- https://www.tmall.com

티몰은 브랜드상품을 판매하는 온라인 쇼핑몰이다. 한국과 비교하면 백화점으로 볼 수 있다. 타오바오처럼 1,000위안 정도 소액의 보증금이 아닌 6만위안이라는 거액의 보증금을 설정해야 티몰에 입점할 수 있다. 그렇다 보니 브랜드 상품위주와 타오바오 보다는 동일 상품이라도 가격이 좀 더 비싼 경우가 흔하다. 다만 브랜드 상품의 경우에는 타오바와 1688에 없고 티몰에만 판매하는 상품들이 존재하기 때문에 소싱처에서 배제할 수 없는 중요 마켓 중 하나이다.

4 _ 알리왕왕

- https://wangwang.taobao.com

판매자와 대화 소통할 수 있는 채팅 프로그램이며, 알리왕왕을 이용하면 타오바오 및 1688은 물론 VVIC 등 다양한 사이트들의 판매자와 대화가 가능하다.

5 _ 알리페이

- https://www.alipay.com

알리페이는 온라인 결제 시스템이다.

알리페이는 알리페이의 잔액을 충전하여 사용하는 방법과 중국 은행계좌를 연결하여 사용하는 방법이 있다. 만약 중국 은행계좌가 없다면 한국 신용카드를 등록해서 사용 할 수 있다.

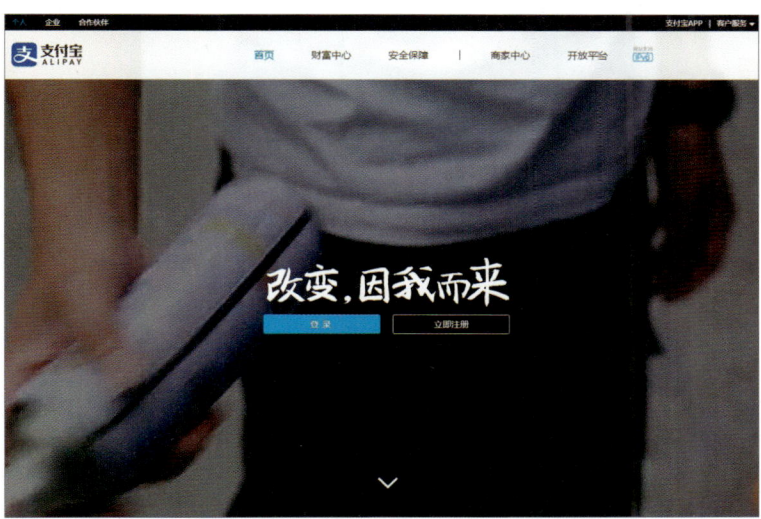

❝ 중판의 실전 노하우
중국 통장이 있다면 알리페이 잔액으로 결제하면 잔액 결제 한도 10간 위안 제한에 걸려 많은 금액을 결제하지 못하니 반드시 중국 은행계좌 연동을 통한 결제진행을 하여야 한다.

6 _ 알리바바 그룹 ONE ID 가입하기

위에 소개된 알리바바 그룹의 쇼핑관련 사이트를 이용하기 위해서는 대표 마켓인 타오바오에 가입하면 1688, 티몰, 알리왕왕, 알리페이 모두 동일 아이디로 이용 가능하다.

❝ 중판의 실전 노하우
타오바오 가입을 휴대폰으로만 진행하면 아이디 생성과 연동에 문제가 발생할 가능성이 크다. 셀러 가입의 경우 반드시 PC에서 진행하여 보안 설정과 아이디 설정을 끝내야 이후 타오바오 이용에 안전성을 가질 수 있다.

다음은 타오바오의 2020년 7월 이후 월드버전 첫 화면이다. 타오바오 첫 화면 오른쪽 상단의 '회원가입'을 클릭한다.

2️⃣ 타오바오 회원가입 화면이다. 하단의 '동의' 버튼을 클릭한다.

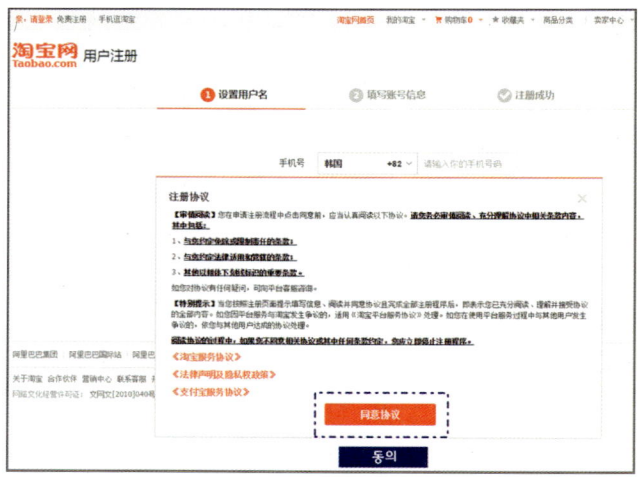

3 휴대폰번호 입력 후 하단의 스크롤 옆으로 밀기한 후 '다음' 버튼을 클릭한다.

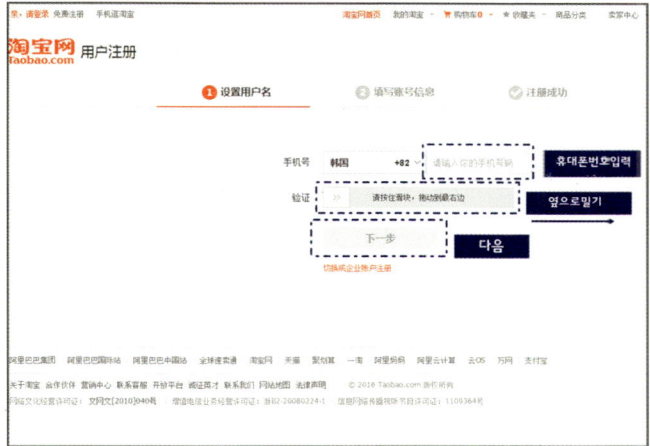

4 다음과 같이 입력완료한다.

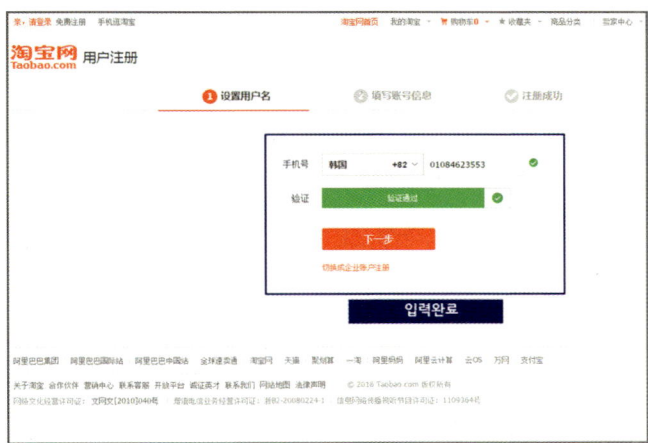

5 휴대폰으로 발송된 인증번호 6자리를 1분 이내로 입력한다.

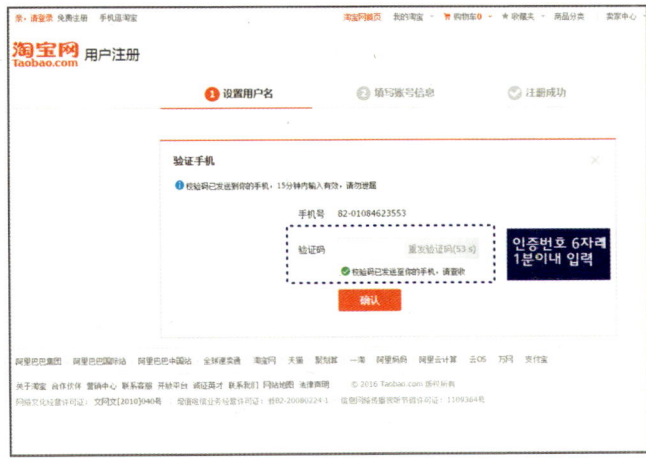

Chapter 07 _ 알리바바 그룹 살펴보기 **41**

6 휴대전화에서 인증번호 6자리 확인한다.

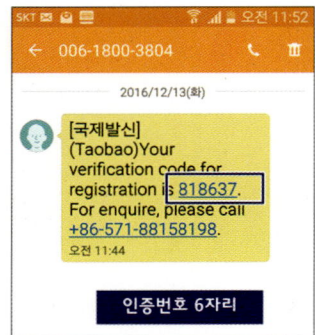

7 인증번호 입력 후 아래 '확인' 버튼을 클릭한다.

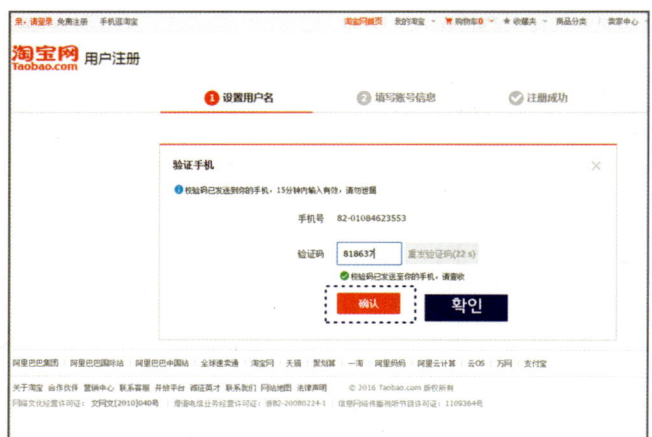

※ 타오바오 회원가입을 완료한 이후에는 타오바오 아이디로 1688, 티몰, 알리페이 로그인도 가능하다.

8 비밀번호 및 아이디 설정이다. 차례로 비밀번호, 비밀번호 재입력, ID 입력 후 '완성' 버튼을 클릭한다.

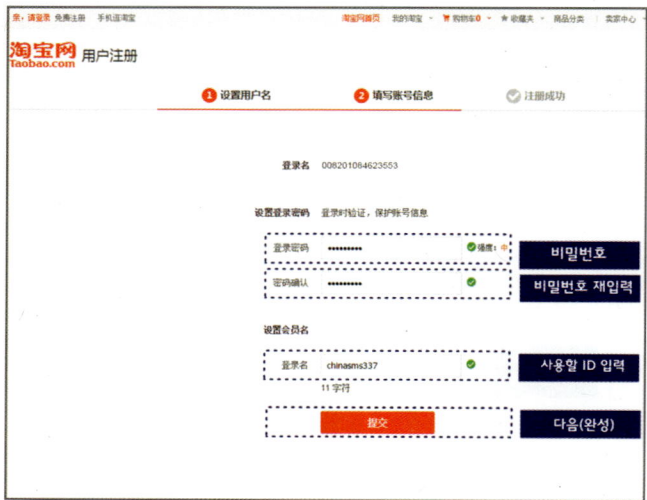

9 내 ID 확인한다. 다음과 같은 회원가입 성공 안내 받으면 정상적으로 회원가입이 완성된다.

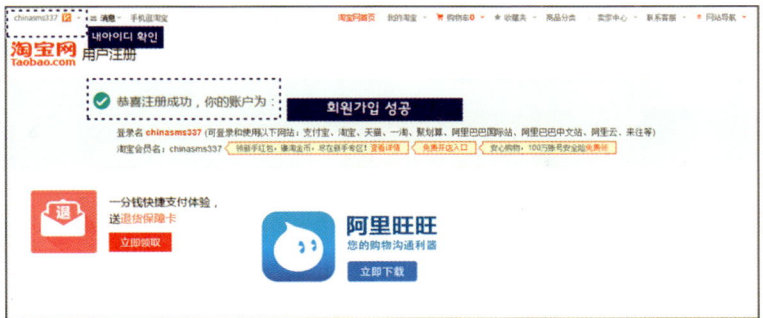

10 타오바오 첫 화면에서 아이디 및 로그인 상태를 확인한다.

※ 타오바오 회원가입을 완료한 이후에는 타오바오 아이디로 1688, 티몰, 알리페이 로그인도 가능하다.

11 1688(https://www.1688.com) 쇼핑몰 로그인 화면이다. 타오바오 아이디와 동일한 아이디를 사용한다.

Chapter 07 _ 알리바바 그룹 살펴보기

⑫ 티몰(https://www.tmall.com) 로그인 화면이다. 타오바오의 아이디와 동일한 아이디를 사용해서 로그인한다.

⑬ 알리페이(https://www.alipay.com) 로그인 화면이다. 타오바오의 아이디와 동일한 아이디를 사용, 보안번호 입력이 필요하다.

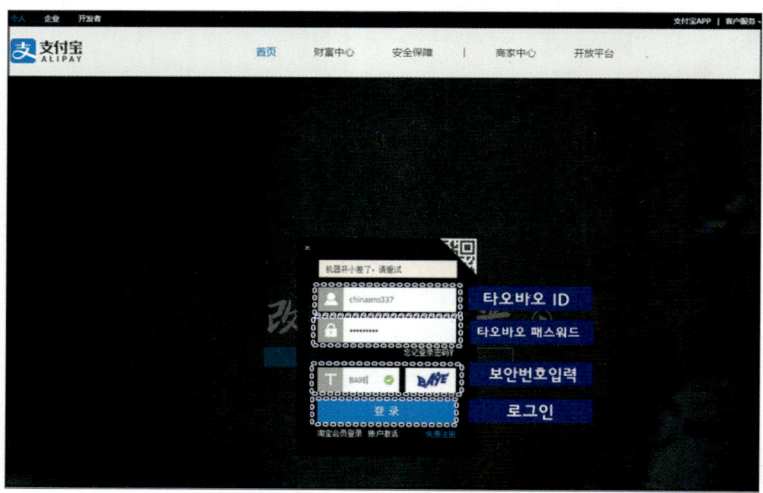

CHAPTER 08 배대지(배송대행) 설정하기

1 _ 배송대행지가 필요한 이유

구매대행업은 국내배송이 아닌 해외배송으로 진행된다. 즉 중국에서 한국 주문 고객에게 바로 상품이 발송되어야 하는데 타오바오 판매자의 대다수는 한국으로 직접 배송을 하지 않는다. 혹 직접 배송해 준다고 해도 국제배송비 부담이 클 수밖에 없다. 이에 중국 내에서 상품을 대신 받아서 검수와 재포장 등을 거쳐 한국 소비자에게 직접 배송해주는 배송대행사를 선정해야 한다. 이러한 업무를 담당하는 곳을 배송대행지 줄여서 '배대지'라 한다. 중판은 중국 위해 지역에 700평의 초대형 창고와 함께 셀러 전용 배대지를 운영하고 있으며 해당 기준은 중판 배대지를 기준으로 설명하도록 하겠다.

2 _ 타오바오 배대지 설정하기

1 타오바오 첫 화면 좌측 상단의 접속 아이디에 마우스를 가져다대면, 계정관리(咪号管理) 탭이 생성되면 클릭한다.

2 계정관리 화면에서 좌측 상단의 주소선택(收费地址) 메뉴를 클릭한다.

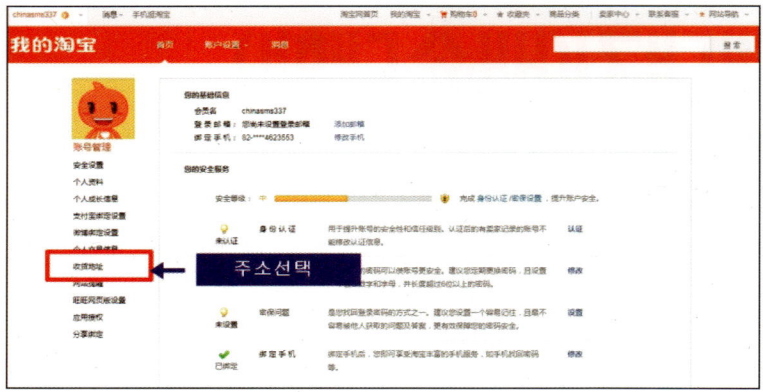

3 다음과 같은 탭에서 주소 및 우편번호, 휴대폰번호 설정 후 [완료] 버튼을 클릭한다.

설정 시 주의할 점이 회원번호이다. 일명 '사서함'이라도 한다. 해당 회원번호가 중요한 이유는 수많은 회원들이 보내오는 상품군을 배대지 입장에서 입고하고 출고하고 관리하기 위해 보내온 상품이 어느 회원의 소유물인지 구분되어져야 빠르고 손쉽게 관리할 수 있기 때문이다.

그러므로 회원번호는 '받는사람+회원번호'를 입력하고 중국 주소 끝에도 (0000)번으로 회원번호를 입력해 두어야 빠른 입고와 출고가 가능하며 잘못된 입고를 바로 수정할 수 있다.

3 _ 1688 배대지 설정하기

1 1688 메인 화면에서 상단의 나의아리(我的阿里)를 클릭한다.

2 계정관리 화면에서 주소관리(收货地址管理)를 선택한다.

3 주소관리(收费地址) 탭 선택 후 배송받을 [주소(新堂收货地址)] 버튼을 클릭한다.

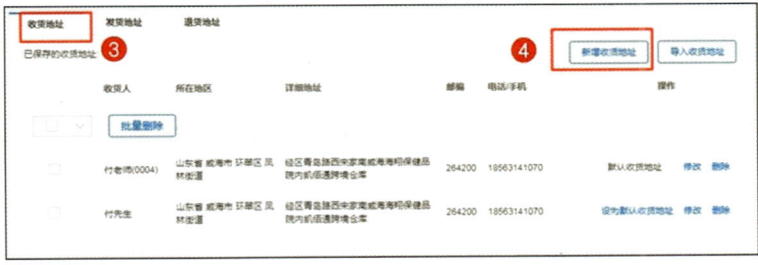

Chapter 08 _ 배대지(배송대행지) 설정하기 **47**

4 수취인과 배대지 주소, 우편번호 및 휴대폰번호 기입 후 [확인] 버튼을 클릭한다.

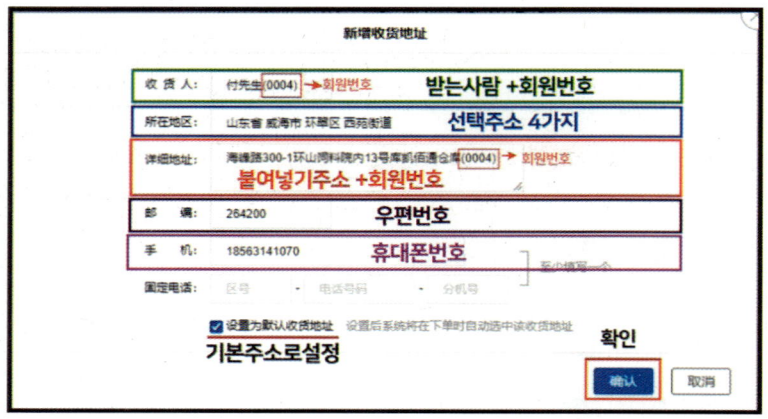

※ 위 단계도 마찬가지로 받는사람 이름 + 회원번호 작성과 주소 끝에 회원번호를 (0000) 형대로 붙여 넣는 걸 잊지 말자.

4 _ 타오바오 / 1688 배대지 주소 변경하기

타오바오 사이트의 주소 변경하기

위에서 설명한 타오바오 배대지 설정 따라하기의 3번 과정 이동 후, 다음과 같이 [주소변경(修改)]을 클릭한 후 주소를 변경한다.

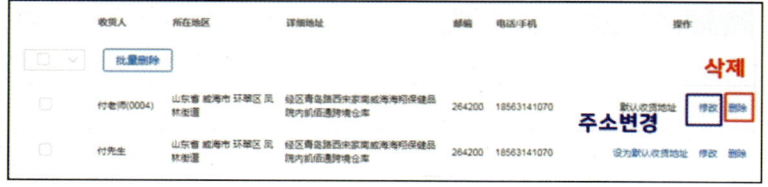

1688 사이트의 주소 변경

위에서 설명한 1688 배대지 설정 따라하기의 3번 과정 이동 후, 다음과 같이 [주소변경(修改)]을 클릭한 후 주소를 변경한다.

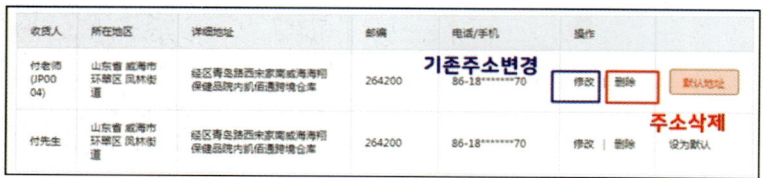

CHAPTER

09 타오바오 주문 준비하기

타오바오에서 상품 주문 시 필요한 신용카드 등록과 채팅 프로그램 설치와 기능에 대해서 알아본다.

1 _ 타오바오에서 한국 신용카드 등록하기

1 타오바오(https://www.taobao.com) 메인 화면에서 로그인 후 글로벌(全球)을 선택하여 변경한다.

2 쇼핑몰에서 구매할 상품 선택 후 [결제하기(提交订单)] 버튼을 클릭한다.

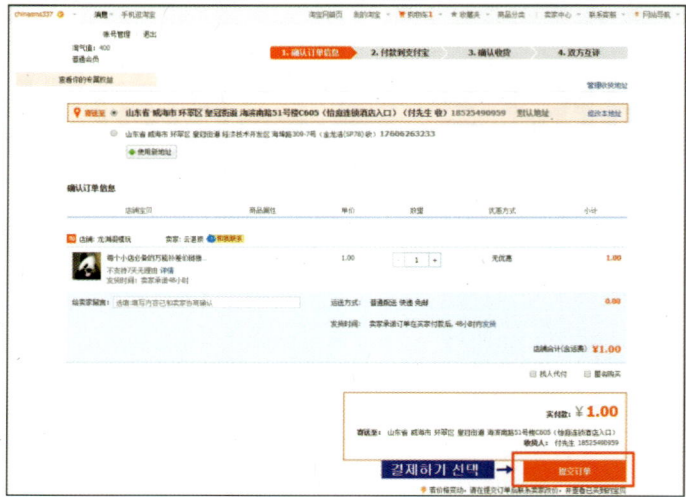

3 결제 비밀번호 설정에서 비밀번호 설정 후 재입력까지 완료한 후 [확인] 버튼을 클릭한다.

4 상단의 탭에서 해외 타 지역 설정 확인 카드 번호 입력 후 [컨펌확인] 버튼을 클릭한다.

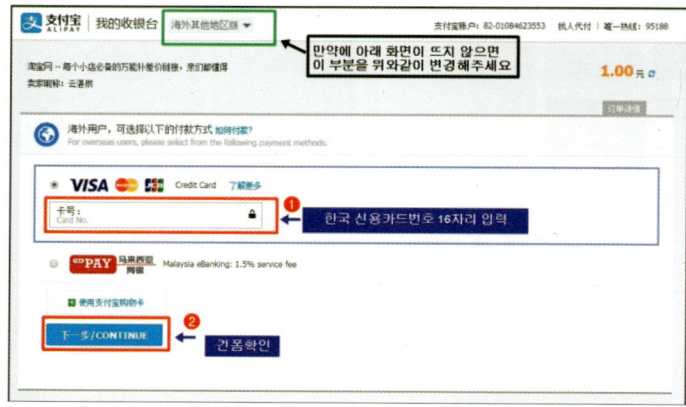

5 다음과 같이 이름과 카드 정보, 주소 및 휴대전화 번호 입력 후 [주문완료] 버튼을 클릭하여 완료한다.

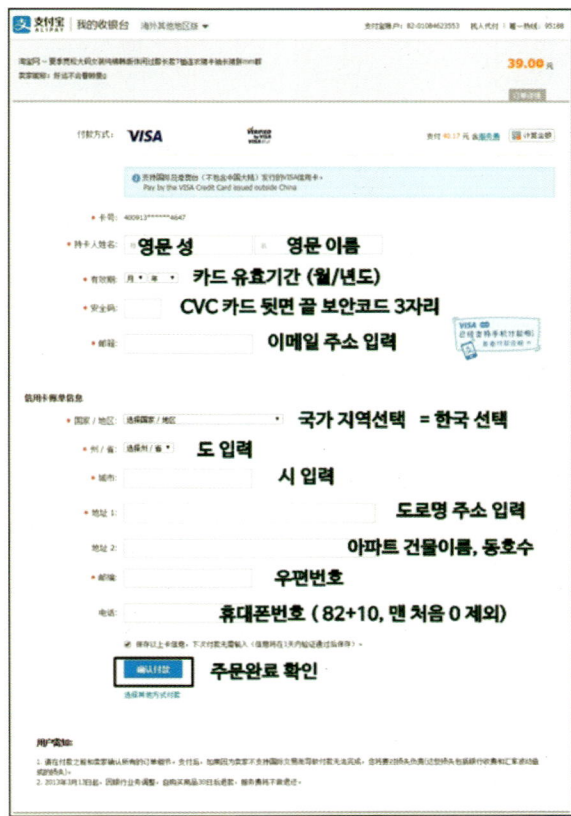

6 다음과 같이 결제승인 문자를 확인한다.

2 _ 알리왕왕 판매자 채팅 프로그램 설치와 기능 살펴보기

타오바오에서 판매자와 대화를 통해 원활한 구매를 할 수 있도록 소통을 도와주는 전용 채팅 프로그램인 알리왕왕을 설치하고 기능에 대해서 알아보자.

1 알리왕왕 채팅 프로그램 다운로드 주소로 이동하여 다운로드 받습니다.
- https://wangwang.taobao.com

왼쪽 구매자 버전의 알리왕왕 아이콘을 클릭합니다.

2 우측 상단의 다운로드를 클릭합니다.

3 본인 컴퓨터 OS에 맞는 프로그램의 다운로드 버튼을 선택한다. 필자는 Windows 다운로드 버튼을 선택했다.

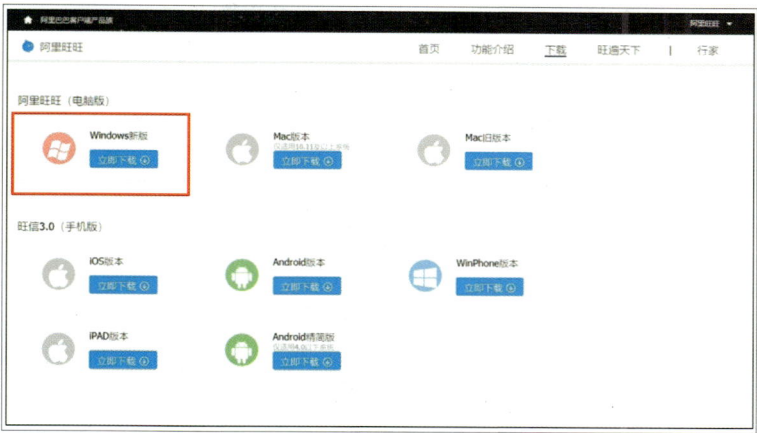

4 알리왕왕 채팅 프로그램 설치 프로그램이 다운로드 되면 클릭하여 설치를 진행한다. 단, 버전은 다운로드 시점에 따라 다를 수 있다.

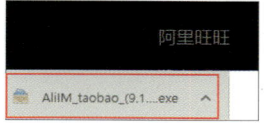

알리왕왕 채팅 프로그램 설치가 완료되면 실행시킵니다.

1 프로그램 설치 후 알리왕왕 채팅 프로그램 로그인 창에서 타오바오 아이디 및 비밀번호를 입력하여 로그인합니다.

Chapter 09 _ 타오바오 주문 준비하기 **53**

2 다음은 알리왕왕 메인화면이다. 알리왕왕 메뉴 기능에 대해서 알아보자.

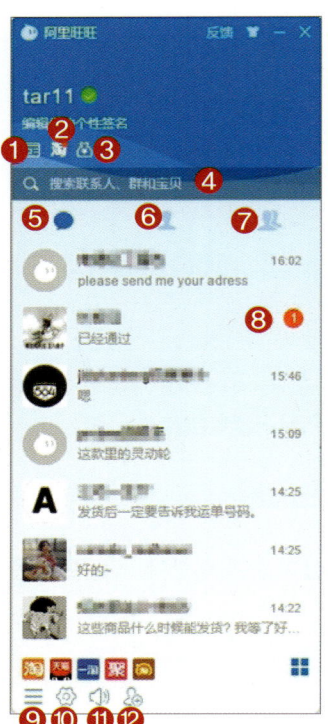

❶ 나의 관심제품 – 인기제품 이벤트제품 쿠폰사용 가능 제품 등의 안내
❷ 나의 타오바오 – 타오바오의 거래내역을 한 번에 볼 수 있는 창
❸ 나의지갑 – 알리페이 잔액 확인과 송금 등이 가능한 창
❹ 상대방(판매자) 아이디 채팅명 대화기록 등 검색
❺ 최근 대화기록 확인 버튼
❻ 친구추가한 판매자 확인 버튼
❼ 소속되어 있는 그룹채팅창 확인 버튼
❽ 대화창 – 신규 메시지시 표기
❾ 설정 – 타오바오 공지확인 개인정보 변경 비밀번호 변경 등 가능
❿ 기본설정 – 알리왕왕 로그인 채팅창 계정 단축키 등
⓫ 채팅기록관리 – 생성한 그룹별 채팅내용 확인창
⓬ 알리왕왕 아이디로 친구 추가할 수 있는 친구추가 탭

❶ 모든주문서 – 타오바오에서 진행된 모든 주문서를 한 번에 알아 볼 수 있다.
❷ 결제대기 – 결제 전 주문서
❸ 발송대기 – 결제완료 후 아직 판매자 발송이 되지 않은 주문서

❹ 수령대기 - 발송완료 후 배송중 또는 수령확인 대기 주문서
❺ 평가대기 - 상품 도착하여 평가를 기다리는 주문서
❻ 채팅창 - 알리왕왕 판매자와 대화창 활성화 버튼

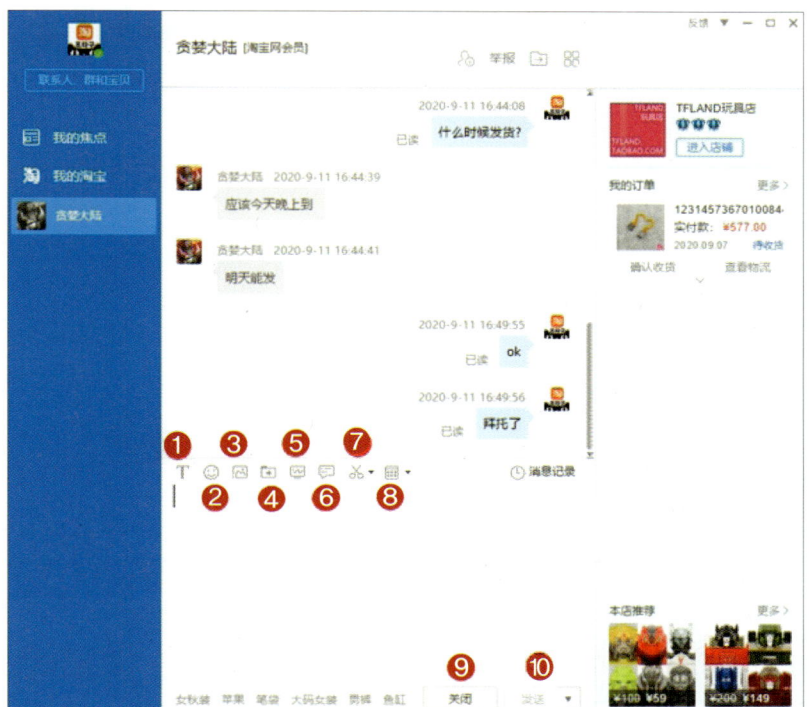

❶ 글씨체, 크기. 색상변경
❷ 이모티콘
❸ 그림 불러오기
❹ 문서 불러오기
❺ 창 흔들어 판매자에게 알리기
❻ 자주쓰는 문장 만들고 불러오기
❼ 캡쳐기능
❽ 메모장 및 계산기
❾ 창 닫기
❿ 대화내용 전송하기

CHAPTER

10 타오바오에서 주문하기

1 _ 타오바오 화면 이해하기

검색 후 주문 전체화면 구성 메뉴 살펴보기

다음은 상품 검색어를 입력한 후 검색되어 보이는 화면이다. 단, 상품의 특성에 따라 일부 다르게 표현되어 나온다.

다음은 의류를 검색했을 때 나오는 화면을 예시로 들었다.

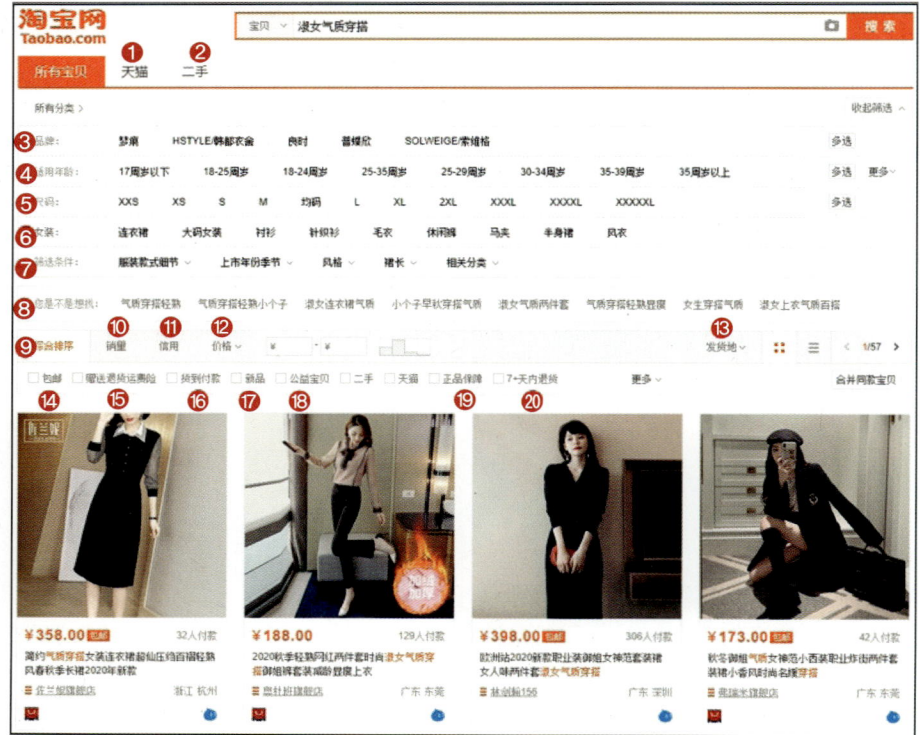

❶ 티몰상품만 검색
❷ 중고제품만 검색
❸ 브랜드명으로 검색
❹ 적합한 연령대 상품추천
❺ 사이즈별 검색
❻ 확장품명으로 검색
❼ 필터 조건으로 검색
❽ 추천 검색어 검색
❾ 모든 카테고리 종합하여 우수한 추천상품으로 검색
❿ 판매량 높은 상품순 검색
⓬ 신용등록 높은 판매자순검색
⓬ 가격대별로 검색(높은순, 낮은순 선택가능)
⓭ 상품발송지별 검색
⓮ 무료배송상품 검색
⓯ 환불운송비 보험 상품 검색
⓰ 착불상품 검색
⓱ 신상품만 검색
⓲ 공익기부가능 상품 검색
⓳ 정품보장 상품 검색
⓴ 7일내 교환, 환불 가능상품검색

상품 페이지 화면 구성 메뉴 살펴보기

다음은 상품별로 가격 및 후기 등 상세한 상품 정보를 제공하는 페이지이다. 다음 화면은 책장을 검색 후 여러 책장 상품 중 하나를 예시로 들었다.

타오바오 메인화면 및 서브화면에서도 ❶~❹까지가 셀러가 가장 많이 조회하고 살펴보는 중요한 카테고리이다.

특히 ❷번 나의 주문내역은 고객 주문내역의 상품을 주문하여 배대지를 통해 출고하기까지 각종 주문정보 및 트래킹정보를 제공하는 메뉴이기 때문에 가장 중요한 카테고리 항목이다.

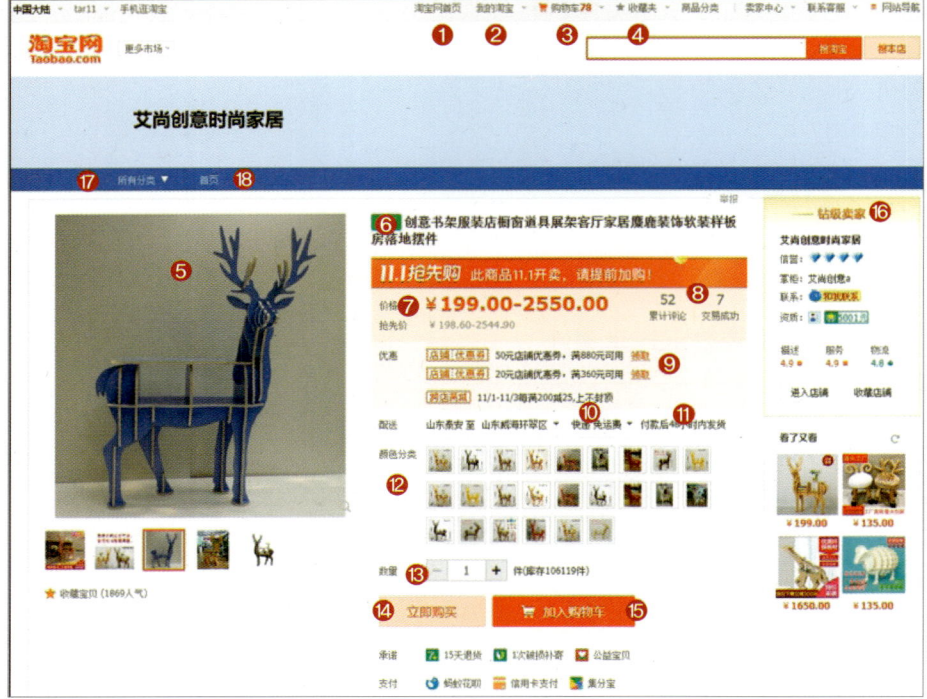

❶ 타오바오 메인페이지로 바로가기
❷ 나의 타오바오 주문내역 확인
❸ 카트보기
❹ 찜한 상품 보기
❺ 대표 상품 썸네일
❻ 상품 판매 제목
❼ 가격 정보
❽ 거래 정보 (주문건수와 평가수)
❾ 할인 쿠폰정보
❿ 배송비 정보
⓫ 주문 후 발송 시간 정보
⓬ 상품 옵션 정보
⓭ 재고수량
⓮ 바로결제
⓯ 카트담기
⓰ 판매자 정보
⓱ 판매자의 다른 상품 카테고리 보기
⓲ 판매자 홈으로 가기

| TIP | 제품 검색 화면 동일 및 유사상품 보기 |

타오바오 상품의 썸네일에 마우스를 대면, 동일상품과 유사상품을 비교할 수 있는 탭이 생성된다. 탭의 좌측은 동일상품, 우측은 유사상품(추천상품)이다.

타오바오 어플 활용하기

휴대폰 타오바오 앱을 다음과 같은 기능으로 활용할 수 있다.

셀러는 항상 상품 소싱에 대한 고민을 지속적으로 해야 하는 만큼 차를 타고 이동하거나 PC로 검색할 수 없는 환경에서는 휴대폰 타오바오 앱을 통해 검색하고 소싱하고 싶은 상품은 찜해두고 PC 검색 환경이 갖춰지면 PC에서 자세하게 상품을 검색해 보는 습관을 가져야 한다.

타오바오 화면에서 찜한 상품 또는 찜한 상점 보는 방법

모바일 앱이나 PC의 타오바오 상품 화면에서 관심 가진 상품을 찜해두었다면 필요할 때 PC의 타오바오 화면에서 찜해둔 상품의 상세한 검색을 진행하게 되는데, 이때 찜한 상품만 보는 방법과 찜한 상점의 상점에 인기상품을 함께 보는 방법이 있다.
다음은 찜한 상품보기와 찜한 상점보기 사례이다.

- 찜한 상품만 보기

다음 화면은 찜한 상품만 검색하는 방법이다.

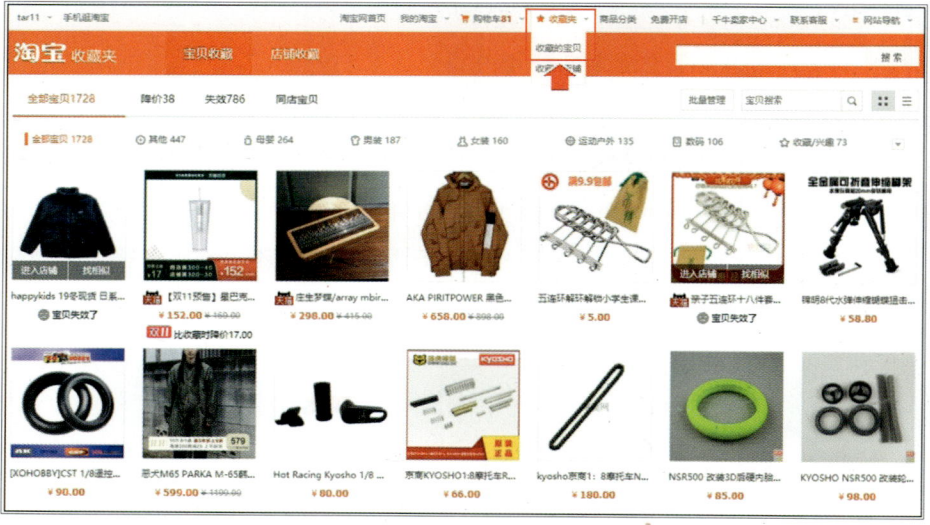

- 찜한 상품 판매자가 파는 제품만 보기

다음 화면은 내가 찜한 상품 페이지에서 각각의 상품 판매자가 파는 모든 제품 보는 방법이다. 우측의 탭을 오른쪽 리스트 아이콘(三)을 선택한다. 사이트 상점별 주요 인기제품을 한 눈에 볼 수 있는 방법이다.

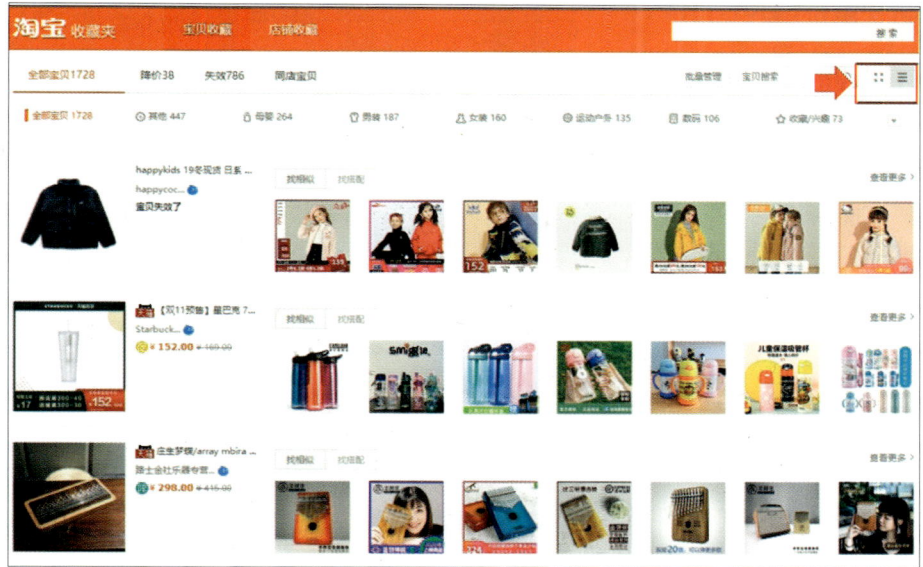

❝ 중판의 실전 노하우

방법은 관심있는 특정 상품을 찜해두었다면 그 상품을 판매하는 판매자의 다른 상품까지 나열하여 볼 수 있으므로 내가 생각하지 못한 다양한 관심 아이템을 해당 기능을 통해 쉽게 얻을 수 있는 장점이 있다.

2 _ 타오바오 주문/결제하기

1 타오바오 주문 카트 화면이다. 다음 그림의 주황색 박스가 결제 진행을 뜻한다.

Chapter 10 _ 타오바오에서 주문하기 **61**

결제 전 쿠폰정보(优惠价) 확인하기

다음 예시 사진처럼 여러 쿠폰이 있다면 가격조건에 부합하는 쿠폰을 받아야 할인쿠폰이 적용된다. 다음 예시처럼 750위안 상품 가격이라면 여러 쿠폰 중 360위안 결제 시 20위안 할인되는 쿠폰을 적용하면 된다.

※ 가격조건에 맞는 쿠폰만 적용해야 하며 조건이 부합하지 않는 쿠폰 선택 시 적용되지 않으니 주의하자.

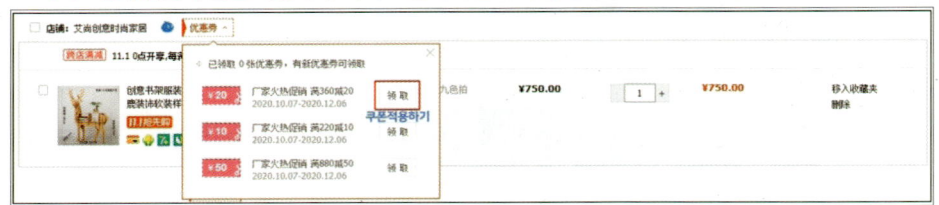

다음은 카트에 오래 담아둔 상품에 대해 판매자 할인이 자동으로 적용된 예이다. 398위안을 328.1로 할인 적용된 걸 확인할 수 있다.

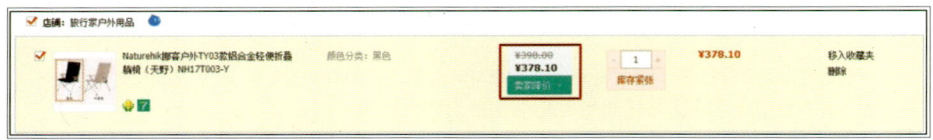

② 타오바오 결제진행 화면이다. 여기서 주의할 사항은 판매자에게 메모남기기 이다. 구매대행 셀러는 동일 판매자에게 각기 다른 상품을 여러 번 주문하는 경우가 많다. 이 경우 판매자에게 별도 메모를 남기지 않는 다면 여러 건의 각기 다른 상품을 하나의 트래킹으로 상품을 발송하게 된다. 이렇게 되면 배대지에 입고하여 각기 다른 상품을 각기 다른 한국 고객들에게 발송할 때 에로사항이 발생이 된다. 그러므로 주문서대로 각각 발송해 달라는 메모를 남기는 습관을 가지고 있어야 한다.

쿠폰금액 적용을 확인해 보고 다음에 다시 재 결제 시 쿠폰이 없다면 판매자에게 직접 할인요청을 하거나 쿠폰을 더 받을 수도 있으니 참고해서 저렴하게 구매할 수 있도록 하자.

택배보험은 사실 우리가 중국인이라면 선택해볼만 하지만 배대지를 이용한 구매대행에서는 불필요하므로 일반적으로 선택하지 않는다.

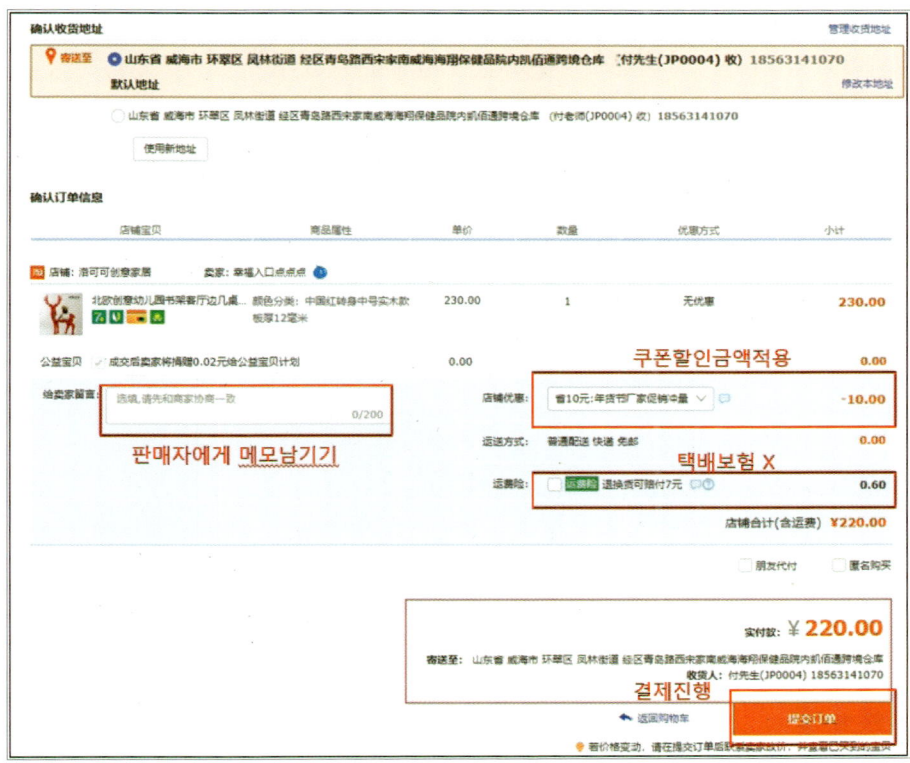

❸ 타오바오 알리페이 결제진행 화면이다. 한국 신용카드 등록을 완료하였다면 간단하게 카드 정보를 입력하면 결제를 진행할 수 있다. 다만 이 경우 타오바오에 신용카드 수수료 3%가 더 청구된다.

Chapter 10 _ 타오바오에서 주문하기 **63**

4️⃣ 중국 알리페이 연동 결제 화면이다. 상단의 유입 국가를 중국대륙으로 변경 후, 간단하게 알리페이 결제 비밀번호 6자리를 입력하면 3%의 카드 수수료 없이 결제할 수 있다.

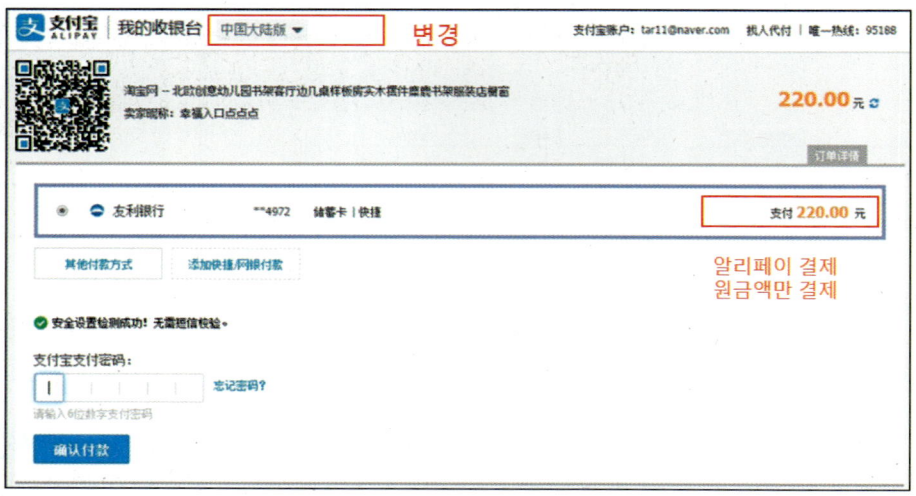

5️⃣ 기타 다른 은행으로 결제할 경우 좌측 상단의 탭을 클릭한다.

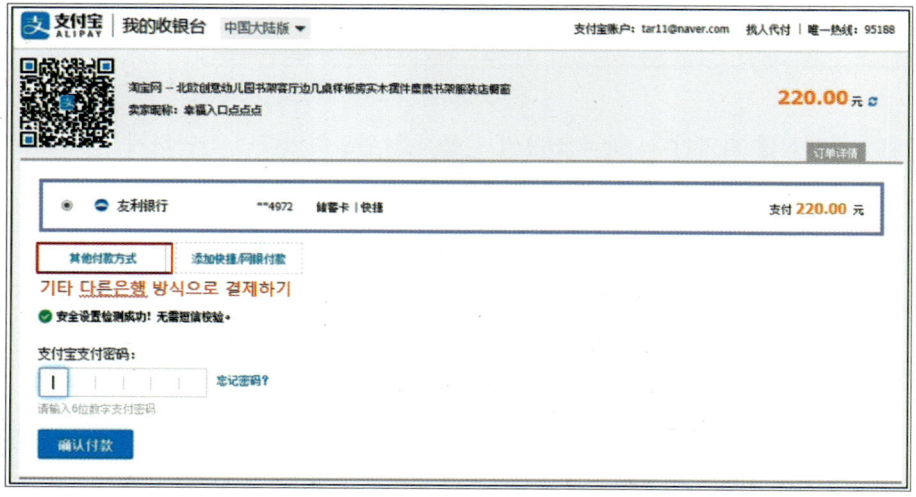

TIP 중판의 실전 노하우

여러 개의 중국 통장을 등록해놨다면, 등록된 중국 통장으로 직접 결제할 수 있다. 한국 신용카드 결제 시 수수료가 있기 때문에, 중국 통장을 개설 후 등록하여 사용하면 훨씬 저렴하게 구매할 수 있다. 알리페이 잔액 결제 한도는 1년에 10만위안이므로, 셀러 입장에서는 얼마 활용할 수 없다. 그러기에 반드시 알리페이 잔액이 아닌 중국 통장 직접결제를 하여야 하며, 이때 잔액 결제 한도는 중국은행별 한도를 적용 받기 때문에 훨씬 큰 금액을 이용할 수 있다.

앞에서도 설명했듯이 중국 통장을 개설한 후 알리페이를 이용하기 위해서 본인 계좌 송금은 년간 10만불 가능하지만 중국 은행이 받을 수 있는 한도는 아직 변경되지 않아 년간 5만불로 제한되어 있다.

이런경우 심플차이나(https://simplecn.cn) 라는 사이트를 이용하면 송금제한 없이 보낼 수 있으니 참고하기 바란다

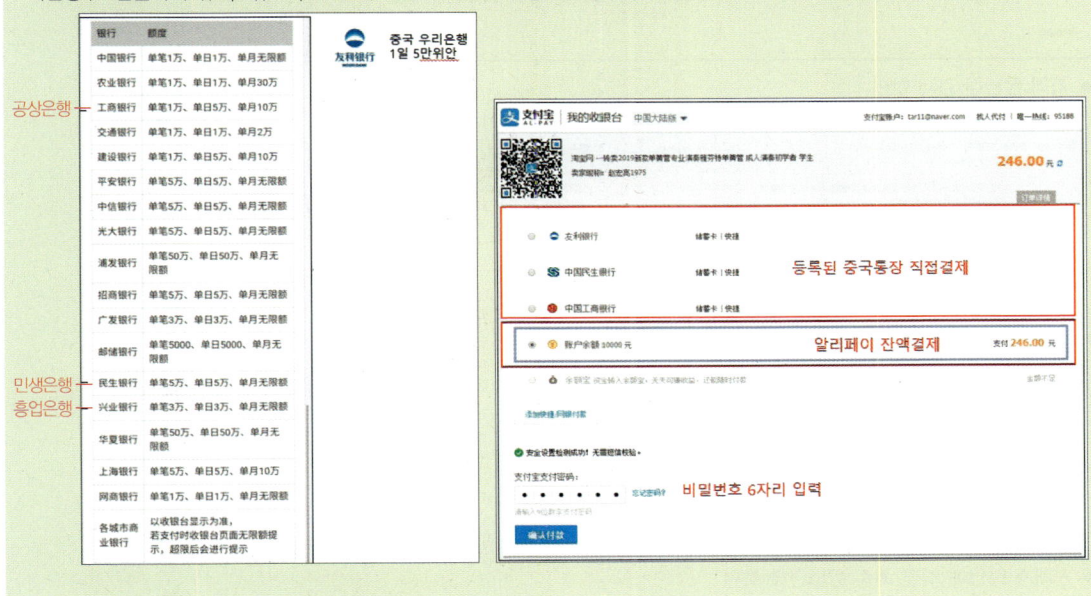

6 나의 타오바오 탭에서 주문내역 확인 페이지, 상단의 좌측부터 순서대로 전체주문내역, 결제대기, 발송대기, 배송중, 주문완료 및 평가 탭을 확인할 수 있다.

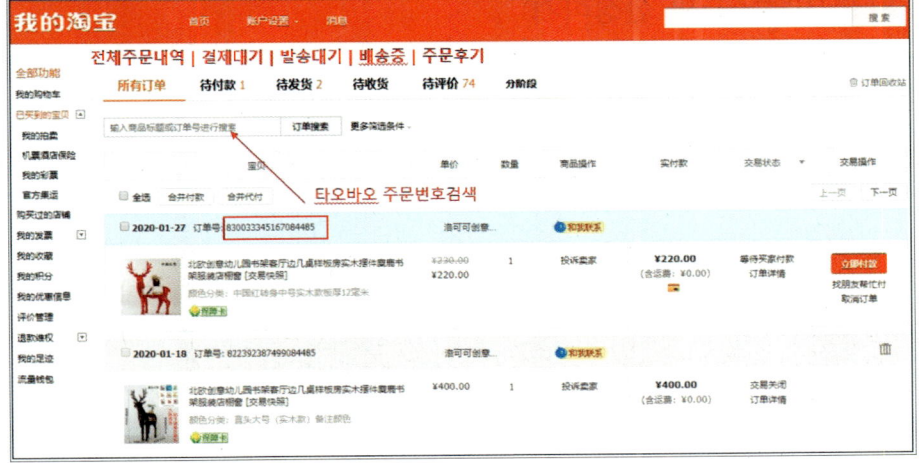

7 가격 할인 전 결제화면의 즉시지불(立即付款) 탭이 있다는 것은 아직 결제가 완료되지 않은 상태를 의미한다. 이후 판매자가 최종 결제 가격을 수정하면 금액이 변경되어 있는 것을 확인할 수 있다. 환불이 완료되면 다음과 같이 환불 완료 표시가 생성된다.

◆ 가격 할인전 결제 화면

◆ 판매자가 최종 결제 가격을 할인 수정한 화면

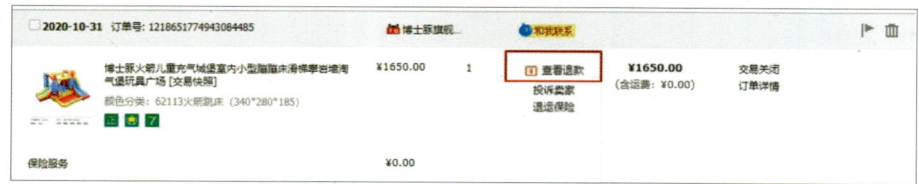

◆ 판매자 승인에 따른 최종 환불완료 화면

3 _ 타오바오 환불/반품/중재 신청하기

타오바오에서 교환, 반품, 환불이 가능한 기간은 상품 수령 후 7일이다. 중국에서 한국으로 물건을 배송할 경우, 세관 통관만 3~5일이 걸린다. 따라서 중국 구매대행 시 한국 소비자가 물건을 구입하고 환불을 원할 경우는 중국 내 환불 가능 기간 7일이 지나는 경우가 많다. 또한 중국은 직구한 상품의 관세 환급, 무료 환불 제도가 마련되어 있지 않기 때문에, 이미 구입하여 한국으로 배송완료 된 상품을 환불하는 것은 한국에서 중국으로의 역직구의 개념이 된다. 다시 중국 내 판매자가 한국에서 중국으로 물건을 반품 받으면 중국 내 관세법에 따른 관세를 더 지불해할 수도 있고, 판매자의 신분증번호가 필요하기도 하다(한국인 직구 시 개인통관고유부호가 필요한 것과 마찬가지 제도). 이러한 번거로운 과정으로, 중국으로의 반품 환불은 까다롭고 어렵다. 그러나 중국에서 한국으로 배대지 배송 출발 전에는 언제든지 중국 내에서 환불이 가능하며, 최종 환불이 완료되면 다음 그림과 같이 환불 완료 표시가 뜬다.

다음 사진처럼 주문서가 진행중이거나 최종 완료가 되지 않으면 푸른색으로 표기되며 환불이 완료되거나 주문이 모두 정상 종료되면 회색으로 바뀌게 된다.

가끔 본인은 주문을 진행하였으나 여러 이유로 결제가 이뤄지지 않으면 그 주문서는 회색으로 변경되어 있음을 확인할 수 있으니 주의하기 바란다.

상품 환불 완료 화면

다음 그림과 같이 신청하고 판매자가 승인하면 바로 환쿨 완료를 확인할 수 있다.

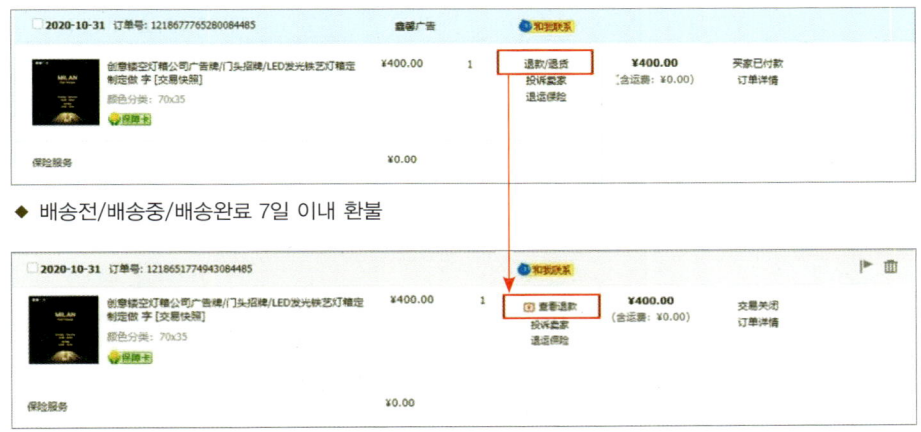

◆ 배송전/배송중/배송완료 7일 이내 환불

◆ 배송전/배송중/배송완료 7일 이내 환불완료 표기

판매자 배송 전 트래킹번호 미 입력 상태에서의 환불 방법

타오바오에서 발생하는 반품/환불 및 구매취소는 여러 이유가 있겠지만 구매대행 셀러라면 빠른 진행을 위해 무조건 1번 "사고 싶지 않아서..." 또는 "내가 원하지 않아서" 등 나의 변심에 의한 사유를 선택하기를 권한다.

아래에도 1번 "내가 구매를 원치 않아서"를 선택하였고, 그 아래 "색상 사이즈가 달라서" 또는 "품절되어서" 등 다양한 사유가 존재한다. 하지만 다른 사유를 선택하여 판매자가 환불해야 되는 경우는 타오바오에서 판매자에게 벌점을 부과하는 경우가 많아 이를 피하기 위해 판매자들이 다른 사유 선택 시 환불을 거부하거나 환불 사유변경을 요청하는 경우가 많다. 구매대행 셀러는 수십 명에서 수백 명의 판매자를 상대해야 한다. 그런데 이러한 사유 문제로 알리왕왕을 통해 중국어로 대화해서 해결하려고 노력하기 보다는 그냥 1번을 선택해서 환불과 반품에 대한 결과를 신속하게 받기를 추천한다.

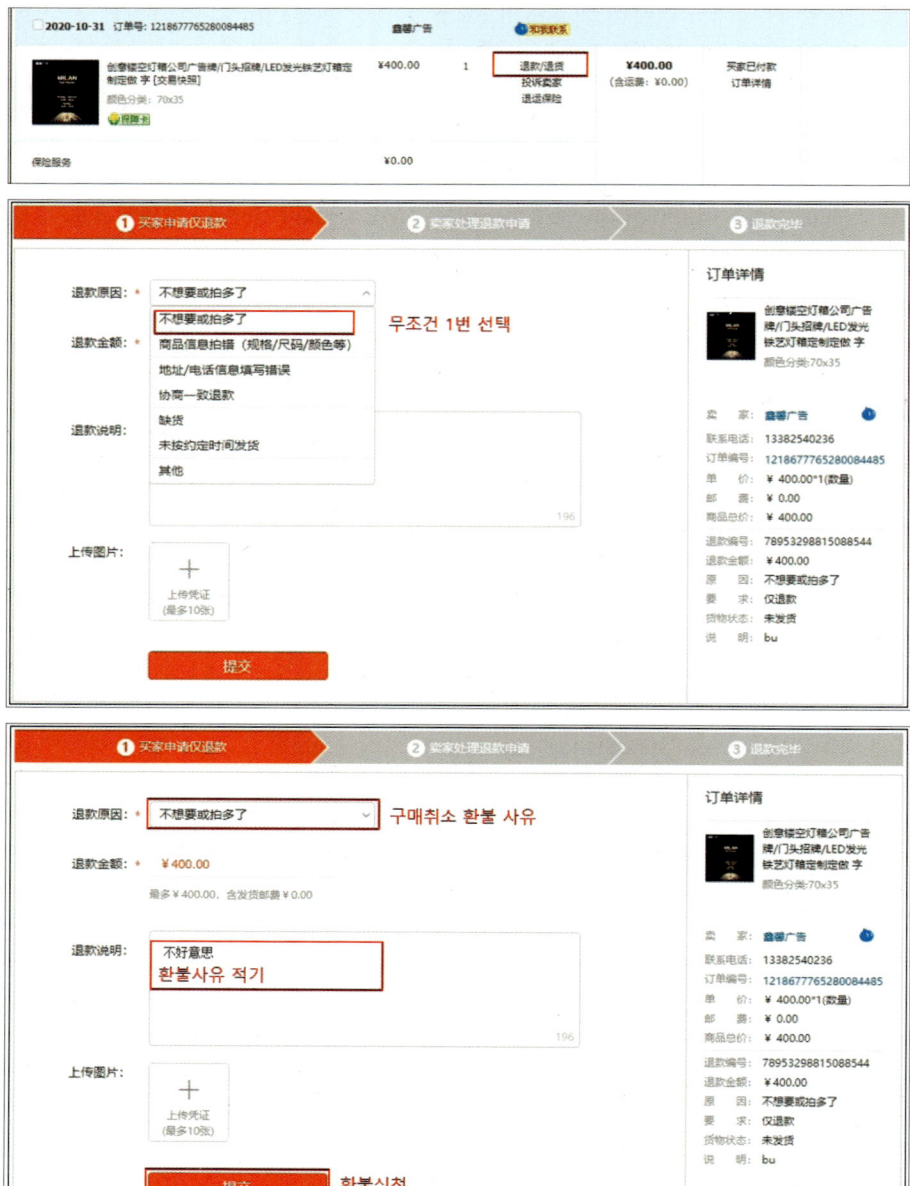

상품 발송과 주문완료(회색주문서) 이후 환불 방법

최종 배송이 완료된 이후에 상품에 하자가 있거나 명백한 판매자의 과실로 인해 환불을 원할 경우 시간이 오래 경과하지 않았다면 회색으로 변경된 주문도 환불이 가능하다. 이때에는 판매자와 협의 후에 최종 환불이 가능하다. 이때에는 환불 완료 표시가 (1)과는 달라지니 유념해야 한다.

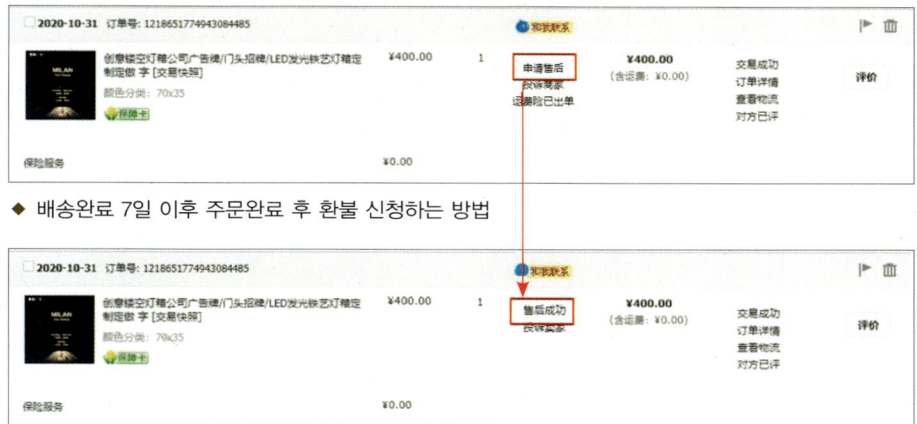

◆ 배송완료 7일 이후 주문완료 후 환불 신청하는 방법

◆ 배송완료 7일 이후 최종 주문완료 후 환불 완료 표기

상품발송과 주문서 완료 이후 회색 주문서의 환불/반품/교환 신청 방법

1 '거래 후 신청(申请售后)'을 선택한다.

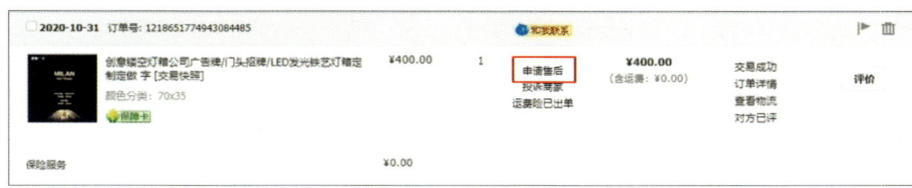

2 아래 3가지 사유 중 한 가지를 선택한다. 다음 그림에서 환불만 받음을 예시로 한다.

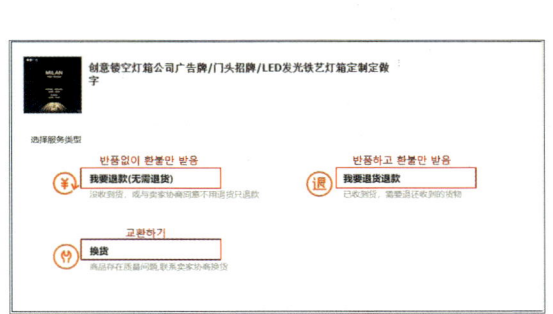

Chapter 10 _ 타오바오에서 주문하기 **69**

3 배송중(배송중 분실) 또는 배송완료 후 교환/환불 신청방법

트래킹번호가 발급된 상태에서의 환불 사유는 여러 유형이 있을 수 있다. 상품을 수령하지 못하여 환불 신청을 하거나 수령은 하였으나 주문한 상품과 다르거나 파손되었거나 등과 같이 다양한 이유로 환불 및 반품을 할 수 있으며, 하나의 상품만 환불하는 것과 여러 상품을 동시에 주문하여 그중 부분 환불하는 방법은 동일하다. 다음은 그중 3가지 상품을 주문하여 1개의 상품만 환불하는 방법에 대한 설명이다.

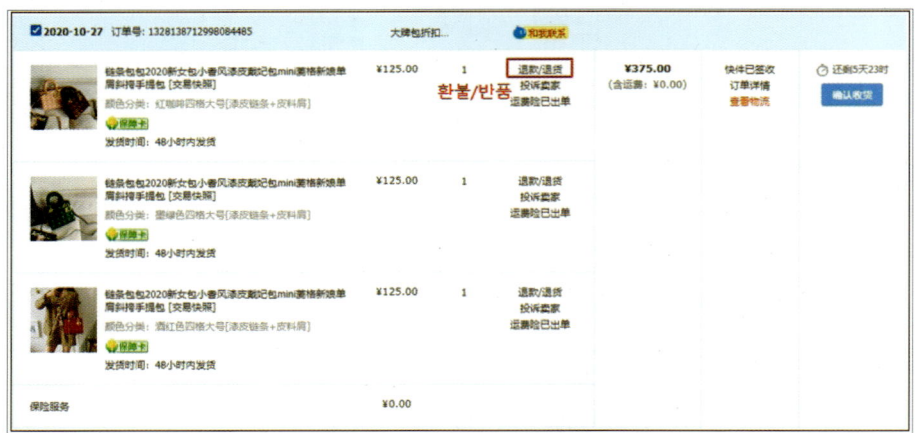

반품없이 환불만 받길 원할 경우와 반품하고 환불만 받는 경우 2가지 중 하나를 선택하면 된다. 물론 판매자가 트래킹번호를 입력하여 상품이 배송되었거나 배송 중일 때의 상황이다. 판매자가 배송 전이라면 간단하게 앞에 설명한 (1)번처럼 환불 신청을 하면 된다.

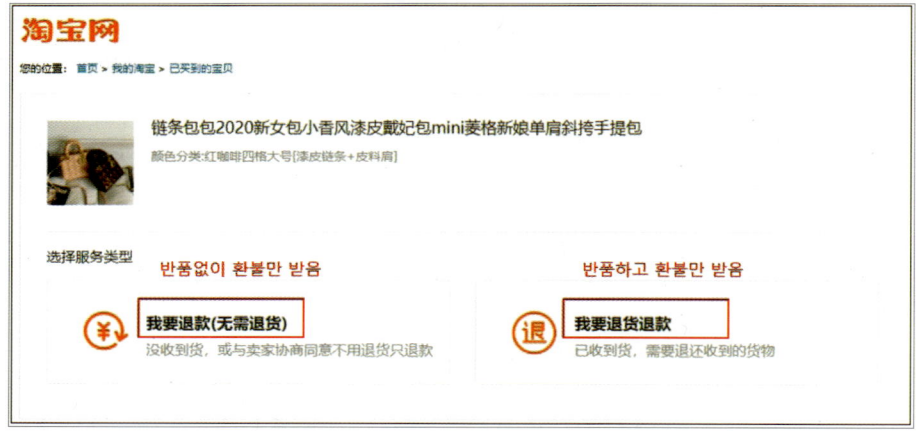

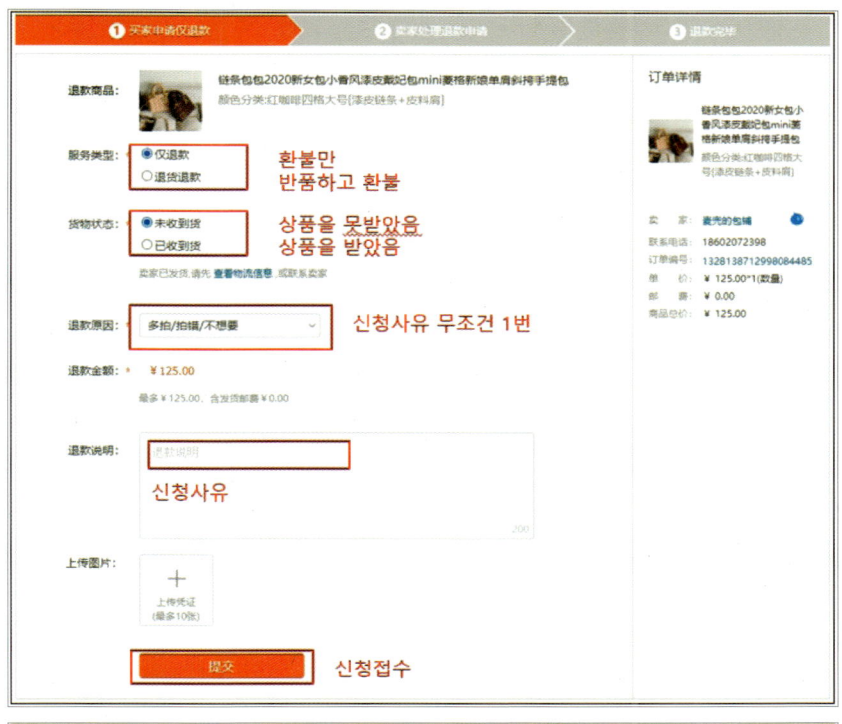

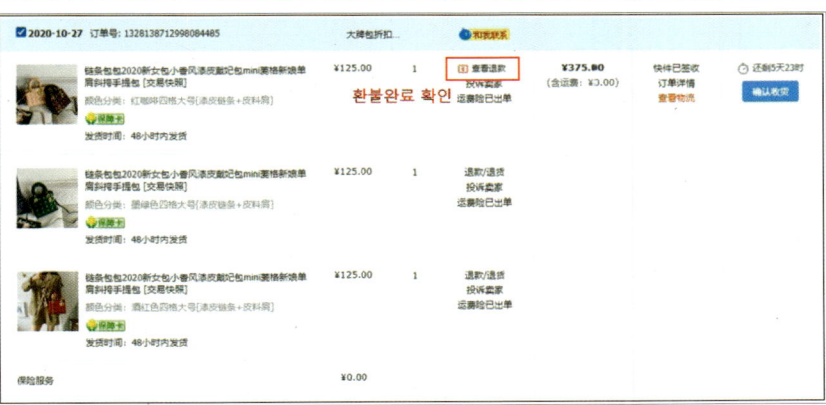

4️⃣ 상품 반품 방법 : 반품 신청은 반품과 환불을 클릭하여 요청한다.

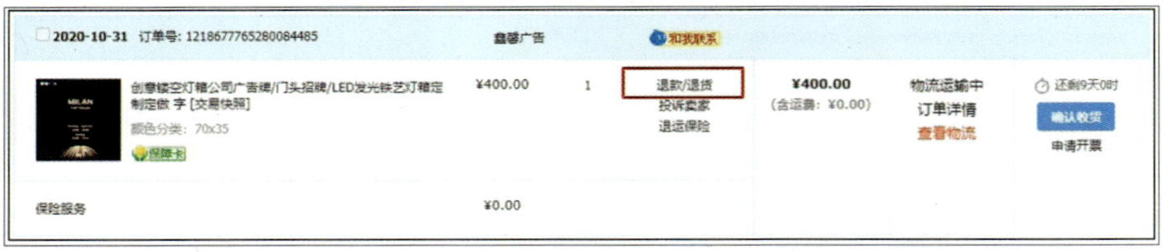

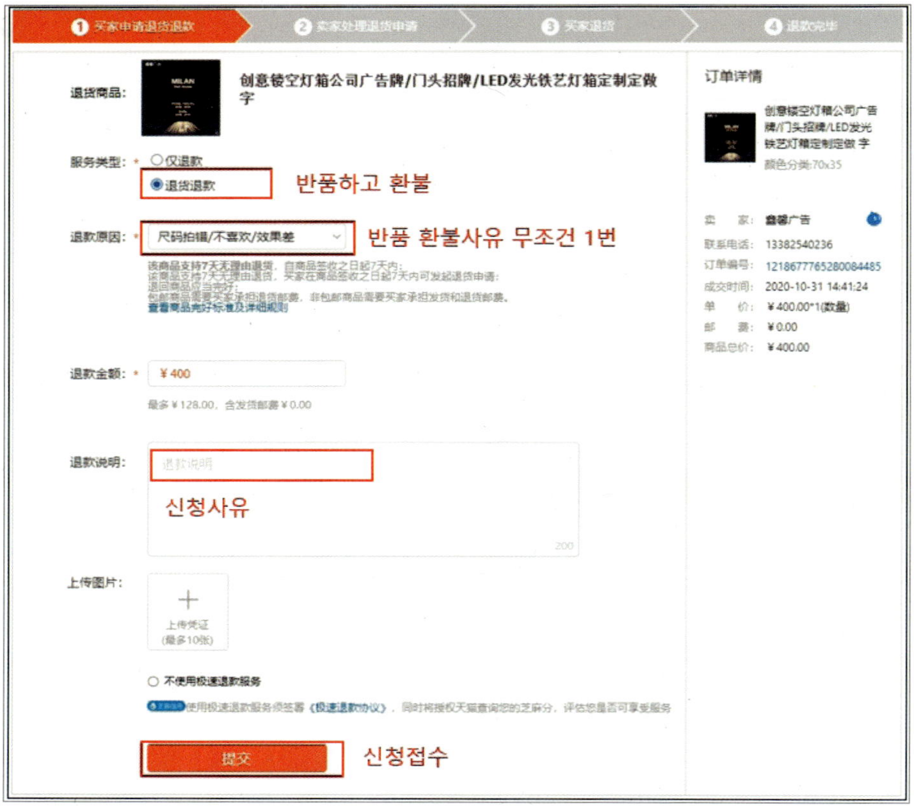

판매가 반품 신청을 확인처리 중에 있으며 아래 신청만으로는 반품이 이뤄지지 않는다. 반품 트래킹 번호까지 입력해야 하는데 아래 확인 처리 중 화면에서 판매자가 확인하면 내용이 변경된다.

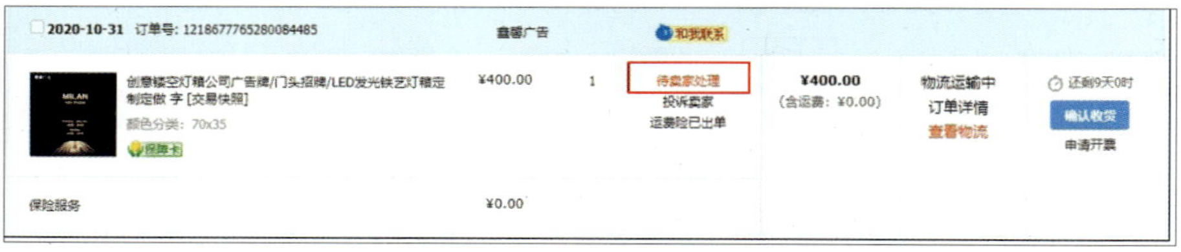

◆ 판매자가 반품 신청 확인 대기중

다음과 같이 반품신청에 대해 판매자가 수락하면 아래 사진과 같이 변경된다.

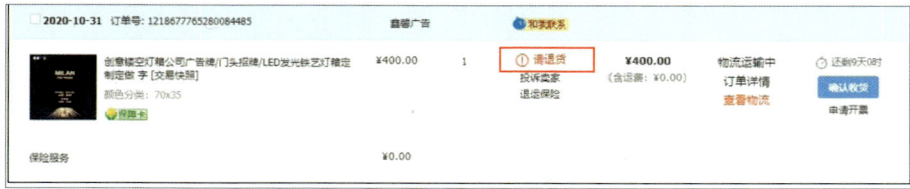

◆ 판매자가 반품신청 확인

판매자가 반품신청을 수락했다면 다음과 같이 이제 실제 반품 트래킹번호와 반품 택배회사 등의 정보를 입력해 주어야 최종적인 반품신청이 완료된다.

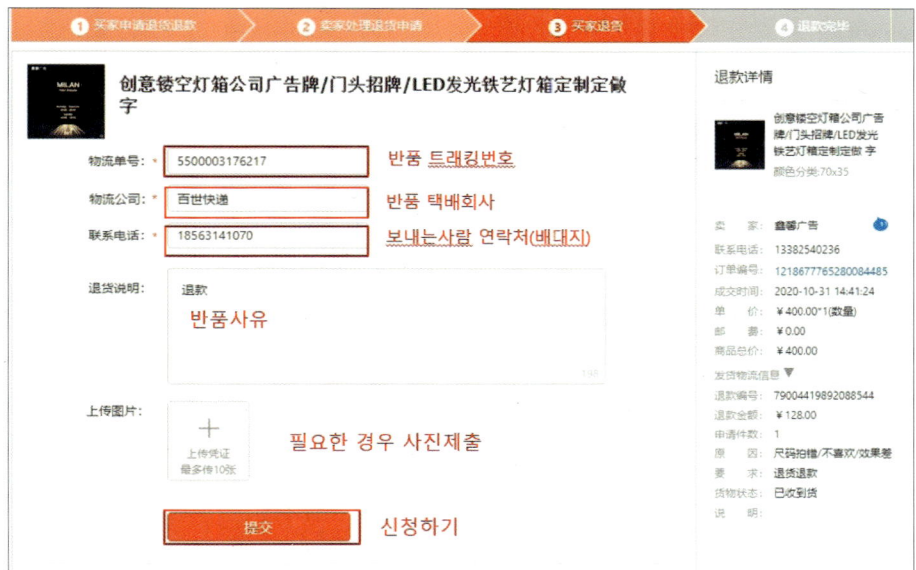

최종적으로 판매자가 신청한 반품 트래킹번호로 반품상품을 확인하면 다음과 같이 환불완료로 변경된다.

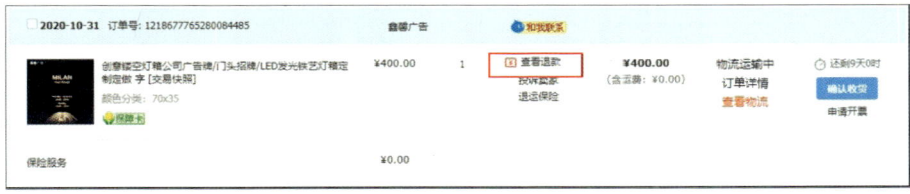

Chapter 10 _ 타오바오에서 주문하기 **73**

5 판매자가 반품/환불 등을 거부하여 타오바오 중재 신청하는 방법

반드시 환불 신청 후에 판매자가 이를 거부했을 때 24시간 안에 다음과 같이 중재신청을 진행할 수 있습니다. 24시간이 초과하면 더 이상은 중재신청 조차 할 수 없으니 이를 주의하여야 한다.

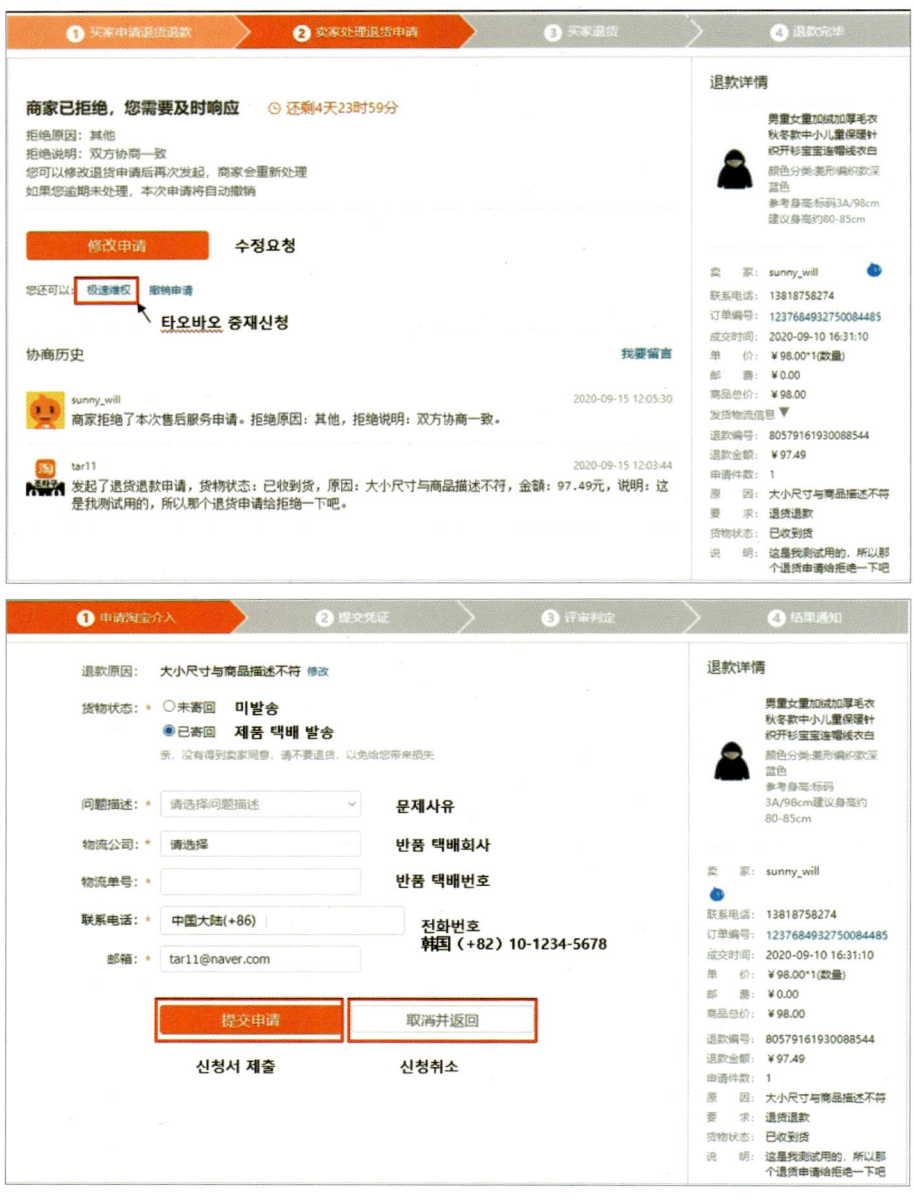

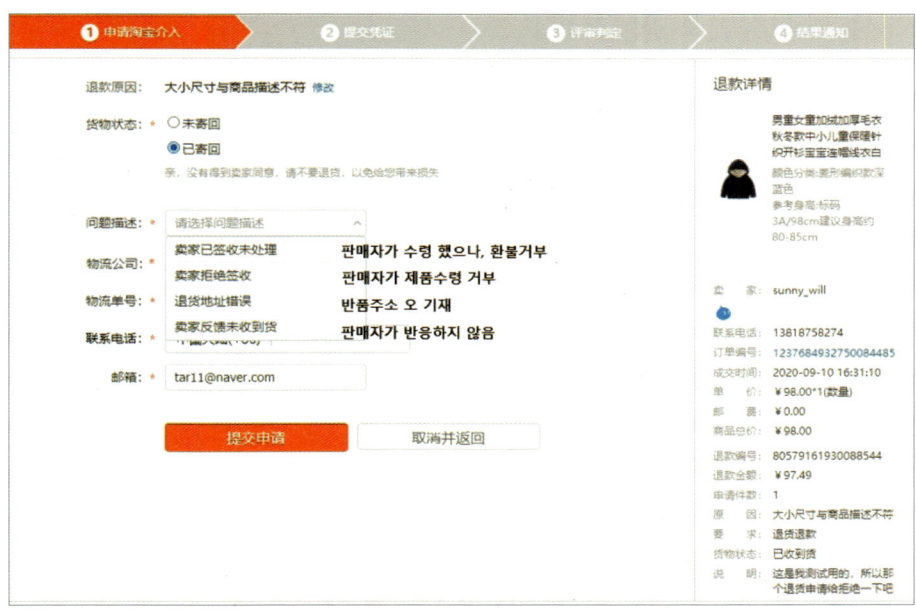

Chapter 10 _ 타오바오에서 주문하기

4 _ 타오바오에서 트래킹번호 확인하기

트래킹번호는 택배 송장번호로, 상품의 배송관련 정보를 파악할 수 있으므로 매우 중요하다.

하나의 주문번호에서 하나의 상품 트래킹번호를 확인하는 방법

상품 구매내역에서 오른쪽의 물류보기에 마우스를 갖다 댄다. 다음과 같이 트래킹번호를 간단하게 확인할 수 있다.

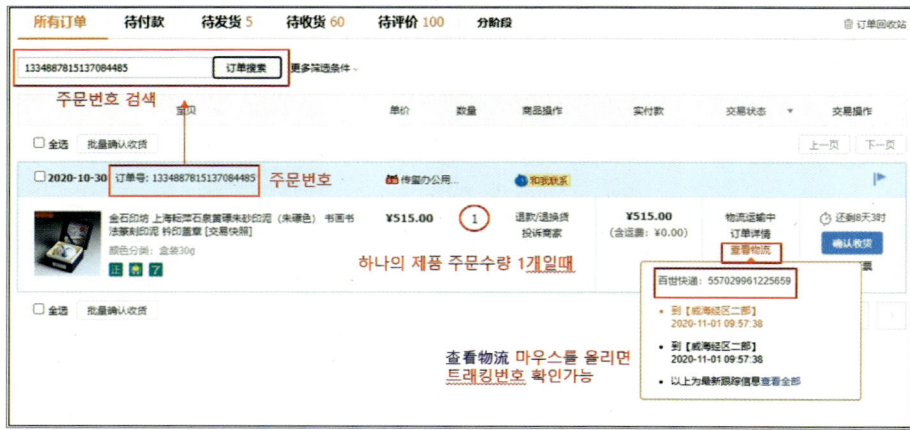

하나의 주문번호에서 여러 개의 상품 트래킹번호 확인 시 유의사항

하나의 주문번호에서 여러 개의 상품의 트래킹번호 확인 시 유의사항에 대해서 알아보자.

1 상품 주문내역에서 물류보기를 클릭한다.

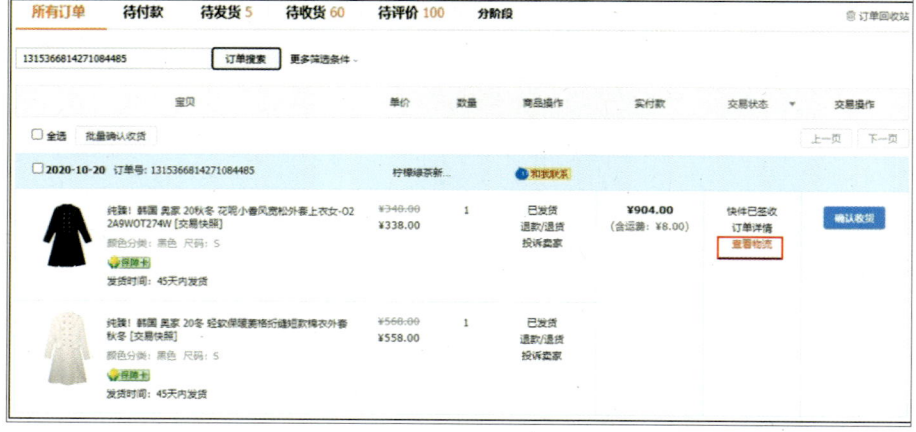

2 다음과 같이 提醒卖家发货 중국어가 표기되어 있다면 해당 주문서의 2벌의 옷을 하나의 트래킹번호로 보내지 않고 나눠서 보냈고, 그중 일부 1벌은 정상 발송을 했고, 1벌은 아직 발송전이라는 걸 의미 합니다.

3 물류보기 탭을 들어가면, 상단처럼 여러 개의 택배가 있음을 확인할 수 있다. 예시의 경우, 주문한 상품은 2개인데 택배(트래킹번호)는 3개가 확인된다. 타오바오에서는 여러 개의 택배가 출고되어도, 짝수의 송장 번호를 등록할 수 없다. 따라서 홀수 번호로 송장을 등록해야하므로, 짝수 개의 상품을 구입하면 예시와 같이 빈 송장 번호가 찍혀있다. 상단의 물류 탭을 모두 확인해서 모든 트래킹번호를 확인한 후 상품의 개수와 트래킹번호의 개수가 맞는지 체크해야 한다.

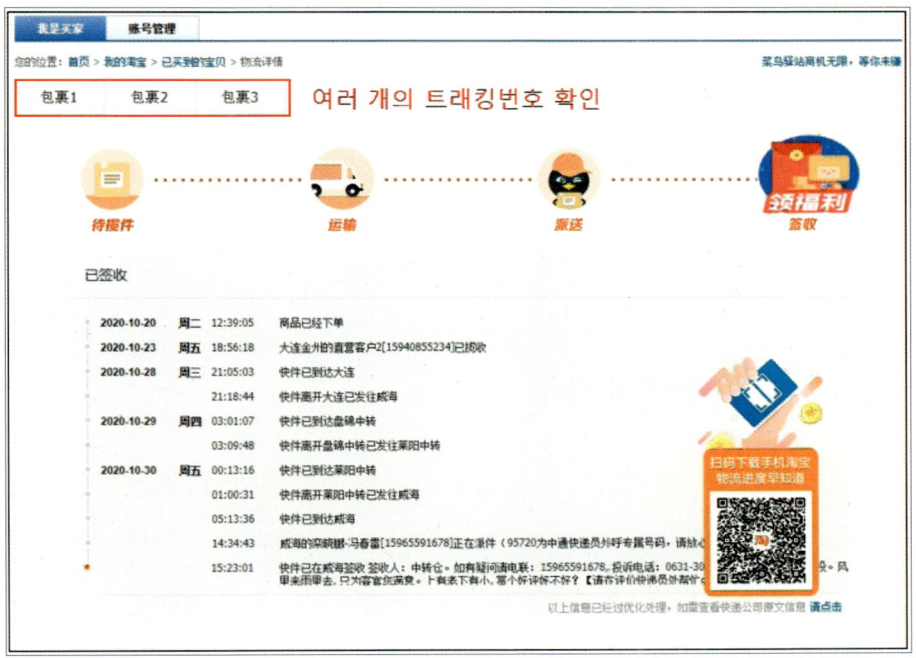

4 위와 같이 타오바오 판매자가 트래킹번호를 구분하여 관리해 주면 한국 셀러 입장에서 편하겠지만 다수의 판매자들은 이런 관리를 잘 안 해 준다. 그러므로 셀러라면 내가 주문한 상품이 1개의 트래킹번호로 판매자가 발송하지 않았을 것 같은 주문서들은 알리왕왕 채팅을 통해 판매자에게 확인 요청을 하여야 한다. 트래킹번호의 중요성은 다시 한 번 설명 하겠지만 모든 배대지는 이 트래킹번

호로만 입출고 관리를 진행하므로 내가 모르는 트래킹번호가 있다면 입고지연, 누락발송, 제품분실 등 다양한 사고를 배대지를 통해 경험하게 되며, 이런 상황이 발생하면 배대지에서 책임지지 않는다. 트래킹번호 관리를 못해 구매대행 사업을 포기하는 셀러들도 많은 만큼 항상 주문 후 트래킹번호를 확인하는 습관을 갖도록 하자.

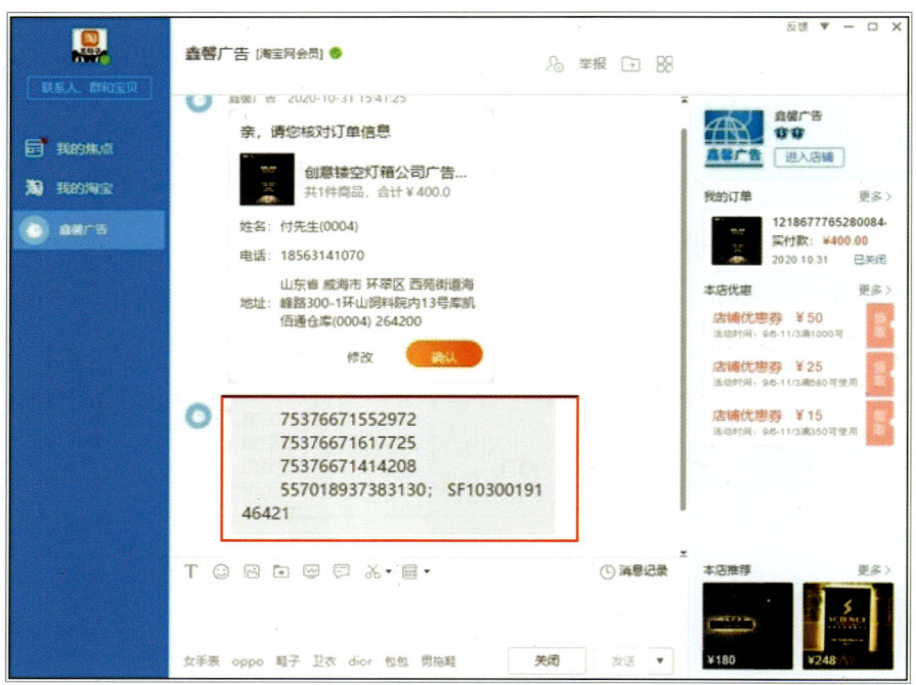

5 _ 타오바오 상점 마크와 판매자 등급

마크	의미	내용
	소비자 보장 서비스	판매자와 타오바오가 안전거래 계약서를 체결한다. 판매자가 판매하는 상품에 품질문제, 설명한 내용과 상품의 실물이 다를 경우 소비자가 비용을 지불했지만 상품을 못 받은 경우 등 판매자의 과실로 소비자의 권리를 침해할 경우, 소비자가 신고할 수 있다는 의미의 마크이다.
	발송 시간 약속	판매자는 소비자가 결제를 완료한 후, 약속한 기간 내 상품 발송을 완료해야 한다. 약속한 기간 내 상품을 발송하지 않을 경우, 상품 실거래 금액의 5%를 배상해야 한다.
	반품 약속	소비자가 상품을 수령한 날부터 반품 가능 기간 내에 반품을 원할 경우. 상품에 하자가 있는 경우 또는 이유 없이 반품을 신청한 경우에도 판매자는 약속한 반품 운송비를 부담한다.
	품질 약속	소비자가 수령한 상품이 홈페이지의 설명과 다르거나 하자가 있지만 판매자와 원활히 협상되지 않을 때, 소비자는 타오바오가 지정한 기한 내에 판매자를 고발할 수 있다. 또한 "품질 약속"에 대한 변상도 요구할 수 있다.

	파손상품 재발송	판매자가 보장한 기간 내에, 상품이 운송 중 파손이 될 경우 소비자는 파손 상품의 재발송을 요청할 수 있다. 판매자는 재발송 서비스를 1번 제공하며, 재발송 한 상품이 운송 과정 중 또 다시 파손되면 판매자가 반품과 환불 서비스를 제공한다.
	송달 약속	판매자는 소비자에게 주문서 송달시간을 약속한다. 주문서 폐쇄 상태가 된 날짜로부터 15일 이내, 소비자가 주문서 송달이 지연된 것이 확인되면 판매자를 고발할 수 있다. 이 때, 판매자의 과실이 인정되면 판매자는 우선 보증금으로 소비자에게 배상한다.
	지정 택배	판매자는 소비자가 지정한 택배사로 상품을 배송할 것을 약속한다.
	골드 메달(파워셀러)	판매자의 신용도와 만족도 등을 종합하여 타오바오 측에서 우수 판매자에게 부여하는 마크이다.
	기업 상점	타오바오로부터 사업자 등록을 인정받은 기업 판매 상점이다.
	신제품	주로 타오바오 의류섹션에서 적용되며, 한국 해석은 신상(신제품) 정도이다.
	I-Fashion	타오바오 젊은 소비자 패션몰 마크로, 소비자의 코디와 후기 등을 연출하여 직접 구매할 수 있는 패션전문 몰이다.

◆ 타오바오 보증마크

타오바오 판매자 등급

인터넷을 통해 좋은 상품, 좋은 판매자 고르는 법으로 아래 하트부터 황관까지 판매자 등급을 보고 구매하라는 글을 자주 볼 수 있다. 중판 대표가 수많은 중국 판매자들을 상대해 보았지만 한국 셀러에게 등급표는 중요하지 않다. 하트인 초보 판매자는 여러분들과 마찬가지로 초심을 가지고 있어 정말 열심히 상담해주고 가격할인을 해주는가 하면 황관 판매자처럼 수많은 경험을 가진 중국판매자가 오히려 고객의 요청을 외면하는 경우도 많이 보았다. 국내 상황에 비추어보면 파워셀러 유사하고, 그 셀러가 최저가도 아니고 CS는 반품처리에 협조적인 지표가 아닌 것과 마찬가지이니 그냥 참고로만 알고 있길 바란다.

◆ 타오바오 판매자 신용등급

CHAPTER 11
1688에서 주문하기

1 _ 1688의 화면 이해하기

1688에서 상품 검색 후 상품 상세페이지까지 각각의 화면 구성에 대해서 알아본다.

검색 후 주문 전체화면

상품 검색어를 입력하면 보이는 화면이며 상품의 특성에 따라 일부 다르게 표현되어 나온다. 해당 화면은 의류를 검색했을 때 나오는 화면을 예시로 들었다.

❶ 상품명으로 검색
❷ 공업브랜드 1688 사이트로 https://imall.1688.com 이동
❸ 공급자(상)으로 검색
❹ 검색상품을 구매를 원하는 구매자 검색
❺ 검색한 상품의 질의 응답 페이지 이동
❻ 검색어의 쇼핑 연관 키워드로 검색
❼ 사이즈별로 검색
❽ 해당 키워드의 스타일별 검색
❾ 해당 키워드의 다른 스타일별 검색
❿ 가격대별 검색
⓫ 상세한 분류별로 검색
⓬ 배송관련 검색
⓭ 판매량 많은 상품순검색
⓮ 가격별 검색 (높고 낮은순 검색)
⓯ 발송(생산)지역별 검색
⓰ 업체분류(공장생산 / 유통업체 등)

상품 페이지 화면

상품별로 가격 및 후기등 상세한 상품 정보를 제공하는 페이지이다. 다음 화면은 '텀블러'을 검색 후 여러 책장 상품 중 하나를 예시로 들었다. 1688 메인화면 및 서브화면에서도 ❶~❹까지가 셀러가 가장 많이 조회하고 보는 중요 카테고리이다. 특히 ❷번 나의 주문내역은 고객 주문내역의 상품을 주문하여 배대지를 통해 출고하기까지 각종 주문정보 및 트래킹정보를 제공하는 메뉴이니 가장 중요한 카테고리 항목이다.

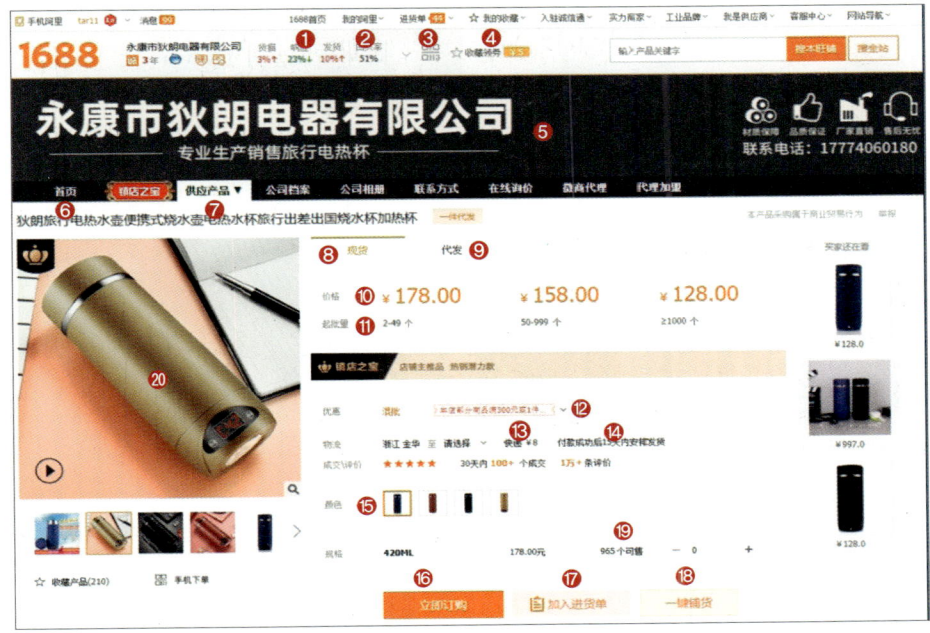

❶ 1688 메인으로 가기
❷ 나의 알리 - 주문내역확인
❸ 카트보기
❹ 찜한 관심상품 보기
❺ 1688 판매자 정보
❻ 해당 판매자 메인 페이지 가기
❼ 해당 판매자 상품 카테고리 보기
❽ 구매조건에 맞는 바로발송 상품 가격
❾ 대리발송 조건과 가격 (위탁배송)
❿ 가격 예 178위안 (2-49개)
⓫ 조건 예 (2-49)까지 178위안
⓬ 쿠폰정보
⓭ 중국 내륙 배송비정보
⓮ 주문 후 발송 시간 안내
⓯ 상품옵션
⓰ 바로구매
⓱ 카트담기
⓲ 대리발송을 위한 상품정보 퍼가기(협약되어 있어야함)
⓳ 재고수량 표기
⓴ 상품 썸네일 보기

> **TIP** 제품 검색화면 유사상품 보기
>
> 1688 상품의 썸네일에 마우스를 올리면 유사한 상품찾기 [找相似款] 탭이 생성된다. 이를 통해 구매하려는 상품의 비슷한 상품을 검색해 볼 수 있다.

카트(장바구니) 화면

다음은 상세페이지에서 구매 버튼을 누르면 나타나는 1688의 카트(장바구니) 화면이다. 1688은 도매 사이트다 보니 1개씩 판매하기보다 1개 이상을 구매 시 판매하는 판매자가 많다. 그러므로 판매자가 제시한 구매조건에 따라 구매가 가능하다. 아래 예시로, 2개 이상의 수량만 결제 가능하다는 상품 항목에서 구매 수량 1개를 선택하면 조건 불일치로 구매가 불가능하다는 표시가 뜬다. 그러나 조건을 일치시키면 구매가 가능해진다.

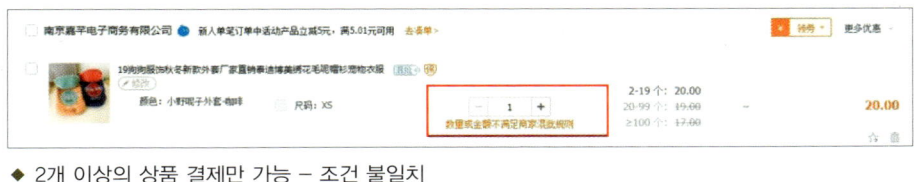

◆ 2개 이상의 상품 결제만 가능 – 조건 불일치

◆ 2개 이상의 상품 결제만 가능 – 조건 일치

2 _ 1688에서 주문/결제하기

1688에서 상품 주문 및 결제하는 방법에 대해서 알아보자.

1 1688은 타오바오와 달리 도매 사이트다 보니 판매자 판매 조건(수량)이 일치해야 결제 진행이 가능하다. 다음 화면은 판매자 조건설정 2개 이상 구매로 되어 있어 2개의 제품을 결제하는 화면이다.

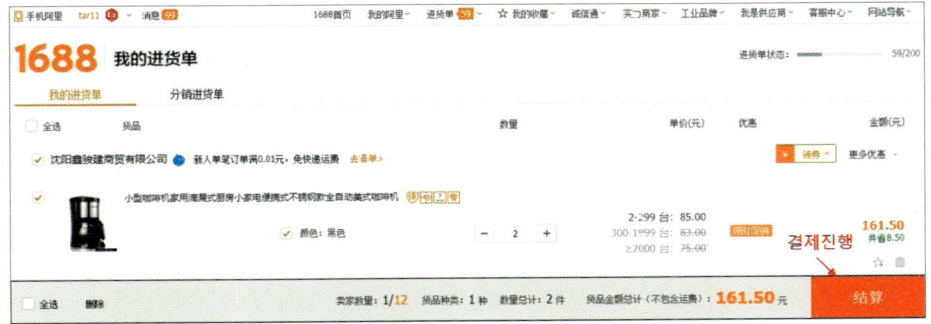

2 1688도 판매자에게 메모 남기기 기능이 있다. 앞서 강조 했듯이 트래킹번호의 관리가 중요하므로 판매자에게 해당 트래킹관련 메모를 남겨 주문서대로 트래킹번호 따로 보내달라고 메모남기는 습관을 가지고 있어야 한다. 또한 1688의 배송비를 보면 지금은 무료배송설정 0원으로 되어 있으나 대다수 판매자는 배송받는 지역에 따른 배송비가 별도로 붙는다.

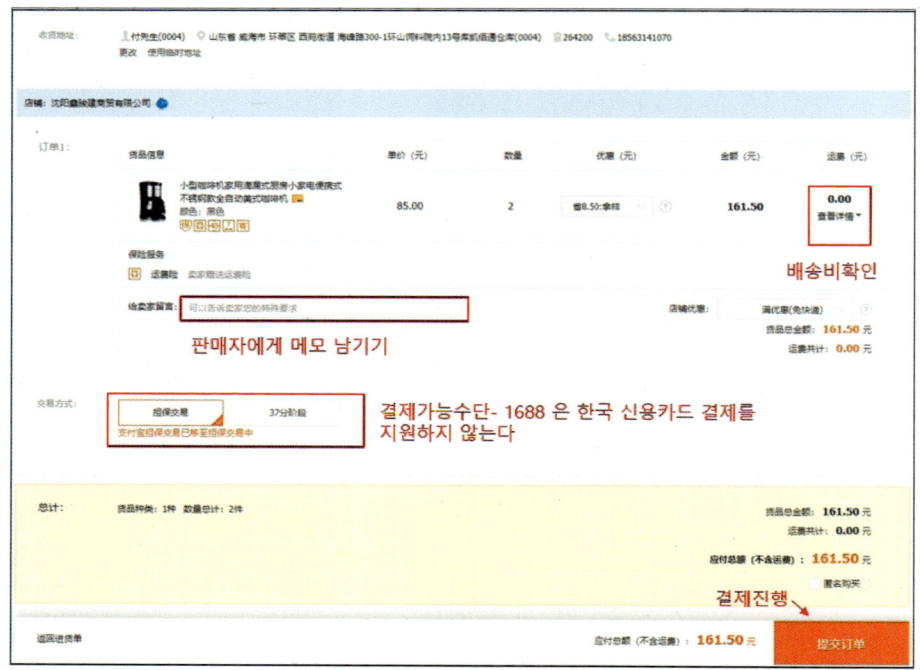

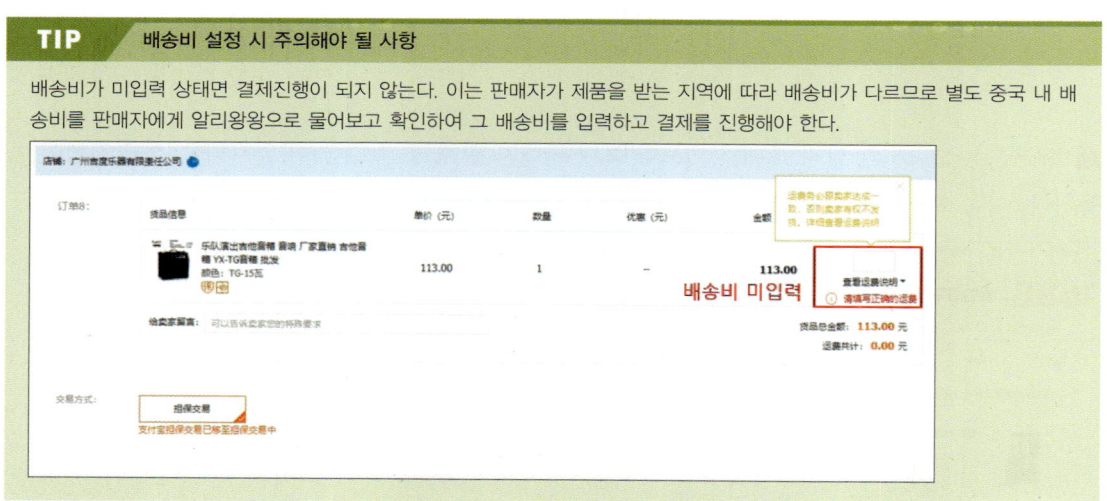

3 다음 단계는 결제수단을 선택하는 화면이다. 1688은 한국 신용카드를 지원하지 않기 때문에 구매대행 셀러는 알리페이로만 결제 진행이 가능하다.

4 1688은 한국 신용카드를 지원하지 않지만 대리결제는 지원한다. 해당 최종 결제 화면에서 본인의 알리페이가 연동되어 있다면 결제를 바로 진행 할 수 있다. 만약 본인의 알리페이가 없다면 대리결제 버튼을 눌러 대리결제신청을 할 수 있다.

대리결제에 관한 중판 해외인보이스 서비스를 이용하여 처리하고 회계소명하는 방법은 따로 책 말미에 다루고 있으니 참고하기 바란다.

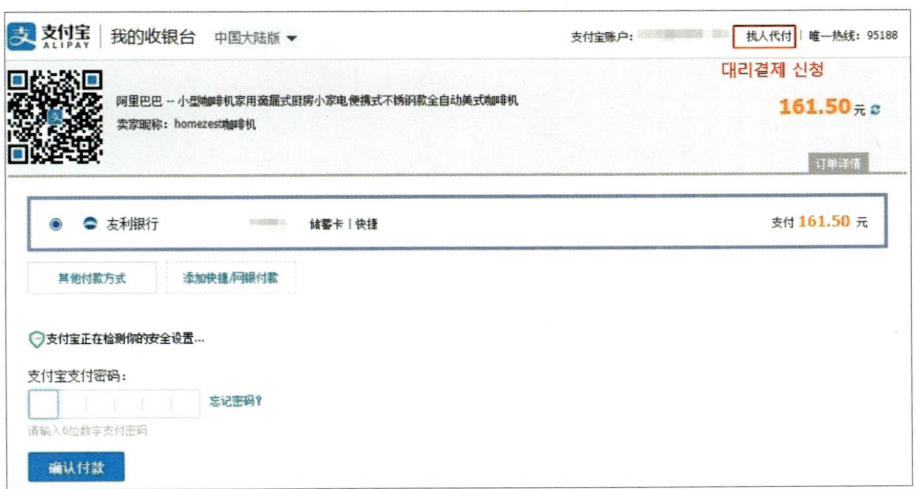

3 _ 1688에서 환불 신청하기

1688의 환불 신청도 타오바오의 환불 방법과 유사하게 진행된다.

1 환불할 상품 구매 내역에서 오른쪽의 환불 신청을 클릭한다. 전체 환불 혹은 부분 환불 시, 환불할 제품의 체크박스에 체크하고, 확인을 클릭한다.

- 부분환불 신청하기

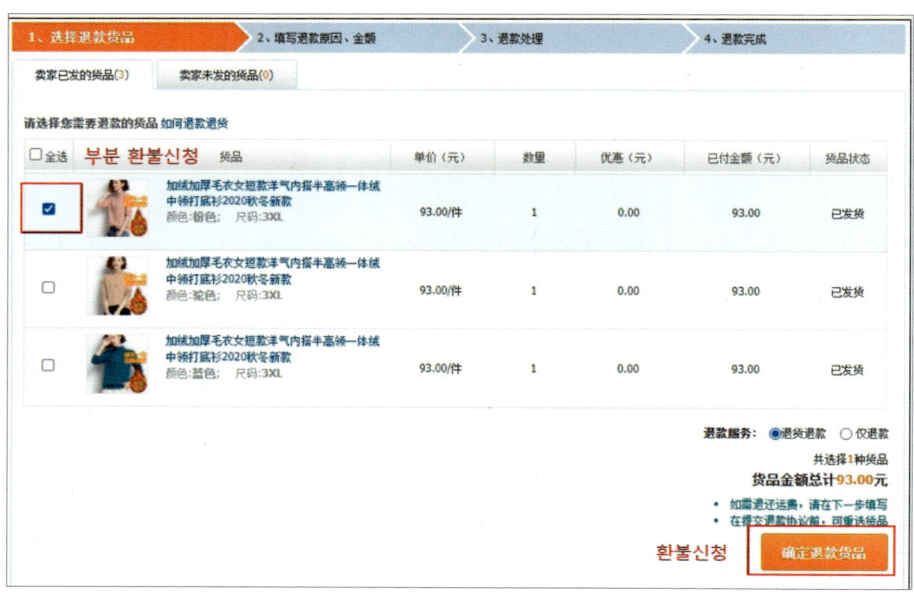

2 환불 정보에서 환불 사유와 배송비 환불 등을 기입한 후 아래 환불하기를 클릭한다. 타오바오와 달리 1688에서는 배송비까지 환불 신청해야 한다.

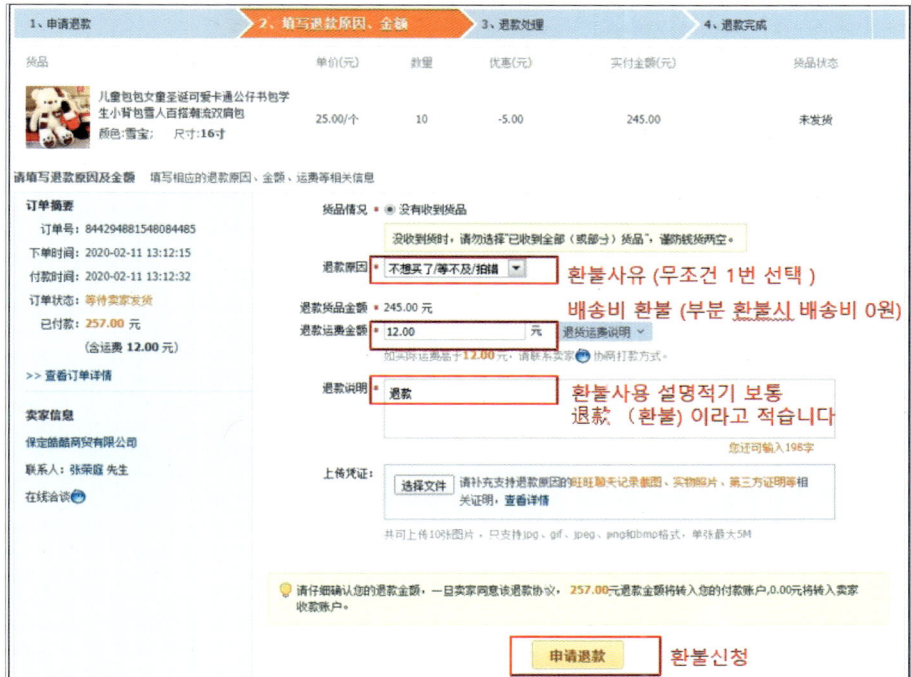

3 신청이 정상적으로 접수가 되었을 경우, 환불의 절차를 확인할 수 있다.

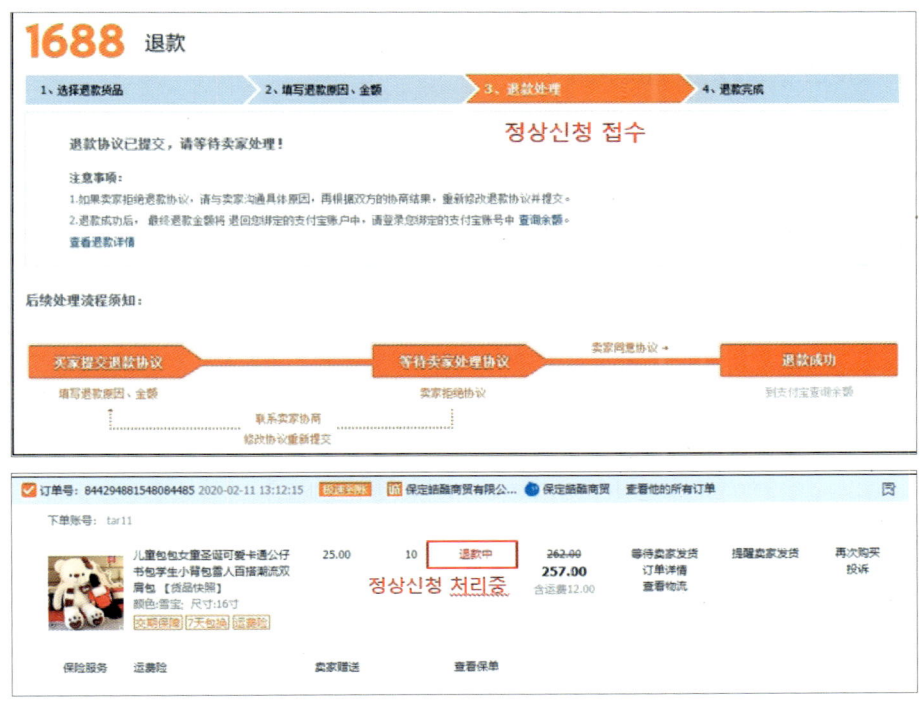

Chapter 11 _ 1688에서 주문하기 **87**

4 최종 환불이 완료되었을 때, 초록색으로 환불 성공 표시를 확인할 수 있다. 마찬가지로 여러 가지 상품에서 부분적으로 환불했을 경우에도, 환불이 완료되었다는 표시를 확인할 수 있다.

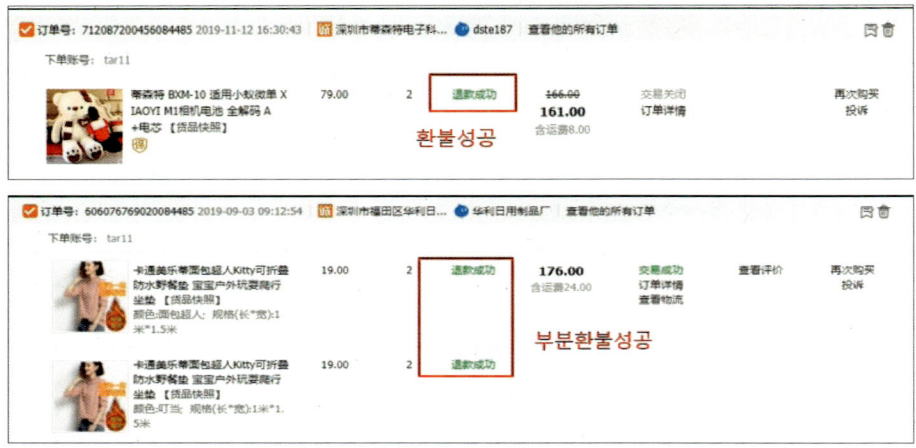

4 _ 1688에서 트래킹번호 확인하기

1 1688의 주문번호는 주문내역의 각 상품정보 상단에서 확인할 수 있다. 트래킹번호는 우측의 물류보기(查看物流) 탭을 클릭하면 새로운 창에서 확인할 수 있다. 주의할 점은, 타오바오와 달리 트래킹번호가 맨 우측에 있다는 것이다.

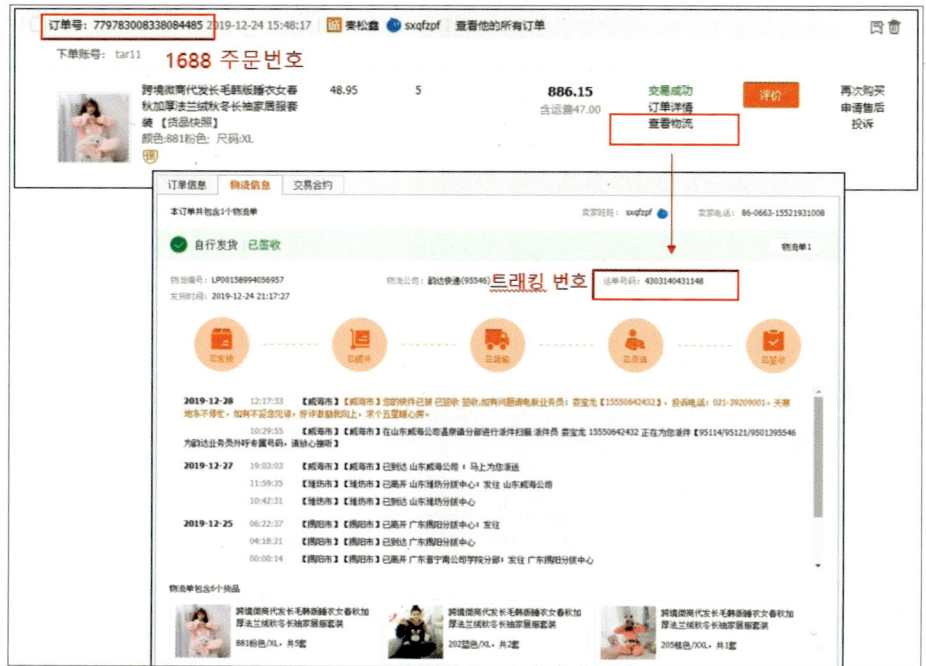

2 1688에서 여러 개의 상품을 구입했을 경우, 스크롤을 아래쪽으로 내렸을 때 여러 개의 트래킹번호가 뜬다. 각 상품의 트래킹번호를 놓치지 않게 유의해야 한다.

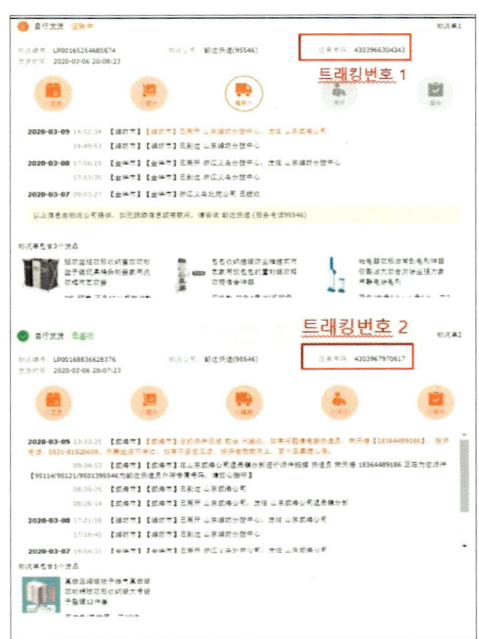

5 _ 1688 제품 1개 최저가 주문하기

1688은 도매 쇼핑몰이기 때문에 구매탭이 여러가지로 구분되어 있다. 대표 탭은 批发(피이파-도매) 이 며 1개씩 판매하지 않고 2개 이상, 경우에 따라 10~100개 이상의 판매 조건이 붙는 경우가 많다
하지만 代发(따리파-대리발송) 기능, 국내 위탁배송에 해당하는 기능을 활용하면 1개씩 소싱이나 샘플링이 가능할 수도 있으니 참고한다.
代发(따리파-대리발송 이지만 1개 또는 1개 이상일수 있음)는 다시 一件代发 (이찌엔따리파 - 1개만 가능) 으로 구분된다 . 이 구분은 1688 판매자가 설정하므로 모든 동일하지 않으니 참고하기 바란다

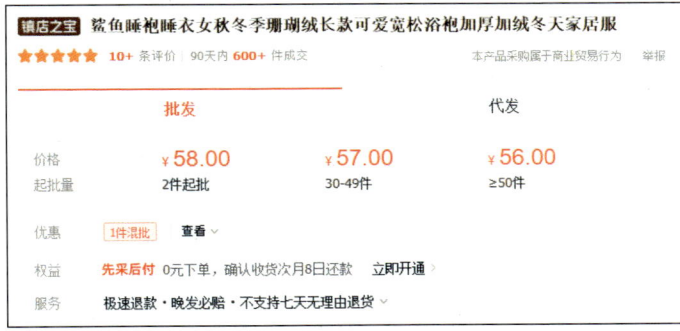

1 1688 메인에서 상품을 검색후에 옵션중에 [一件包邮]를 체크하면 1개씩 무료 배송이 가능한 판매자 상품리스트로 정렬을 다시 한다.

2 1688 메인화면 중앙에 별도의 [一件代发] 의 카테고리가 있다.

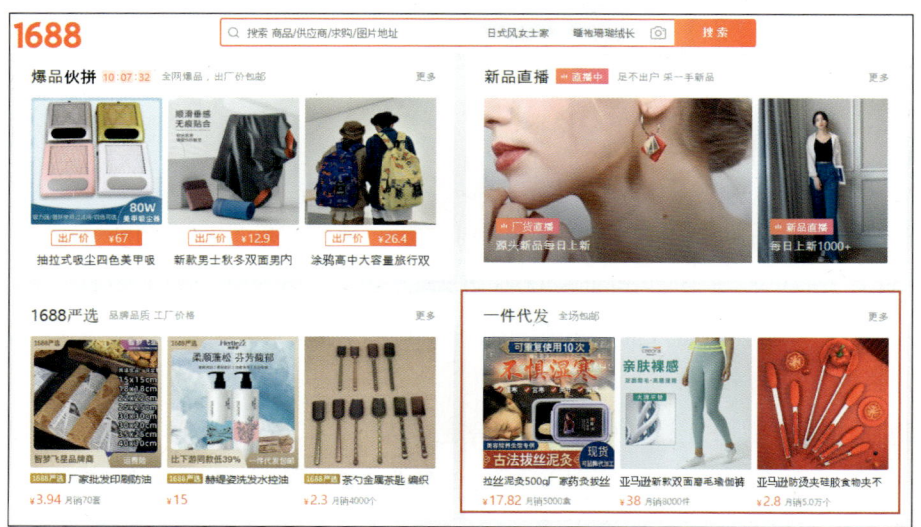

TIP 알리왕왕으로 1개 발송요청과 가격 수정을 요청하자

1688 판매자에 따라 운영조건이 다르다 보니 내가 꼭 해당 판매자에게 1만 구매하고자 한다면 알리왕왕으로 1개만 구매할 것이기 때문에 "가격을 수정해줘"라고 말하면 대다수 판매자가 이에 응하고, 결제직전 화면의 가격을 1개의 가격으로 수정해 주고 결제하면 1개만 구매 가능하다.

3 여기서 批发(피이파-도매) 는 조건에 맞게 구매시 발송이 가능하다는 의미이며 代发(따리파-대리발송 이지만 1개 또는 1개 이상일수 있음)와 一件代发(이찌엔따리파 - 1개만 가능) 도매가 아닌 소매로 1개씩 또는 도매보다 소량으로 구매가 가능하다는 의미이다.

주의할 사항은 一件代发의 무료배송이라고 해도 실제로는 중국 배송비가 포함된 상품가격이므로 도매가격과 소매가격을 비교해볼 필요가 있다.

❶ 1688 상점의 批发(피이파-도매) 代发(따리파-대리발송) 표기 화면

❷ 1688 상점의 批发(피이파-도매) 一件代发 (이찌앤따리파-1개발송) 표기화면

❸ 代发(따리파-대리발송) 발송 시 128위안 - 1개씩 주문 가능

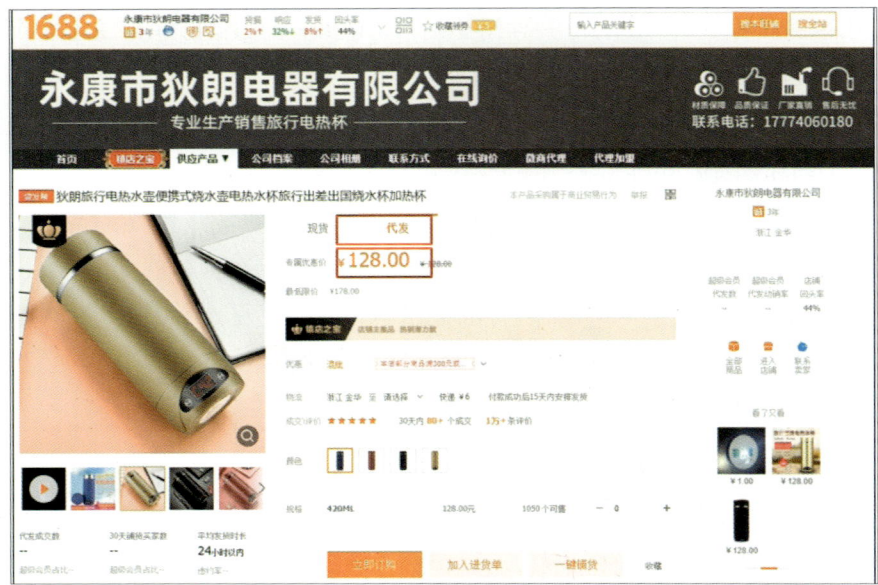

❹ 1688의 레벨 시스템과 1688PLUS (L6) 그리고 중판이 운영하는 1688 슈퍼ID (L6)

1688은 구매 이력에 따라 L1 ~ L6까지 6단계의 소비자 레벨이 존재하며 판매자 설정 혹은 나의 레벨에 따라 상품 구매 금액이 달라진다.

예를 들어 1688 판매자가 미리 할인율 설정을 해 두어서 L1 레벨 아이디로 접속 시 100위안으로 표시되는 상품이 있다고 가정하면 L6 레벨 아이디로 접속하는 경우에는 5% 할인된 95위안으로 가격이 표시되고 할인된 해당 가격으로 구매할 수 있다.

◆ L1 레벨 가격

◆ L6 레벨 가격 (1688 PLUS 및 중판의 슈퍼ID 레벨)

5️⃣ 1688 레벨을 높이는 것은 큰 금액을 자주 사는 방법이 있지만 처음부터 VIP 회원권 처럼 1688PLUS에 년간 99위안을 주고 가입하는 방법이 있다.

◆ 1688 PLUS 가입화면

그 외 L6 레벨을 획득하는 건 중판이 운영하는 1688슈퍼ID가 있으며 해당 설명은 중판 사이트 www.jungpan.com 메인 화면 배너에서 확인할 수 있다.

◆ 중판이 운영하는 1688슈퍼ID 화면

> **TIP 알리왕왕으로 가격 흥정이 더 유리하다**
>
> 위에 설명한 레벨별 가격은 모든 상품 모든 판매자가 가능한게 아니다. 판매자가 설정했을때만 할인이 가능하다. 결국 1개씩 구매대행 하는 셀러는 흥정없이 구매하는 빈도가 높으니 위 방식대로 레벨업을 해서 이용하시는 게 좋겠지만 수입판매 셀러는 결국 판매자와 흥정을 통해 1000개 할테니 할인해줘 방식으로 가격 협상을 하는게 유리하다. 할인을 이야기 할때는 1개 가격 00에 줄수있어로 이야기 해야 한다. 10% 할인해 달라는 번역은 중국에서 10% 가격에 달라는 의미이기 때문에 소통에 문제가 생긴다.

6 1688의 카트는 타오바오와 달리 现发(씨앤파)- 批发(피이파)로 담았을 때와 分销(펀싸오)- 代发(따리파) 또는 一件代发(이찌앤따리파)로 담았을 때의 각각의 카트가 존재한다.

본인이 어떤 방법으로 상품을 카트에 담았는지에 따라 2가지 카드를 모두 확인하고 주문해야 한다.

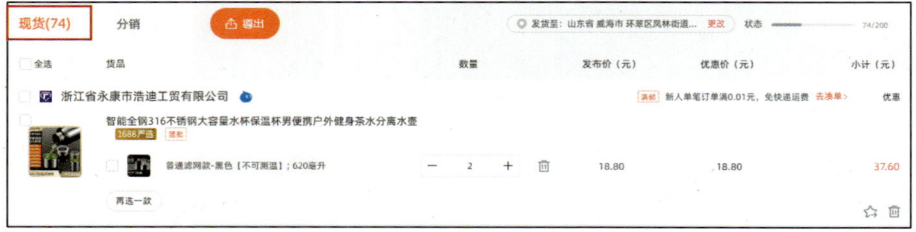

◆ 现发(씨앤파)- 批发(피이파)로 담았을 때 카트 선택

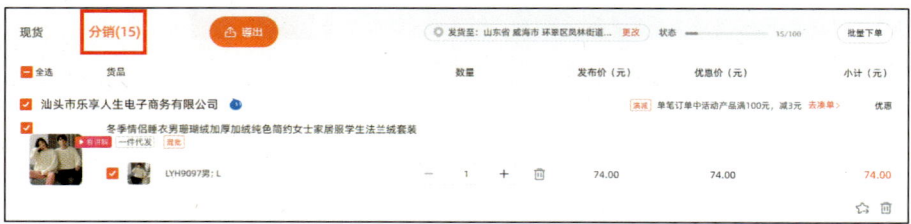

◆ 分销(펀샤오)- 代发(따리파) 또는 一件代发(이찌앤따리파)로 담았을 때의 카트 선택

6 _ 1688 판매자 신용확인 및 원생산공장 찾기

1688 사이트의 판매자는 물품을 생산하는 공장(35%)과 공장에서 생산된 물품을 유통하는 유통업체(65%) 비율로 나눠져 있다. 좋은 품질의 저렴한 상품을 1688에서 고르기는 쉽지 않지만 생산공장을 찾아보는 노하우를 습득하면 그리 어려운 일도 아니다.

이전 1688은 공장과 유통업체의 구분 심사를 명확하게 하지 않았지만 최근 1688은 공장 심사를 강화하고 공장검색 탭을 따로 두어 손쉽게 공장을 찾을 수 있고 이전보다 믿을 수 있게되었다.

다만 필자의 경험상 무조건 공장만 찾기 보다 유통업체라도 나와 소통이 잘된다면 유통업체를 선택해도 좋다 그 이유는 공장은 대량생산을 위주로 하다보니 소규모 주문일 경우 품질이나 소통에 불만족 스러운 경우도 있지만 유통업체는 해당 공장과 전문적인 거래와 수많은 고객들을 상대하다 보니 좀더 나에게 맞는 상품과 소통으로 공장을 잘 설득해 주는 경우가 많아서 이다.

1 기본 설정 상태에서 상품 검색

1688 검색 창의 기본 설정인 상품 상태에서 '선풍기(电风扇)' 검색 시 화면이다. 검색 결과 유통업체 및 공장 구분 없이 나열되는 것을 알 수 있다.

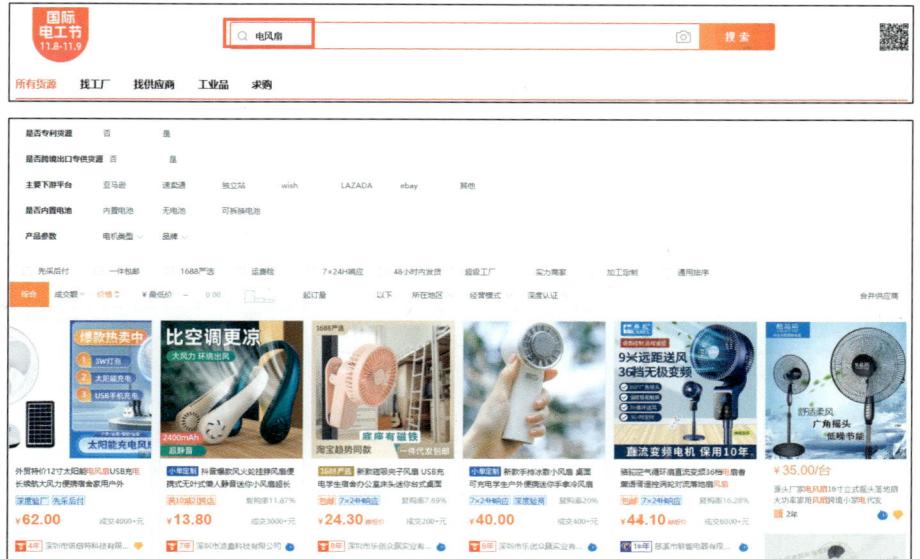

2 '생산가공 (生产加工)' 선택 상태에서 공장 검색

화면에서 '생산가공 (生产加工)'을 선택하면 생산공장을 검색해 볼 수 있다.

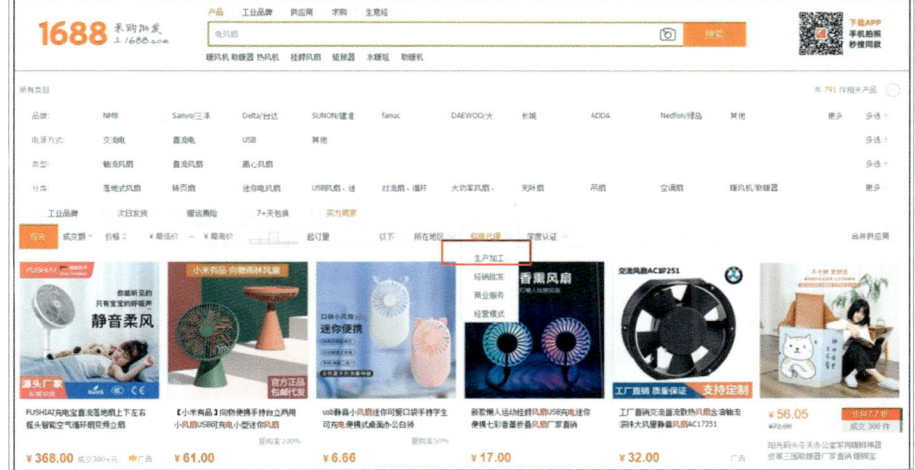

❸ 메인화면에서 '공장찾기'(找工厂) 탭을 누른후 상품검색 (선풍기)

진짜 공장들은 샵 메인에 공장의 동영상과 사진들을 많이 올려놓는다. 이를 통해 공장인지 유통업체인지 구분이 가능하다. 아래 사진은 공장찾기 - 선풍기를 검색해서 나온 첫 번째 업체의 공장 사진이다. 아래 표기처럼 샵 메인을 누르면 공장사진들을 확인 할 수 있다.

4 기타 1688 판매자 정보 보기

판매자 정보에서 신용을 확인할 수 있다. 오른쪽의 빨간 황소 마크가 우수 판매자(파워 셀러) 마크이므로 참고하면 유용하다.

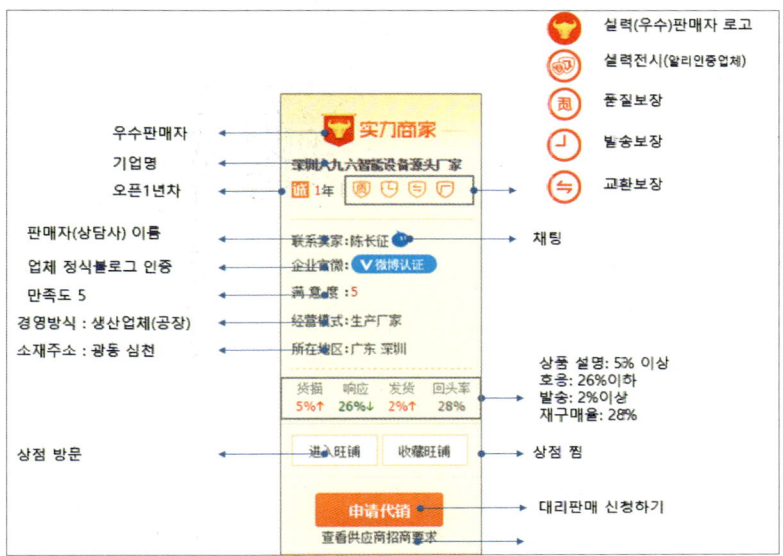

5 공식 수입을 하거나, 대량 주문을 할 때에는 1688 판매자의 신용등급을 반드시 확인해야 한다. AA~AAA 등급의 신용도를 가진 판매자와 거래하는 것이 좋다.

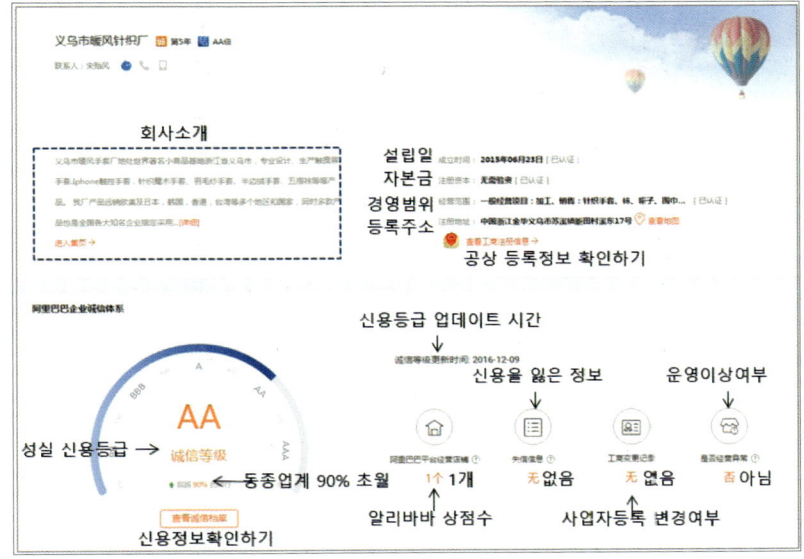

Chapter 11 _ 1688에서 주문하기 **97**

6 신용정보 확인을 클릭하면 다음과 같이 자세한 신용 정보를 확인할 수 있다.

거래수누적	구매자수누적	중복 구매율	최근 90일 환불율		
335	231	18.18%	2.00%	0.00%	0.00%
273	103	24.81%	8.31%	0.17%	0.04%

동종업계평균수치

보장서비스

구매자 서비스 평가

상품설명일치유무	반응속도	발송속도	재구매율
3%	3%	9%	18%

7 신용 등급을 확인할 수 있다.

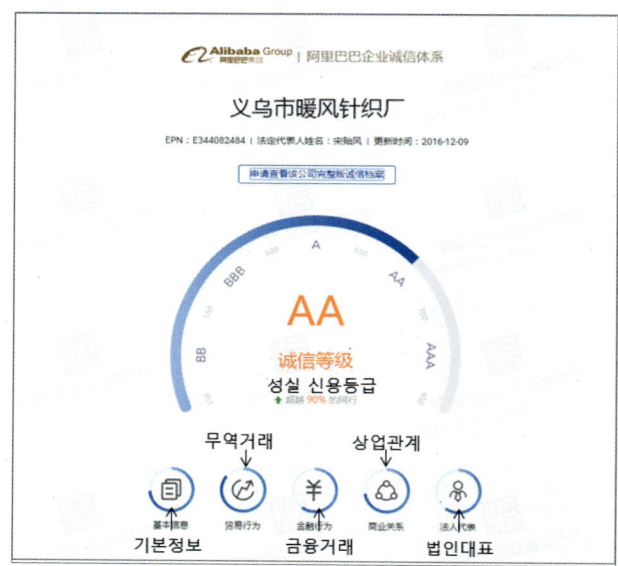

CHAPTER

12 위챗으로 주문하기

중국에서 상품을 소싱하기 위해서는 위챗을 잘 활용하는 것이 유리하다. 위챗 거래의 장점은 위챗 친구를 판매자와 맺어두면 신제품 출시기 가장 먼저 위챗으로 알려주기도 하고, 위챗으로 송금하면 판매자 입장에서는 타오바오 수수료나 카드 수수료가 절약되어 할인 폭을 크게 적용해 주는 장점이 있다. 다만 단점은 위챗 거래는 한국의 카카오톡 송금하기와 마찬가지 이므로 송금 후 되돌려 받기 쉽지 않기 때문에 사기 위험성이 없다고 판단된 판매자와만 거래하여야 한다.

위챗의 중국어 표기는 微信(웨이신)이다. 타오바오를 운영 중인 알리바바 그룹과 위챗을 운영 중인 텐센트 그룹은 중국의 양대 IT 경쟁 업체이며, 이 대문에 타오바오 상에 위챗 아이디 표기는 금지되어 있다. 그러므로 타오바오 판매자들이 위챗 아이디를 알려줄 때는 다음 그림과 같이 암호표기나 이미지화 시켜 표기하는 경우가 많다.

1 _ 위챗 아이디 확인하기

1 타오바오 상점 내 상품 설명 또는 상품 사진에서 판매자의 위챗 아이디를 확인할 수 있다.

2 만약 타오바오 상품 설명에서 위챗 아이디를 확인할 수 없는 경우, 채팅 상담으로 연결하면 자동 응답 속에 위챗 아이디가 포함되거나 채팅으로 문의하면 별도 위챗 아이디를 알려준다.

2 _ 위챗 아이디 친구 추가하기

위챗에서 대화 상대 추가 탭을 클릭, 판매자의 아이디를 검색 후 추가 등록한다.

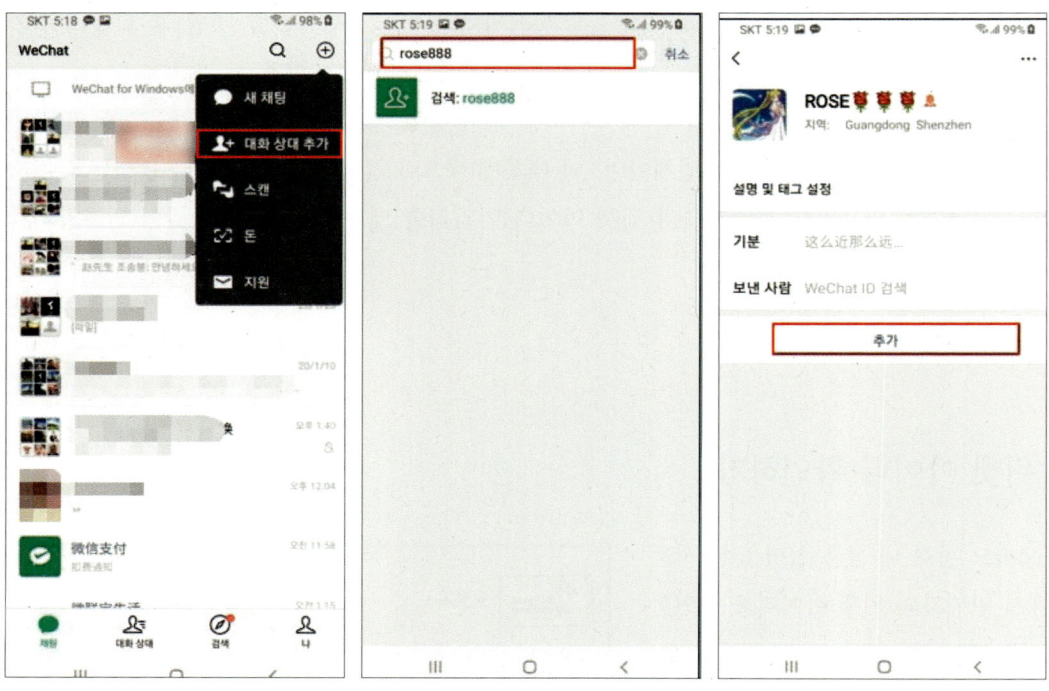

3 _ 판매자와 위챗 상담결제하기

1 판매자와 제품 사진을 주고받으며 사이즈 색상 등 저품에 관한 다양한 상담을 우선 진행한다.

2 상담이 진행 완료되면 결제를 진행하여야 하며 결제하는 방법은 아래와 같다.

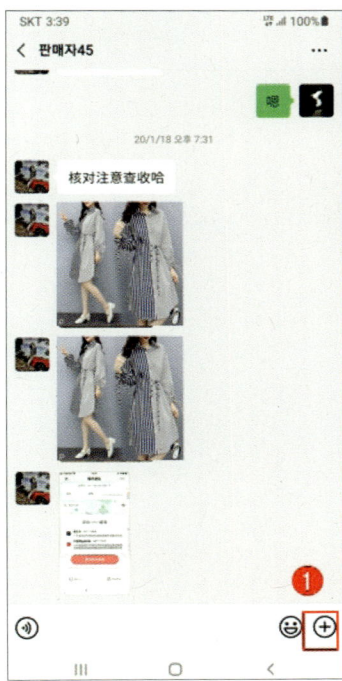 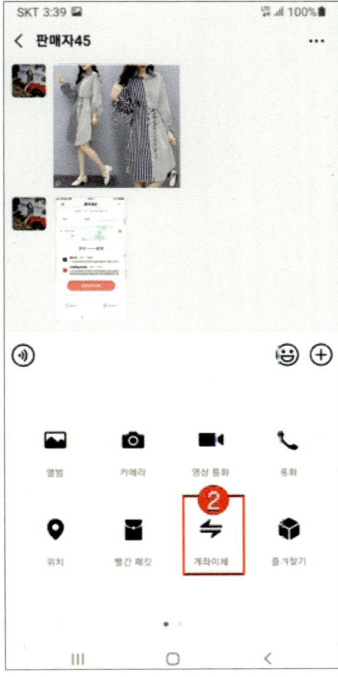 

Chapter 12 _ 위챗으로 주분하기 **101**

TIP

위챗에는 번역기능을 제공하고 있어 판매자와 대화 시 즉석에서 바로바로 번역 대화가 가능하다. 중국 판매자가 중국어로 대답을 하여도 한국어로 이해할 수 있으며 내가 한국어로 보내도 중국 판매자는 위챗 번역기능을 활용하여 중국어로 이해할 수 있다. 물론 번역이 완벽하지 않을 수 있으므로 정확하고 짧게 대화를 이어나가야 한다.

번역하고자 하는 문자열을 길게 누르면 여러 메뉴 중 [변환]을 선택하면 번역된다.

 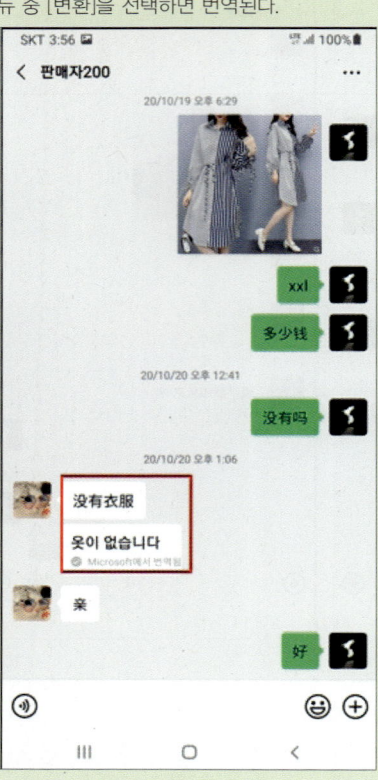

CHAPTER 13 기타 브랜드 사이트 주문하기

중국 명품 시장, 브랜드 시장의 규모는 한국보다 10배 정도 더 크다. 그만큼 중국에서는 한국에 비해 다양한 상품이 유통되고 있고, 세일도 빈번하다. 쇼핑몰에서 재고 처리를 위해 내놓은 세일 상품을 찾아 구매대행으로 판매하면 한국 내 상품에 비해 저렴하게 판매할 수 있으니, 가격 경쟁에서 우위를 가질 수 있다. 또한, 동일 상품의 중국과 한국 온라인 쇼핑몰 내 가격이 다를 수 있으니 비교하여 저렴하게 소싱 할 수 있다. 또는 한국에는 없고 중국에만 있는 상품들도 종종 있어 구매대행을 원하는 소비자들이 있다. 구매자들의 니즈를 만족하기 위해 각 브랜드 사이트의 주문 방법을 익혀두는 것이 중요하다.

아울러 중국 통장이 연동된 알리페이를 소지한 셀러라면 알리페이가 없는 셀러보다 경쟁적 우위에 있을 수밖에 없다. 전 세계 공식 홈페이지에서 직구 할 수 있는 직구 경험자라 하더라도 중국의 공식 홈페이지는 신용카드 결제 수단을 지원하지 않는다. 대다수가 알리페이와 위챗페이 두 가지만 지원한다. 그러므로 알리페이가 있다면 이런 경쟁적 우위에서 브랜드 공식 홈페이지에서 상품을 소싱 구매대행이 가능한 이점을 활용하는 것도 구매대행의 방법이다.

1 _ 브랜드 사이트 중국 공식 홈 확인 방법

도메인으로 확인하기

다음 예시는 나이키 중국 공식 홈페이지 화면이다.
대다수 글로벌 사이트의 국가 간 이동 홈페이지는 .com/극가코드를 사용한다.

예를 들어, 나이키라면 www.nike.com/kr (한국), www.nike.com/cn (중국), 중국국가코드(cn) 붙이면 해당 브랜드의 중국 공식 홈페이지로 이동하게 된다.

국가 표기 선택으로 확인하기

도메인으로 확인할 수 없을 경우에는 사이트 내 국가 간 홈페이지 이동을 위해 별도 표기를 해놓고 있으므로 중국을 찾아서 선택하면 중국 공식 브랜드 사이트 홈으로 이동하게 된다.

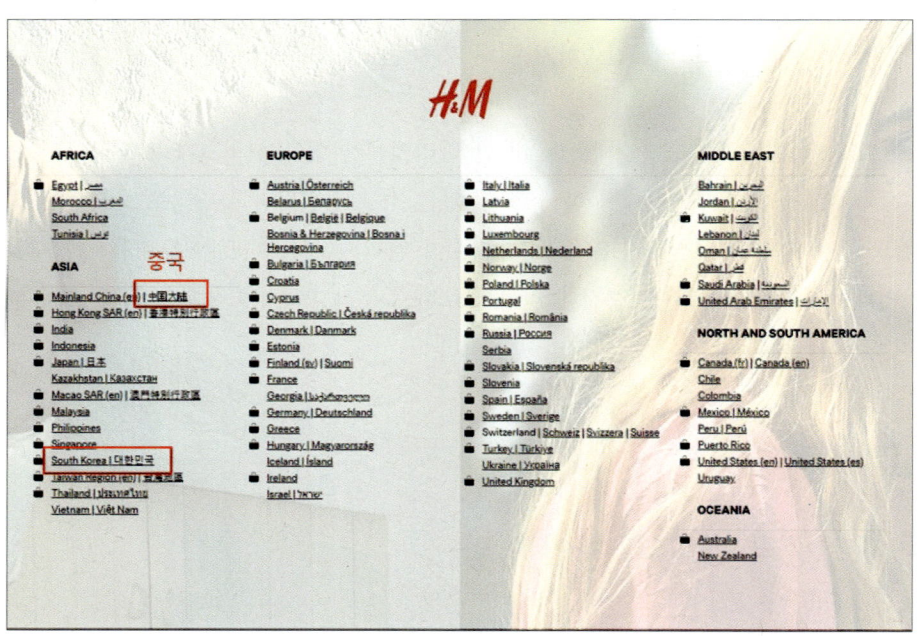

2 _ 브랜드 상품 가격/재고 비교

다음과 같이 같은 상품의 가격이 다른 것을 확인할 수 있다.
한국과 중국 공식 홈페이지에서의 가격비교는 상품별로 부여된 상품코드를 이용하면 편리하다. 상품코드를 비교하면 한국 공식 홈페이지에는 판매하지 않고 중국 공식 홈페이지에서만 판매하거나 그 가격차이가 발생하는 것을 쉽게 확인할 수 있다.

중국 자라   한국 자라

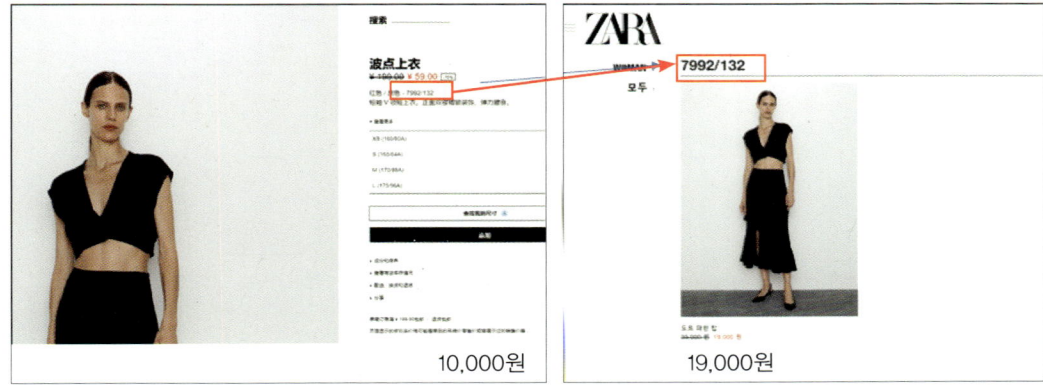

10,000원   19,000원

중국의 공식브랜드 대다수는 티몰에 몰앤몰 형태로 입점해 있는 경우가 많다. 즉 공식 홈페이지에서 구매할 수 없다면 티몰 공식몰에서도 구입할 수 있다. 다만, 공식 홈페이지 상품군이 티몰에 없는 경우가 있어 공식 홈페이지를 추천한다.

3 _ 같은 브랜드 중국에만 있는 상품

2020년 여름쯤 뉴발란스의 327 시리즈가 한국에서 큰 유행을 끌었다. 사고 싶어도 사이즈가 없거나 품절 사태와 품귀현상까지 일었던 운동화다. 중국 티몰에는 뉴발란스 327 시리즈 중 한국에서는 판매되지 않은 별도의 시리즈가 판매되었고 중국 내에서도 큰 인기를 얻었다.

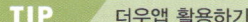

TIP   더우앱 활용하기

더우(得物) https://www.dewu.com 은 우리나라 크림 (kream.co.kr)과 마찬가지로 플랫폼이 정품인증을 하고 유통하는 특징을 가진다. 일반적으로 판매자-소비자의 유통단계에 판매자-플랫폼-소비자의 유통단계를 추가하여 플랫폼 자체에서 정품을 확인하고 소비자에게 배송하는 시스템으로 중국 정품 유통 플랫폼으로 각광받고 있다.

한국 크림 사이트에 한정판 제품들이 중국 더우에 한국보다 싸게 유통되고 있는 점을 감안하여 그 차익을 수익으로 보고 정품 유통하는 구매대행 셀러분들이 늘고 있다 .
다만 더우는 홈페이지 주문관리가 안되고 오로지 앱으로만 가능하다

TIP 위챗으로 중국브랜드 정보 받아보기

한국 카카오톡에도 기업별 공식채널을 운영하고 신상정보 및 이벤트 정보 등을 빠르게 카톡 공식채널로 고객에게 전달하는 것처럼 중국 위챗에서도 각 브랜드의 공식계정이 있다. 관심 있는 브랜드의 위챗 공식계정을 친구 추가 해두면 각종 신상 정보와 할인 정보를 수신할 수 있다.

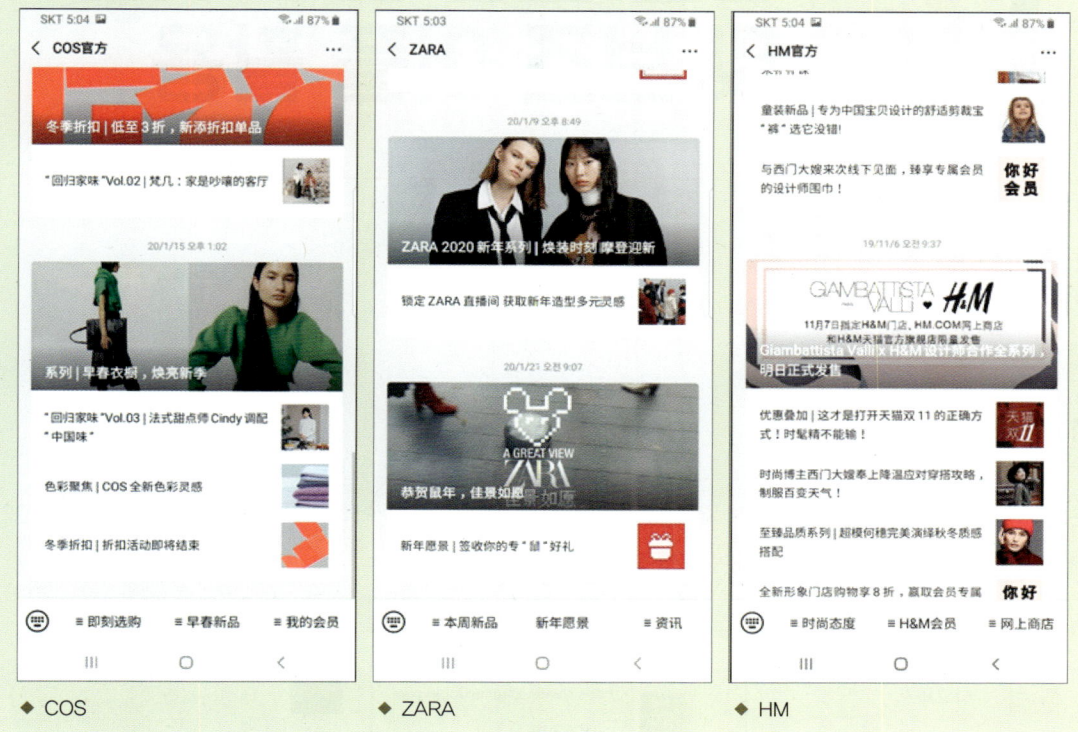

◆ COS　　　　◆ ZARA　　　　◆ HM

CHAPTER

14 상품 소싱 필수 어플 및 보조 어플 활용

1 _ 소싱 어플 소개

다음 그림은 필수 설치 어플과 보조로 설치하면 좋은 어플, 번역 어플의 목록이다. 번역 어플은 본인이 사용하기 편리한 것을 선택하여 사용하면 된다.

◆ 필수 설치 앱

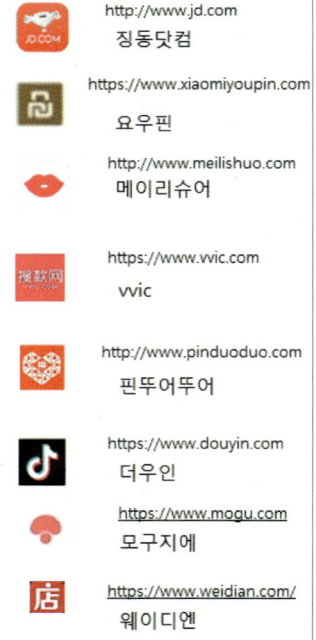

◆ 보조 설치 앱

◆ 번역 앱

보조 어플을 차례로 살펴보면, 먼저 징동닷컴은 우리나라의 쿠팡 쇼핑몰의 개념으로, 배송은 빠르나 상품의 가격은 비싼 편이다. 그러나 배송에서 우위가 있어 요즘 징동닷컴을 이용해 소싱하는 판매자들이 늘고 있다. 요우핀은 샤오미에서 만든 쇼핑몰로 가격도 싸고 품질도 괜찮은 가성비가 좋은 상품들이 많다. 요즘 중국인들이 많이 사용하기 시작한 쇼핑몰이다. 메이리슈어는 패션에 특화되어 있는 어플로, 중국 내 유행하고 있는 패션 정보를 확인하기에 좋다. VVIC는 광저우 도매 시장 연합에서 만든 쇼핑몰로 저렴하지만 재고가 없는 경우가 많고 품질이 좋지 않으니 비교 구매가 필수적이다. 핀뚜어뚜어는 타오바오를 대적하기 위해 만든 쇼핑몰로, 저렴한 가격에 판매하는 상품들이 많다. 더우인은 한국의 명칭은 틱톡이며 본래 중국 기업이 만든 동영상 플랫폼으로 중국어 명칭은 抖音(더우인)이다. 더우인을 소싱채널로 추천하는 이유는 한국의 틱톡과 다른 콘텐츠가 제공된다. 중국에서 큰 인기를 얻는 동영상 최신 상품 정보나 아이디어 상품 정보를 동영상으로 볼 수 있어 중국어로 표기된 상품설명이 없이도 직관적으로 상품을 알아볼 수 있는 장점이 있다.

모구지에는 동영상 쇼핑몰로, 실시간 동영상으로 물건을 홍보, 판매하기 때문에 물건의 상태와 품질을 확인하는데 유용하다. 웨이디엔은 텐센트 그룹에서 타오바오와 경쟁하기 위해 만든 쇼핑몰이다. 웨이디엔이 타오바오 보다 가격은 저렴하게 판매하는 경우가 많으나 pc 버전을 지원하지 않기 때문에 한국 셀러들에 접근하기가 어렵다.

다음 그림은 예시로 더우인, 웨이디엔 등의 화면을 확인할 수 있다.

◆ 더우인

◆ 내 폰 화면

◆ 웨이디엔

2 _ 중국 본토 어플 다운로드 방법

중국의 어플은 웹사이트에서 QR코드를 인식 후 다운로드 받아야 한다. 같은 어플인 틱톡을 구글 플레이스토어에서 다운받는 것과 더우인 홈페이지 QR코드를 인식해 다운받은 완전히 다른 어플을 다운받게 된다.

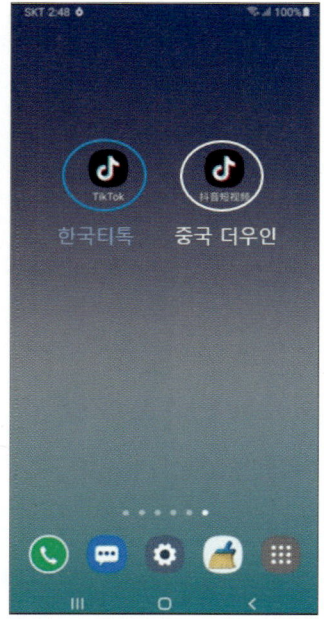

스마트폰 내 한국 구글 플레이스토어에서 다운을 받은 앱은 한국 또는 글로벌 버전이므로 앞서 설명한 틱톡과 더우인의 같이 차이가 있을 수 있다.

다음은 타오바오, 1688, 티몰의 QR코드의 위치이므로 참고하여 직접 다운로드 받아보자. 단, 안드로이드 계열의 폰만 QR코드 다운로드를 지원하는 점도 참고해 안드로이드 폰을 이용해 보자.

TIP   타오바오 앱 다운로드 시 주의해야 될 사항

타오바오가 2020년 7월까지 PC에서 중국 대륙버전을 지원했을 경우 다음과 같은 위치에서 앱 다운이 가능했다. 하지만 2020년 7월 이후 타오바오 PC버전의 메인이 월드버전으로 고정되면서 해당 월드버전의 메인페이지에서 QR코드로 앱 다운 시 타오바오 lite 버전을 다운 받게 된다. Lite 버전은 이미지검색도 안될 뿐만 아니라 등록 표기되는 상품수도 적으므로 반드시 아래 위치의 중국 대륙버전으로 다운받아야 한다.

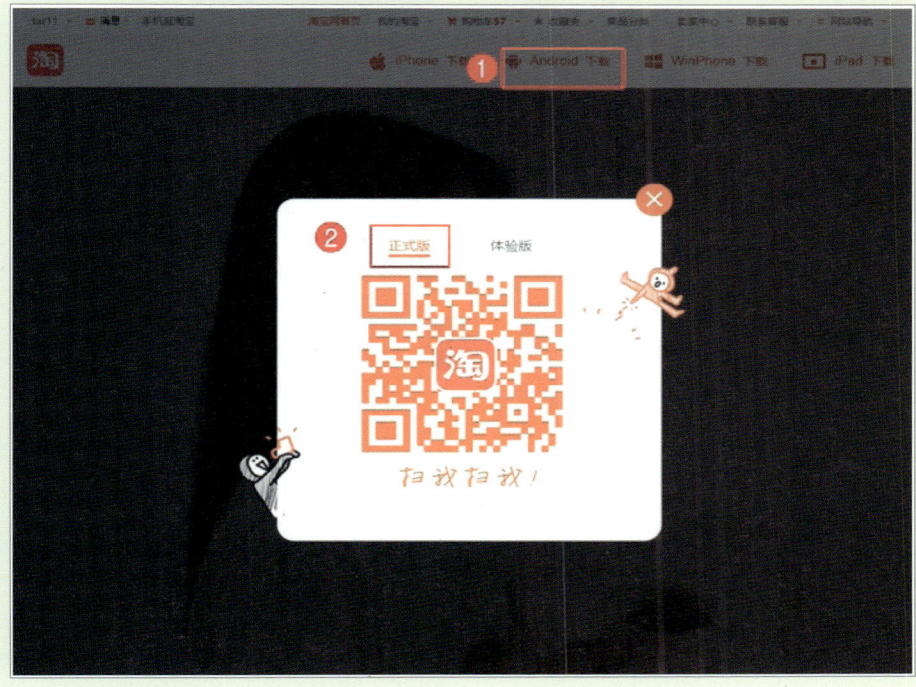

다음은 티몰 QR코드 위치이다.

다음은 1688의 QR코드 위치이다.

TIP　타오바오 앱 대륙버전 설정법

중국대륙 버전의 타오바오 앱을 다운 받았다면 지역설정을 통해 중국 대륙으로 반드시 변경하고 이용하자. 지역설정을 변경하면 앱의 바탕에 나열된 상품군도 함께 변경되는 것을 확인할 수 있다. 즉, 검색할 수 있는 상품군이 지역설정에 따라 다를 수 있으므로 반드시 중국대륙으로 변경 후 이용해야 한다.

 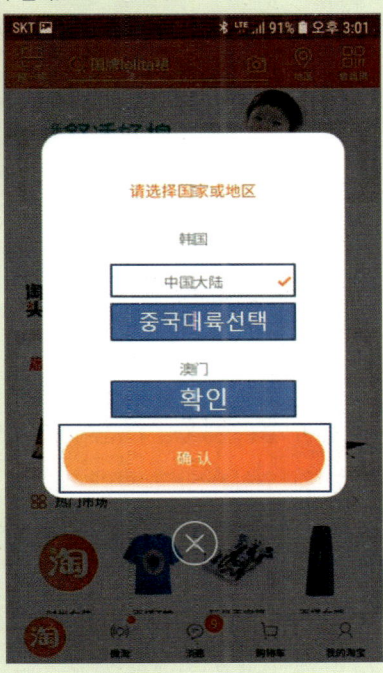

CHAPTER

15 중국 소싱 노하우 7가지 조언

중국은 가성비, 즉 가격대비 성능이 좋은 제품들이 쏟아져 나와 중국의 공산품은 세계시장을 무대로 나날이 발전하고 있다. 중국은 이전 우리가 알고 있던 짝퉁(모조품)의 수준을 넘어 가격은 저렴하고 품질은 우수한 상품을 세계로 수출하고 있다. 따라서 구매대행 시에 저렴한 가격에 우수한 품질의 상품을 소싱할 수 있다면 국내 도·소매 판매에서 가격 경쟁력을 우위를 점할 수 있다.

하지만 이러한 중국 상품의 특징으로, 많은 셀러들이 이미 중국에서 소싱하여 상품을 판매하고 있다. 초보 구매대행업자는 수익을 낼 상품을 선택하고, 수입하는데 어려움을 겪을 수 있다. 중국에서 상품을 소싱해 이익을 취하려면 상품을 보는 눈이 필요하다. 초보 구매대행업자가 중국에서 상품을 소싱하기 위해 꼭 기억해야할 것이 몇 가지 있다.

첫 번째, 팔릴 것 같은 상품과 고객이 찾는 상품은 다르다는 것이다.

자신이 팔고 싶은 상품을 고집하지 않고 소비자가 원하는 방향을 빨리 인지하여 상품의 판매 전략을 세우는 것이 중요하다. 초기에 상세페이지 제작에 너무 공들이지 말고, 소비자가 선택하는 상품의 상세페이지를 개선해나가는 것이 좋다.

두 번째, 당장의 매출에 연연하지 말고, 실패를 통해 상품을 고르는 안목을 가져야 한다.

초보 셀러가 처음부터 대박 아이템을 선정할 수 없다. 이유는 간단하다 수많은 상품을 접해보지 못했기에 소비자가 원하는 상품과 가격대를 인지하지 못하기 때문이다.

이에 초기에는 수익보다는 수많은 소싱상품을 통해 소비자가 어떻게 반응하는가를 파악하는 것이 중요하다

세 번째, 무조건 싸게 파는 것이 능사는 아니다.
고객이 원하는 상품을 적당한 가격에 마진을 남겨서 팔아야 한다. 고객은 무조건 최저가만 찾는 것이 아니다. 상품을 소싱할 때 다른 판매처와의 가격 비교만으로 제품소싱을 포기하는 셀러들이 많다. 자신이 판매를 해야겠다고 생각한다면, 적정 마진을 붙여 상세페이지에 공을 더 들이고 판매가 된다면 후기관리에 집중하는 전략이 필요하다.

네 번째, 국내 없는 상품을 구성하여 만들어 팔아야 한다.
각기 다른 판매자의 상품을 합배송으로 보내면 하나의 상품 구성으로 판매할 수 있다. 이렇게 판매하게 되면, 쉽게 상품 검색이 되지 않아 다른 경쟁 상대와 가격 비교 대상에서 벗어날 수 있다. 다른 판매자들과의 경쟁에서 이기기 위해 여러 상품을 묶어 구성상품을 판매하는 것이 하나의 노하우이다.

다섯 번째, 상품에 스토리를 더하여 판매해야 한다.
상품 상세페이지 전체 번역이 힘들다면, 상품을 어떻게 홍보하는 것이 좋을지 생각해야 한다. 예를 들면, "청도 여행에서 맛본 추억의 그 맛-청도 땅콩", '캠핑 시 불 없이 간편하게 먹는 외식-훠궈" 등이 있다. 또한, 무조건 한국 고객이 아니라, 다양한 고객층을 인지하고 어떻게 스토리 메이킹을 할 것인지 생각해야 한다. 예를 들면, 중국 유학생들은 중국에만 있는 음식을 먹고 싶어 한다. 중국 유학생 커뮤니티에 적극 홍보하여 판매하는 것도 하나의 방법이다. 이처럼 다양한 고객층을 인지하여 스토리를 만들어 판매하는 것이 하나의 전략이다.

여섯 번째, 국내 대량 유통된 상품은 과감하게 포기해야 한다.
샤오미, 차이슨 등 이미 국내에 대중화가 이미 이뤄져 있는 상품은 인기가 좋더라도 경쟁력이 없다. 중국의 현지에서 업자들끼리 대량 사입 후 가격 경쟁을 하는 제품이기에, 개인 구매대행업자가 뛰어 들어도 단가를 맞출 수 없다.

일곱 번째, 마지막으로, 매일 30분 중국을 즐기며 판매할 상품을 고민해야 한다.
항상 고민하고 찾아내고 노력하지 않으면 상품을 보는 눈이 길러지지 않는다. 따라서 늘 고민하고 연구하고, 노력해야 한다.
다음의 예시는 전 세계 국가를 대표하는 맛있는 커피믹스 모음과 이에 고급스러운 커피잔 셋트를 하나의 상품으로 묶어 판매한 경우이다.

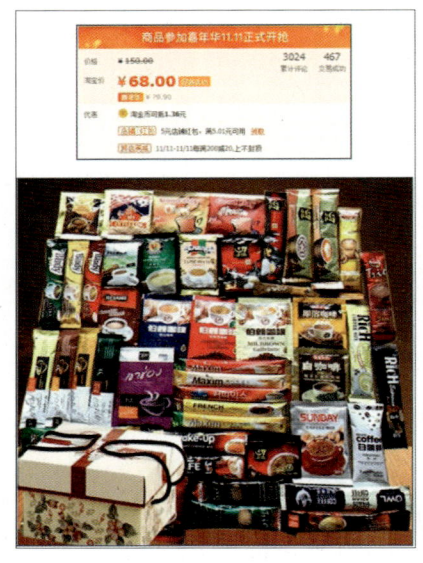 +

아래 예시는 중국 청도를 여행했던 여행객의 추억의 스토리를 더하고 한국에 입국해 있는 수 많은 중국 유학생들에게 고향의 맛이라는 스토리를 더한 상품 판매방법이다.

CHAPTER 16 아이템 선정 방법

1 _ 키워드 데이터 조회를 활용하기

다양한 사이트에서 축적된 키워드의 데이터 조회를 활용해 아이템을 선정할 수 있다.

한국에서 오픈마켓을 운영하고 상품을 소싱하여 등록하는 것과 그것을 판매량으로 직결시키는 것은 결국 키워드이다. 노출 키워드 선정이야 말로 오픈마켓 운영의 처음이자 끝일 것이다.

한국에서 이러한 키워드 선정에 도움이 되는 여러 사이트들이 있다. 대표적으로 네이버에서 제공하는 데이터랩 (https://datalab.naver.com) 네이버 검색광고의 키워드 도구 및 사설 유료 사이트로 아이템스카우트(https://itemscout.io)와 셀링하니 (https://sellha.kr) 등이 있다. 결국 노출 키워드란것은 지금 어떤걸 소싱하여 팔면 잘팔릴 수 있을까 라는 질문일 것이다.

위에 언급한 키워드 조회 사이트들에서 키워드를 통한 소싱 상품을 찾을 수도 있겠지만 초보라면 이 또한 돈이 들고 쉽지 않다. 그렇다면 구매대행 셀러든 수입셀러든 지금 중국에서 전세계로 가장 잘 팔리는 제품을 알 수 있다면 좀더 손쉽게 접근 할 수 있을 것이다.

글로벌 1688 (https://global.1688.com) 로 접속하면 1688 상점에서 수출되는 상품을 순위별로 볼 수 있고 수출 상점들도 함께 노출되니 해당사이트를 활용하는 방법도 소싱 노하우 중 하나이다.

이러한 데이터 기반의 사이트를 잘 활용하면 경쟁력 높은 상품 소싱에 큰 도움이 된다.
다음은 '전기주전자' 키워드 분석 예시이다.

1️⃣ 데이터랩 또는 키워드 분석에서 키워드를 분석한다. 이는 오픈마켓 등록 시 연관검색어로 활용할 수 있다.

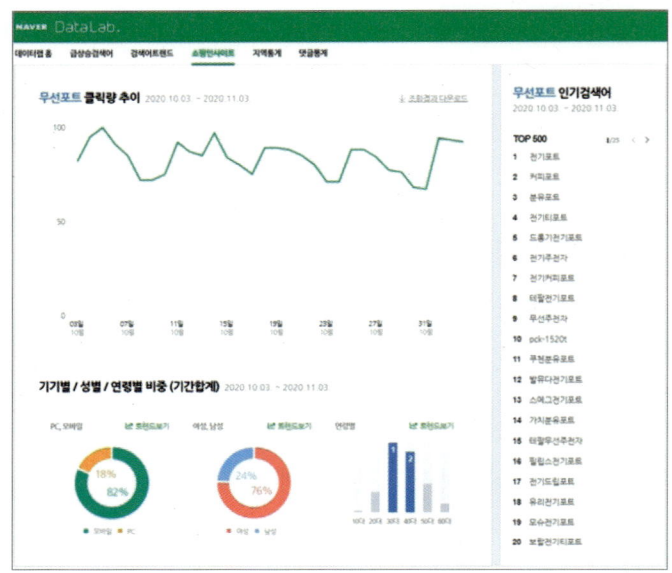

2️⃣ 경쟁 강도와 상품 수 등을 분석한 후, 아이템 소싱에서 필요한 중국 키워드를 번역 추출하여 1688에서 검색해본다. 중국의 핵심 키워드를 찾는 방법은 일반적인 파파고 번역을 통해 찾을 수도 있으며 별도 중국 소싱 노하우편에서 자세히 설명했으니 참고하기 바란다.

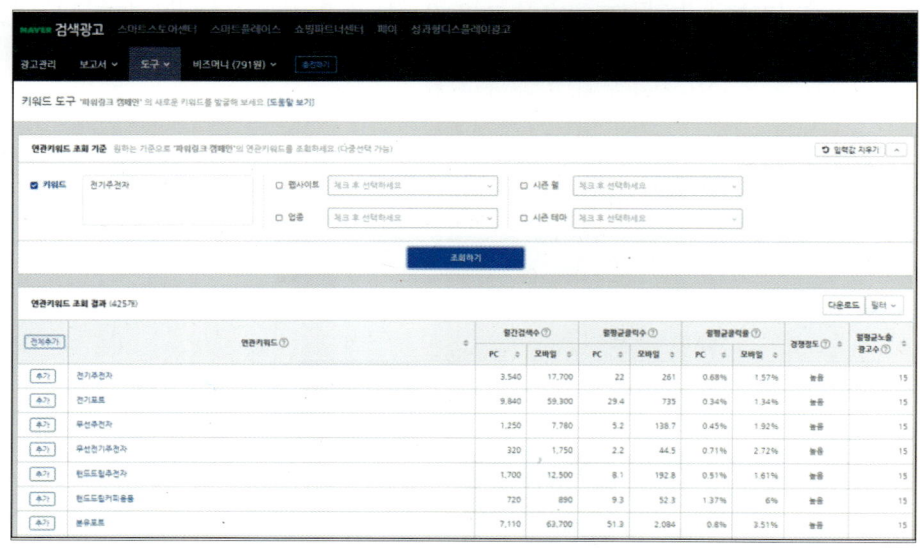

3 중국어 키워드를 1688에서 검색 후 인기 상품을 확인한다.

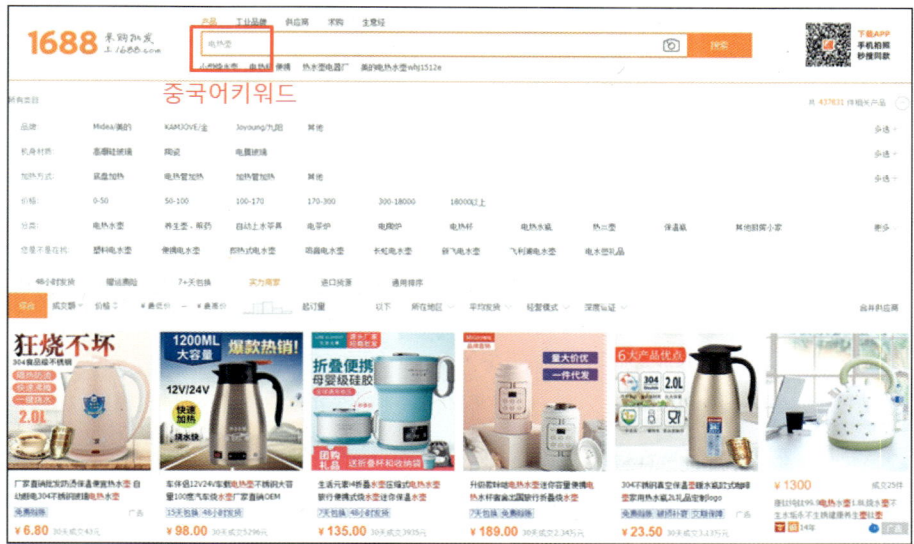

2 _ 제품 브랜드 모델명으로 검색하는 방법

국내에서 인기 있는 상품이나 타오바오에서 같은 제품을 찾을때 제조사 브랜드와 모델명이 표기 되어 있다면 보다 손쉽게 최저가 상품을 찾아볼 수 있다.

타오바오에서도 제품 상세페이지에 브랜드와 모델명을 표기 판매하는 제품들이 많으므로 이를 검색어로 활용하면 보다 많은 동일제품을 검색할 수 있고 가격 비교도 손쉽게 할 수 있다.

아래 예시는 타오바오에서 찾은 가습기 제품의 브랜드 Deerma 모델명 F600을 조합하여 1688에서 재검색한 화면의 예시이다.

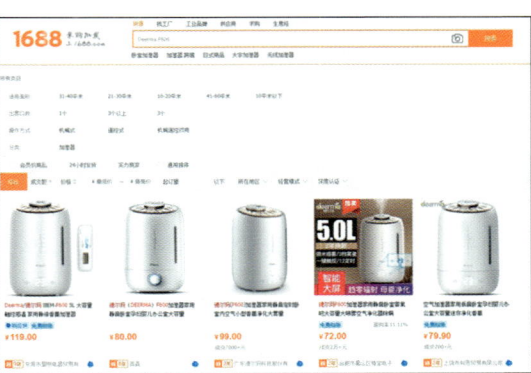

3 _ 타오바오 추천 소싱법

구매대행 셀러가 중국 소싱을 하여 오픈마켓에 올리는 것은 매일 밥을 차려 먹는 것과 마찬가지로 하루도 빠지지 말고 해야 하는 일이다. 앞장에서도 설명했지만 내가 네이버 스마트스토어 직원이라면 진정성 있게 사업을 하기 위해 정성들여 하나씩 상품을 등록하는 것과 팔릴지 안 팔릴지 모르는 상품을 대량등록으로 서버 부하만 유발하는 것 중 어떤 것을 선호하고 노출 시키겠는가?

그러므로 진정성 있는 판매자가 되려면 매일 매일 어려워도 최소 1개 이상의 상품을 등록하는 것이 중요하다. 하지만 여러 가지 개인사정으로 일이 바빠 오픈마켓에 등록할 제품을 찾지 못했다면 순전히 타오바오에서 추천하는 상품을 등록해 보는 것도 방법이다.

아래 방법은 검색란에 공백 상태에서 키워드 입력 없이 검색하면 타오바오가 지정한 특정 키워드로 상품을 검색해 주며 이렇게 검색되는 제품은 타오바오에서 중국인들이 상당히 많이 구매한 인기 상품 위주이므로 한국에서도 잘 팔리는 경우가 많다.

◆ 타오바오 검색창에 검색어 없이 검색

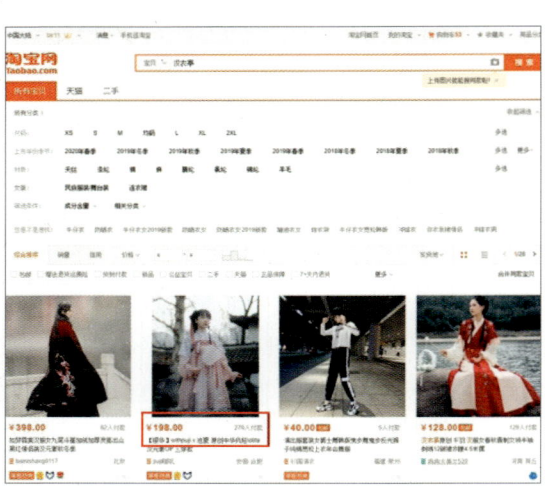
◆ 검색된 상품중 구매 많은 상품 등록

4 _ 한류로 유행하는 상품 찾기

한국에서 유행하는 드라마는 중국에서도 유행할 가능성이 매우 높다. 유행하는 드라마의 주연 배우가 입고 나온 옷, 가방, 악세사리 등이 한국에서 절찬리에 판매되는 것처럼, 중국 타오바오에서도 한국 방영이 끝난 일주일 뒤면 대다수 같은 상품을 판매한다. 그러나, 중국 쇼핑몰에서 상품을 조회하게 되면 레플리카(모조품)일 확률이 매우 높다. 그런데 그 사실을 인지하지 못하고, 스마트스토어 등에 배우의 이름, 방송, 브랜드 로고 등의 이미지를 사용하면 저작권, 상표법에 저촉될 수 있으니 주의해야 한다. 따라서 상품이 정품인지 진위여부를 반드시 확인 후에 오픈마켓에 상품을 올려야 한다. 또한 이러한 정보는 직접적인 판매를 목적으로 하기보다 내 블로그 마케팅에 활용하여 나의 오픈마켓으로 외부유입(방문자수) 증대를 위해서 키워드를 선정할 때 유용하다.

내 블로그 방문자수를 늘리기 위해서 일반적인 상품 키워드를 사용하는 것이 아닌 드라마 제목과 주인공 이름 등을 키워드로 선정하여 방문자수를 늘리는 방법이다.

타오바오에서 확인한 한국의 유명 배우와 드라마 속 패션 정보

◆ 朴信惠(박신혜)

◆ 太陽儀 后裔(태양의 후예)

◆ 푸른바다의 전설

중국어 검색 방법

중국의 대표적인 영화 포털 사이트 두반(https://movie.douban.com)에서 한국어로 검색어를 입력하면, 중국어로 출연한 배우 및 방송 정보를 알 수 있어 편리하다.

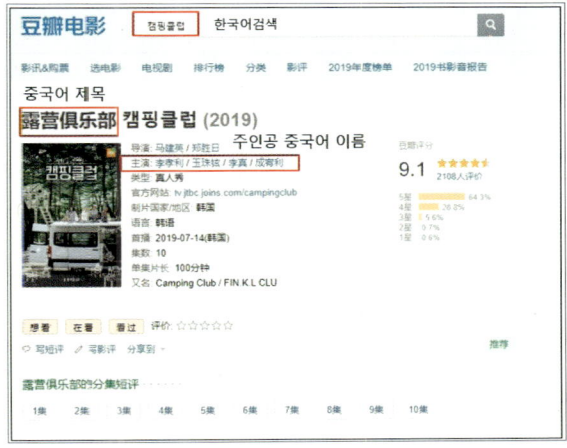

내 블로그 활성화

내 블로그의 활성화를 위해 특정 제품의 상품명과 브랜드를 노출한다면 일반적인 검색어가 아니므로 노출 검색이 잘되지 않지만 다음과 같이 현재 핫한 드라마의 제목과 주연배우 이름으로는 검색양이 많아 노출과 블로그 유입에 유리하다. 물론 상품이 정품이고 한국보다 저렴하게 판매한다면 나의 오픈마켓에 등록하여 구매대행으로 판매할 수도 있다.

5 _ 타 업체의 인기 판매 상품 따라 소싱하기

초보 대행업자는 어떤 물건이 인기가 있는지 모르기 때문에, 타 업체의 판매자들이 판매하는 상품을 유심히 살펴보아야 한다. 실제로 타 업체에서 인기 있는 상품을 소싱하여 판매를 해보는 것도 큰 도움이 된다.

타 업체의 인기 제품 찾는 법

네이버 쇼핑(혹은 다른 오픈마켓)에서 카테고리 선정 후 검색 - 해외직구 보기 선택 - 구매건수(혹은 리뷰 수)가 많은 제품 선택한다.
여기서 주의할 점은 선배 구매대행 셀러들이 어떤 키워드와 어떤 제목으로 어떻게 상세페이지를 꾸몄는지 잘 살펴보고 분석할 수 있어야 하고 내 쇼핑몰에도 적용하고 그 반응을 관찰할 수 있어야 한다.

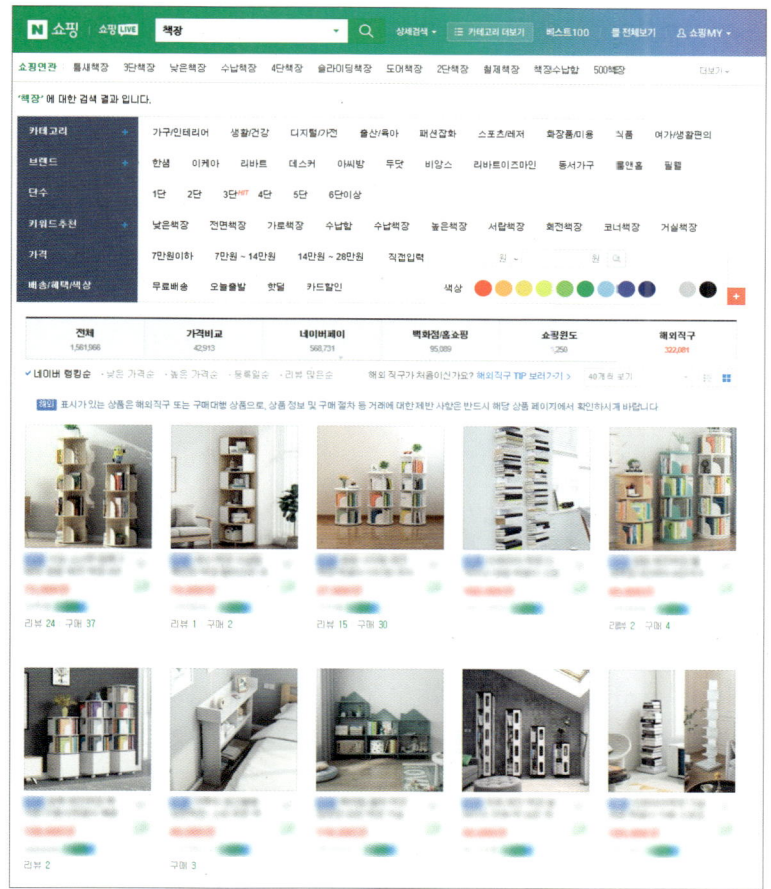

위의 "타 업체에서 인기 제품 찾는 법"에서 관심 있는 제품의 이미지를 저장한 후 타오바오 이미지 검색 – 핵심 키워드 추출 후 최저가 검색을 한다.

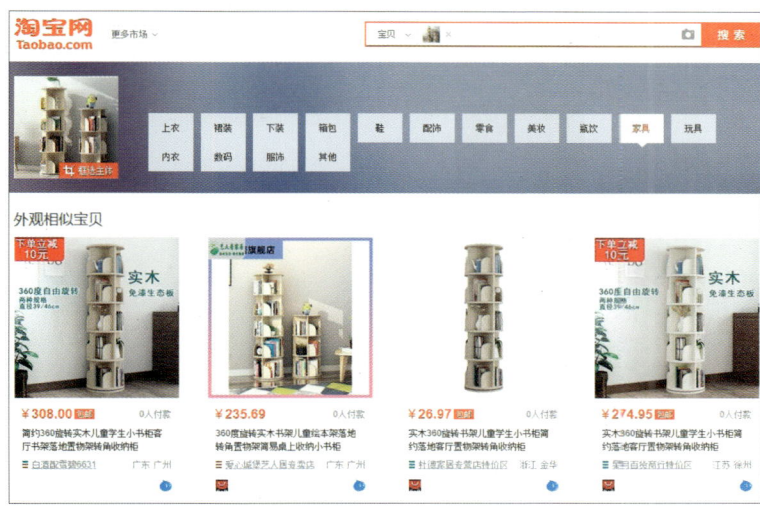

Chapter 16 _ 아이템 선정 방법 **123**

위와 같이 이미지로 검색을 하여 상품을 찾았다 하더라도 이미 한국 오픈마켓에 판매중인 제품과 가격 경쟁이 되지 않는 경우가 많다.

이유는 이미 자리 잡은 셀러들은 검색 결과로 나온 타오바오 가격으로 소싱하는 것이 아니라 중국 판매자와 신뢰를 바탕으로 대폭적인 할인을 받기 때문이다. 이런 부분이 초보 셀러가 접근할 때 진입장벽이 될 수 있지만 흥정하는 노하우를 익힌다면 이 또한 다른 셀러가 내 상품을 따라 팔수 없는 진입장벽이기도 하다. 초보 셀러라면 경제적 이익보다 해당 제품을 어떤 키워드를 사용했는지 분석하고, 빠르게 상세페이지 만드는 작업과 CS대응 연습이 우선시 되어야 한다.

6 _ 중국 직구 상품 검색하기

타오바오의 직구 후기를 확인해 소싱하는 방법이 있다. 블로그에서 직구 후기 또는 중국 배대지를 검색한다. 해당 사이트에서 제공하는 추천 제품 및 블로그나 카페에 작성된 중국 직구 후기 상품을 찾아 소싱한다. 또한 위 방법은 현재 직구 유행 상품을 파악할 수 있어 유용하다.

네이버 포털 검색에서 '중국 배대지', '타오바오 직구 후기'를 검색한 후 해당 사이트 추천상품 목록을 정리한다.

7 _ 기타 중국 앱으로 찾기

중국 앱을 활용해 소싱하는 방법은 여러 가지가 있다. 하지만, 핵심키워드를 추출하는 것이 용이하므로 핵심키워드 추출법을 알고 있는 것이 좋다. 여러 중국 앱을 활용하여 상품을 소싱하면, 중국에서 유행하는 트렌드를 분석하여 한국에 들여오지 않은 상품을 선제적으로 판매하므로 판매가격 및 아이템 선정에 우위를 점할 수 있다.

상품 소싱 시 유용한 중국 앱

다음은 상품 소싱 시 활용하면 유용한 대표적인 중국 앱이다. 차례로 더우인, 웨이디엔, 핀두어두어이다.

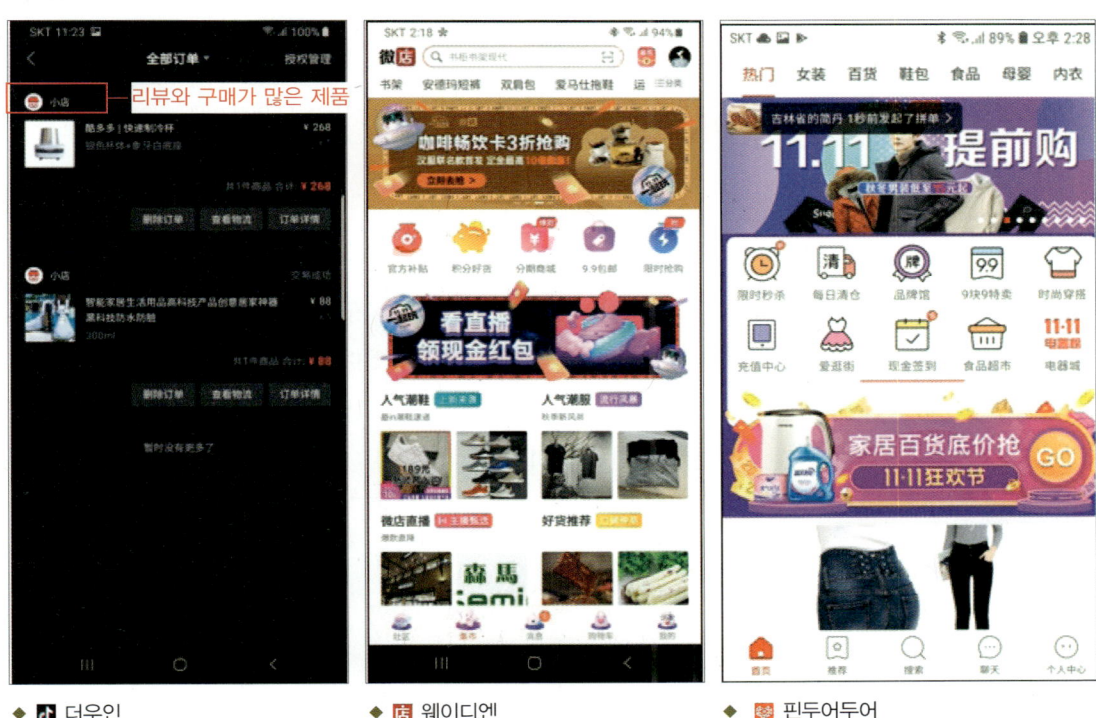

◆ 더우인   ◆ 웨이디엔   ◆ 핀두어두어

더우인 앱은 앞서 설명한 바와 같이 영상을 활용해 쇼핑몰 홍보를 하고 있다. 더우인에는 패션 의류뿐만 아니라 아이디어 상품들도 많다. 영상을 보면, 왼쪽의 그림처럼 아래쪽에 카트 모양의 아이콘과 제품의 판매처 링크를 확인할 수 있다. 보통 타오바오으로 연결되어 있어 아이템을 소싱하기 편리하다. 단, 모든 홍보 제품의 가격이 높은 편이니 타오바오에서 최저가 검색을 통해 좀 더 저렴한 제품을 찾아야한다.

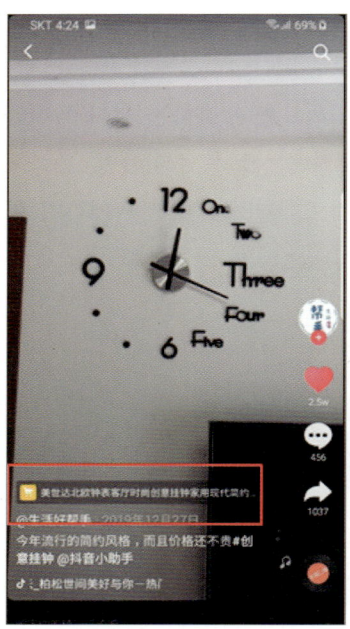  

◆ 영상중 카트　　　　◆ 타오바오 또는 자체몰 연결　　　　◆ 타오바오 연결 이동

썸머즈더마이 사이트 이용하기

썸머즈더마이 사이트(https://www.smzdm.com)이다. 번역하면 "구매할 만한 것이 무엇이 있죠?" 정도가 된다. 굉장히 다양한 제품의 구매 및 사용후기가 올라와 있다. 타오바오, 1688 뿐만 아니라 알려지지 않은 중국의 다양한 사이트들이 링크되어 있어 아이템 소싱에 참고할 만하다. 다음 사이트에서 후기가 많은 제품들을 검색 후 소싱하면 도움이 된다.

8 _ 기타 소싱법

인기 상품 순서대로 소싱하는 방법

타오바오에서 기본 검색 후 인기 상품 순서대로 배열 후 상품을 소싱하는 방법이 있다. 타오바오에서 가장 많이 팔린 순서 혹은 후기가 많은 순서로 목록을 배열하여 원하는 상품을 소싱한다. 이 방법 역시 이미 중국인들의 만족도가 높은 상품들이므로 검증된 제품을 찾는데 효과적이다.

◆ 분류보기

◆ 대분류

◆ 판매와 추기가 많은 인기 순으로 배열

타오바오 전문몰로 찾는 방법

타오바오 내에는 별도로 상품별로 특화된 전문몰이 존재한다. 본인이 판매하고자 하는 상품의 전문몰이 있다면 손쉽게 전문몰을 통해 특화된 상품을 찾을 수 있다. 다양한 타오바오 전문몰의 정보는 중판 카페에서 확인 가능하다.

한국에 없는 특화 제품 및 상점 찾는 방법

예를 들어, 티몰에 있는 Hello Kitty 상점은 Kitty의 판권을 획득 후 자체적으로 독창적인 Kitty 디자인을 판매하는 상점으로, 한국에 없는 상점이다. 위와 같은 판매는 티몰에서만 가능하다. 이러한 아이템을 소싱할 경우에는 판매자와의 채팅을 통해 정품 라이센스 확인하는 것이 필수적이다.

아마도 키티 매니아라면 미국 아마존에서도 심지어 본 고장인 일본 라쿠텐에서도 살 수 없는 제품을 한국 오픈마켓에서 독점 판매하고 있다는 입소문과 함께 키티 매니아 카페에 후기 형식으로 홍보될 가능성이 높은 상품군이라 할 수 있다.

◆ htttps://mishanfushi.tmall.com/

9 _ 아이템 소싱 시 주의사항

라이센스 확인하기

정품과 가품의 구별이 어려운 경우, 판매자에게 라이센스 증명서를 요구하여 받아볼 필요가 있다. 또한 중국 판매자가 라이센스 제공을 하지 않고 국내생산(國內生産/国内生产)이라고 할 경우, 가품인 경우가 많으니 유의해야 한다.

타오바오 안에 티몰과 타오바오 상점이 함께 존재함은 이미 설명했다. 이중 티몰에서는 해당 라이센스를 보유하고 유통하는 상점들이 많다. 또한 이렇게 라이센스를 별도로 획득하여 판매하는 티몰 상점들은 라이센스를 상세페이지에 게시하였거나 소비자가 요구하면 제출해 주기도 한다.

같은 이미지 다른 제품

한국은 판매 상품의 이미지와 동일 상품을 판매하는 것이 당연하지만 중국은 타사 이미지를 가져다 쓰며 자체적으로 비슷한 상품을 만들어 판매하는 경우가 많다. 따라서 패션 상품의 경우 이미지와 다른 상품이 오는 경우가 비일비재하다. 또한 제품의 재질 및 충전재 등의 품질이 다른 경우도 허다하다. 예시로, 다음 그림의 제품들은 모두 같은 상품이 아니며 가격대와 품질 모두 다르다. 실수 없는 아이템 소싱을 위해서는 타사가 동일하게 쓰는 이미지 이외에 실사 사진과 워터마크 및 타사와의 비교사진을 올리는 판매자를 찾아야 한다.

중판 대표가 이를 모르고 중국 구매대행을 시작했을 때 아래 코트를 가격대 별로 직접 구매해 보았다. 결론은 모두 다른 제품이며 비싼 가격대의 상품은 그만큼 값어치를 하는 원단과 재질과 충전재를 사용하였다는 것이다. 아래 사진에서 보듯이 모두 같은 제품으로 보이지만 929위안 제품도 58명의 고객이 구입한 걸 확인할 수 있다. 중국인들은 이미 다른 제품임을 알고 있다는 의미이다.

이미지 사용 주의하기

중국은 한국과 저작권 의식이 다르기 때문에, 상품 이미지는 누구나 가져다 쓸 수 있다. 따라서 앞서 언급한대로, 모두 다른 판매자가 모두 같은 이미지를 쓰는 경우도 많다. 한국의 많은 판매자들도 타오바오에 올라와 있는 이미지를 블로그 및 스마트 스토어에 사용하곤 한다.

그러나 주의할 점은, 사진의 원출처가 한국인지 중국인지 구별해야 한다는 점이다. 한국 쇼핑몰의 사진을 가져다 쓰는 중국 판매자의 사진은 쓰면 안된다. 타오바오 내 많은 중국 판매자들은, 한국 쇼핑몰의 옷을 카피하여 판매하며 한국인이 촬영한 사진을 가져다 쓴다. 역으로, 중국에서 구매대행을 하는 한국 셀러들은 이렇게 타오바오에 올라와있는 한국 사진을 잘못 사용할 수 있다. 이를 잘못 쓰게 되면 저작권법 손해배상소송에 휘말릴 수 있으니 각별한 주의가 필요하다.

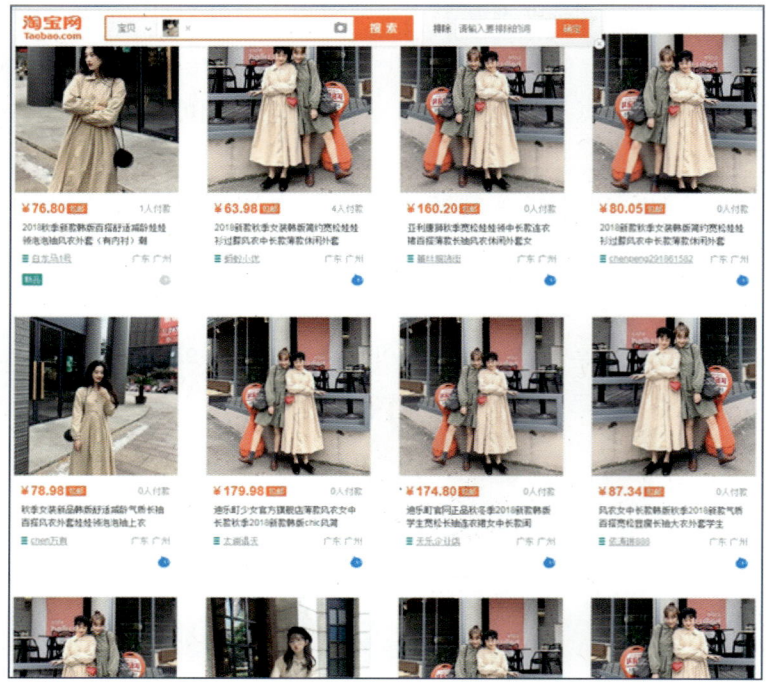

사이즈의 오류

중국은 56개의 소수민족이 있고, 그에 따른 체형이 조금씩 다르다. 그러므로 의류 아이템의 경우 어깨, 가슴, 팔 길이, 전체 길이 등의 사이즈를 측정하여 제품별로 다양한 사이즈를 판매하고 있다. 한국의 사이즈(S/M/L 등)로 상품을 구분하여 구매하면 사이즈 오류가 있을 수 있으니, 항상 구입 전에 확인해야 한다. 중국의 주류 민족인 한족의 경우, 어깨가 작아 한국인의 사이즈보다 한 치수 크게 주문하는 것이 안전하다. 다음 그림은 차례로 중국의 신발 사이즈, 여성과 남성의 상·하의 사이즈, 신체 사이즈이다.

다음 사이즈 표는 일반적인 참고사항이며 판매자별 아이템별로 해당하는 사이즈 표를 상세페이지에 기재 해놓는 경우가 많으니 우선은 상세페이지에 게시판 사이즈를 우선으로 하고 상세페이지에 별도 기재가 없다면 일반적인 아래 사이즈 표를 따르는 경우이다.

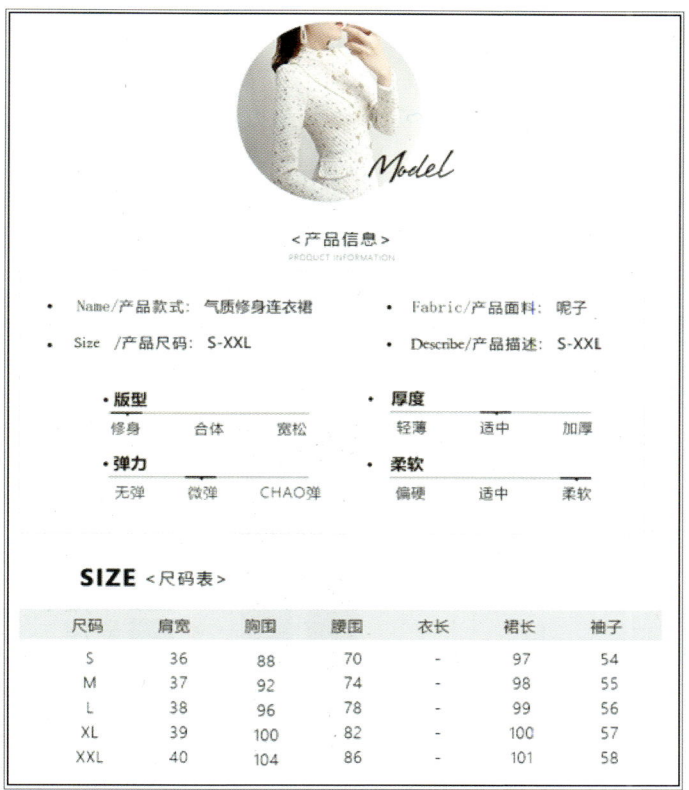

◆ 의류 판매자가 상세페이지에 올린 예시

또 하나 주의할 점은 의류인 경우 각각의 부위별 사이즈 측정이 힘들어 몸무게를 중심으로 표기하는 경우가 있다. 이때 표기 단위는 斤으로 표기하고 한국 몸무게 계산법은 1/2 이다. 예를 들어 100斤으로 표기되었다면 한국 몸무게 50kg의 체형에 적합하다는 표기이다.

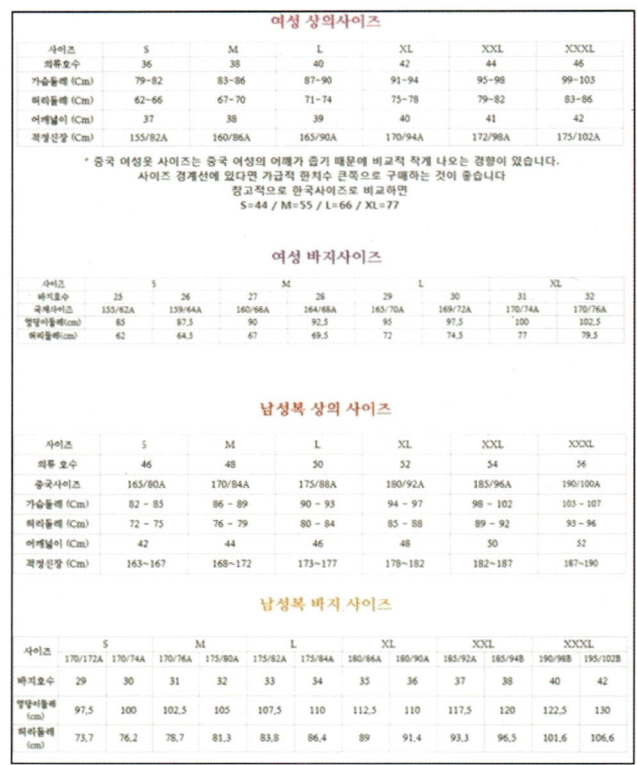
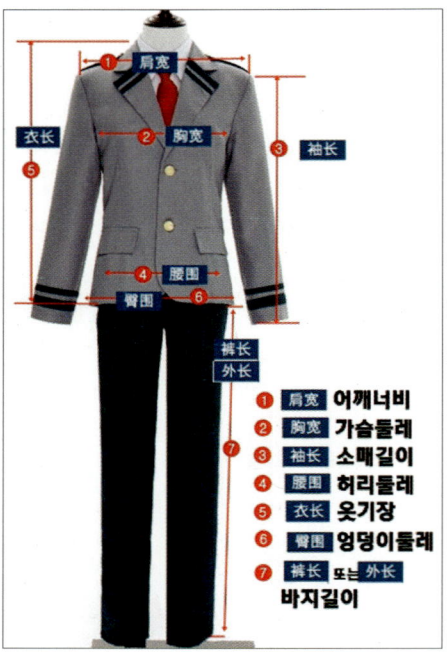

중국 신발 사이즈 계산하는 방법 : (한국 신발사이트 (mm) − 50) ÷ 5 예 (270mm − 50) ÷ 5 = 44

					중국 성인 신발 사이즈							
한국	220	225	230	235	240	245	250	255	260	265	270	275	280
중국	34	35	36	37	38	39	40	41	42	43	44	45	46

					중국 영유아 / 아동 신발사이즈							
한국	120	130	140	150	160	170	180	190	195	200	205	210	215
중국	14	16	18	20	22	24	26	28	29	30	31	32	33

재고 유무 체크

한국은 재고를 확보한 후 상품을 판매하는 것이 보통이지만, 중국은 공장 또는 도매상이 위탁으로 판매를 하고, 상품의 이미지만 올려 판매하는 경우가 많다. 이럴 경우에 타오바오에는 재고가 있다고 표시되어 있지만, 실제로 재고가 없는 경우도 있다. 그렇기 때문에 판매자와의 채팅을 통해 반드시 재고의 유무를 확인해야 한다. 이게 번거롭다면 최소한 구매이력이 있는 중국 판매자 페이지에서 구매하여야 재고 유무 부담을 덜 수 있다.

바로 배송 가능 유무 체크

한국은 주문과 동시에 바로 배송을 실시하지만 중국은 재고 관리 및 위탁 배송으로 인해 주문 후 평균 2일 후 배송을 시작한다. 길게는 15일 이후에 배송이 시작될 수 도 있다. 판매자와 이 또한 채팅으로 확인해 보는 것이 좋겠지만 타오바오에 보면 주문 후 언제 이내 발송하는 상품이라고 표기해 둔 경우가 많다. 그렇다고 꼭 그 기간이내에 발송하는 건 아니지만 발송 기간이 긴 제품들의 소싱은 피하는 것이 좋다.

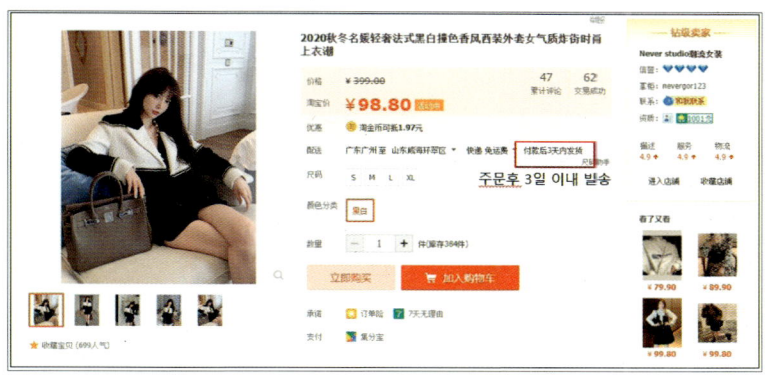

CHAPTER

17 이미지, 동영상 다운로드 및 편집 방법

1 _ 이미지 다운로드 방법

전체 이미지 다운로드 받는 방법

저장할 이미지 위에 마우스의 오른쪽 버튼을 클릭한 후, '이미지를 다른 이름으로 저장' 메뉴를 클릭하여 저장한다.

PicPickTools 프로그램 사용하기

픽픽(PicPickTools) 프로그램을 다운한 후, 옵션 설정을 다음과 같이 맞춰주면 F6 키를 눌러 간단하게 원하는 영역을 지정하여 캡쳐할 수 있고, F7 키를 누르던 정해놓은 고정된 영역으로 바로 캡쳐가 가능하다. 캡쳐된 이미지는 내가 바로 접근이 가능한 폴더에 순서대로 위치하여 캡쳐와 캡쳐 후 바로 캡쳐 이미지 확인 및 활용이 용이하다. 이 캡쳐 방식을 활용하는 이유는 오픈마켓 상세페이지를 만들 때 가급적 중국어를 배제하기 위해 처음부터 중국어를 제외한 영역만 손쉽게 캡쳐하기 위함이다.

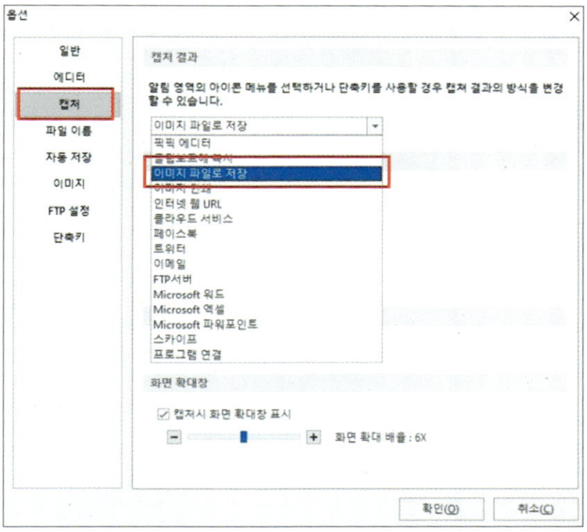

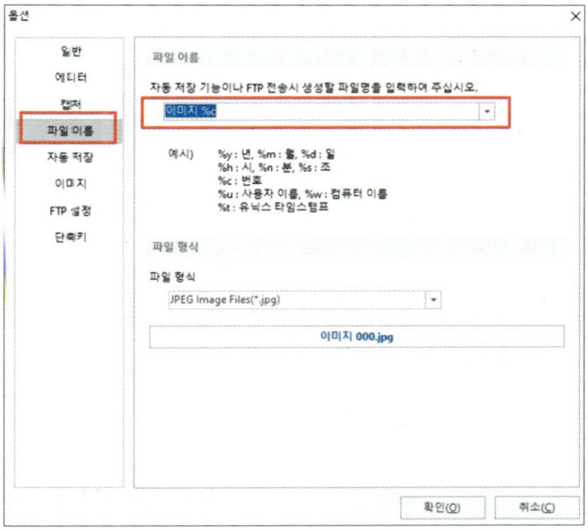

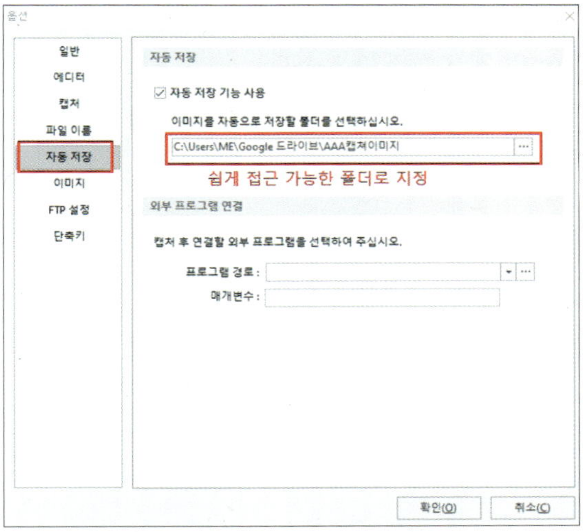

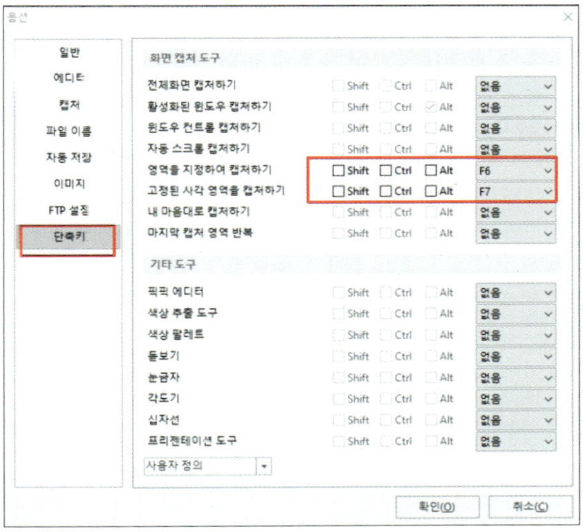

크롬 확장 프로그램을 이용하여 이미지 다운로드 받는 방법

크롬 브라우저에 확장 프로그램을 설치하여 손쉽게 해당 사이트의 이미지를 다운받을 수 있다.

1 크롬 브라우저로 접속해 chrome 웹 스토어를 방문하여 [Image Downloader] 프로그램을 검색한 후 [Chrome에 추가] 버튼을 클릭하여 크롬에 추가한다.

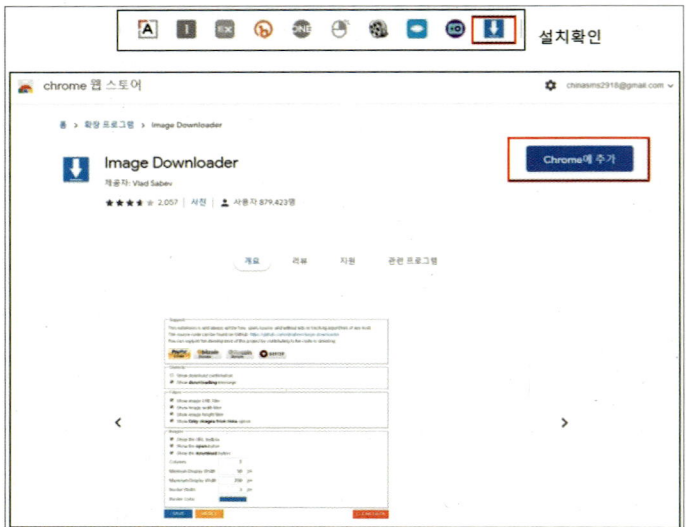

2 옵션 설정에 들어가 Show download confirmation의 체크 해제를 누른다.

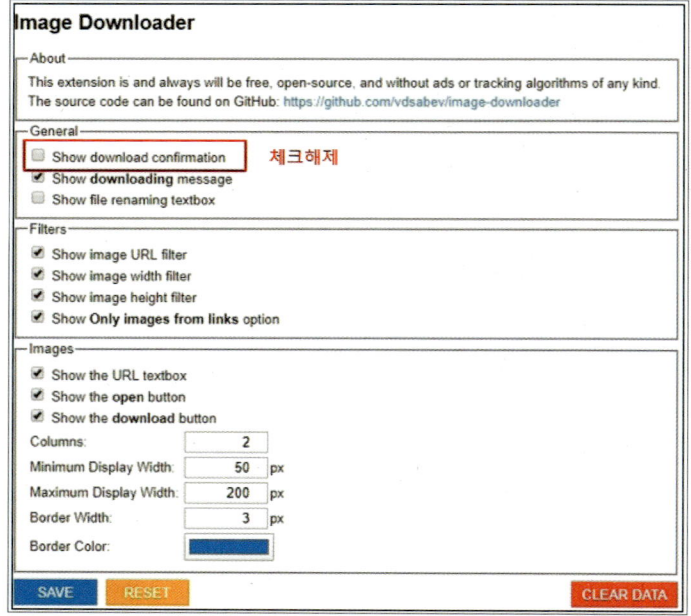

3 크롬 이미지 다운로더 사용방법을 알아보자. 다운로드 할 이미지의 사이즈 조절을 통해 사이트 내의 모든 이미지를 다운할 수 있다. 크기 지정을 하여 불필요한 이미지를 제외시킬 수도 있어 유용하다. 폴더 이름을 지정 후, 전체 다운로드를 클릭한다.

4 해당 이미지를 저장할 폴더 이름을 지정한다.

5 해당 페이지에서 지정된 크기의 이미지만 다운로드 한다. (해당 크기에 따라 작게하면 불필요한 작은 썸네일까지 다운하게 되고 너무 크게 지정하면 다운로드 할 이미지가 없게 된다. 셀러 등이 활용하기 위해 적당한 이미지 사이즈를 지정하면 지정된 크기 조건에 부합하는 이미지만 다운로드하게 된다.)

TIP 지정한 폴더에서 이미지의 이름 한 번에 변경하기

이름을 변경할 파일들을 모두 선택하고, 첫 번째 파일 위에 마우스 커서를 댄 후 마우스 오른쪽 버튼을 클릭한다. 이름 바꾸기 탭을 선택하여 이름을 변경하면, 동일 이름의 (1), (2), (3).. 번호가 붙으며 다일의 이름이 일괄 변경된다.

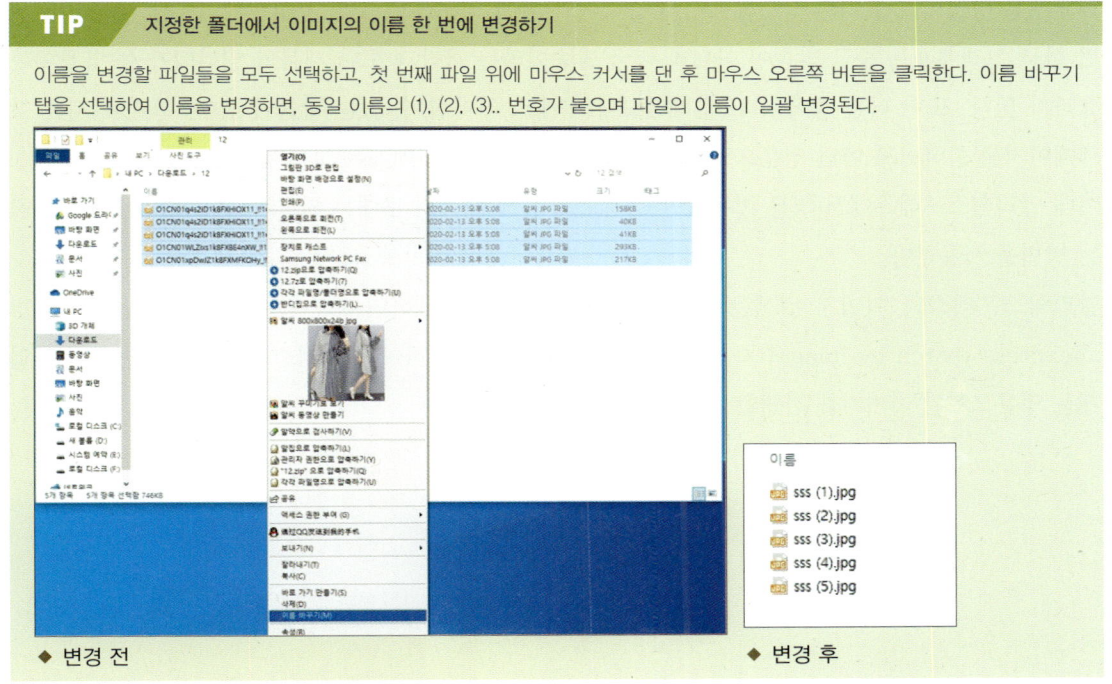

이미지 배경 편집 방법

이미지의 배경을 지워주는 사이트가 있어 유용하게 활용할 수 있다. (https://www.remove.bg) 또한 포토스케이프X를 활용하면 다양한 이미지 편집 기능을 활용할 수 있으므로 참고하면 유용하게 사용할 수 있다.

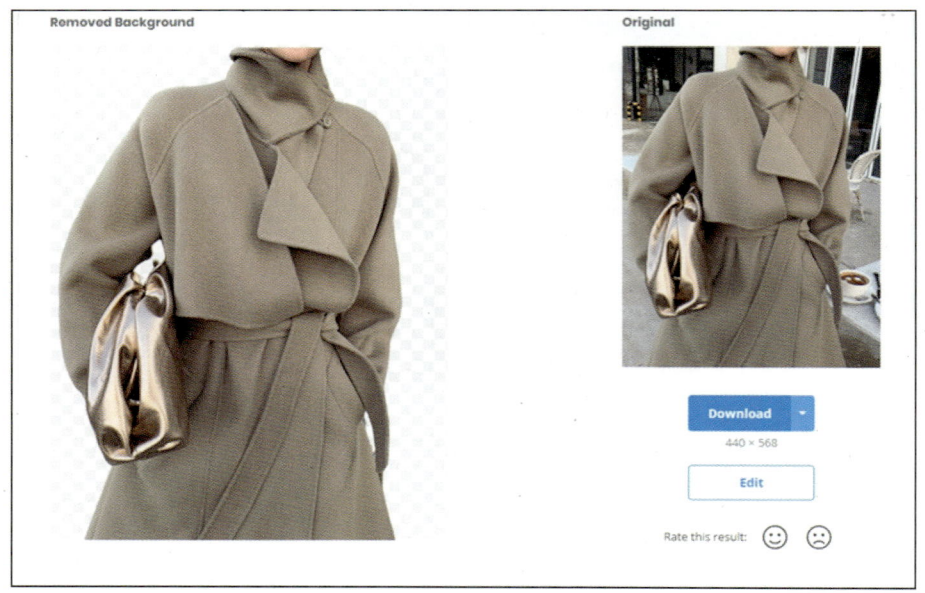

중국어 제품 상세페이지가 아닌 영문 제품 상세페이지 작성법

해외배송 상품이라 표기된 상품페이지에 중국어가 아닌 영문으로 구성된 상품페이지를 제공하게 되면 한국 고객에게는 중국 발송이 아니라 미국 발송이라는 착각과 보다 제품의 퀄리티가 높아 보이는 효과가 있다. 또한 다른 중국어 표기 제품보다 구매로 이어질 수 있는 확률이 높다. 그러나 제품 상세페이지를 한국어도 아닌 영문으로 작성하기에 구매대행 셀러에게는 한계가 있다.

이때 알리익스프레스에서 영문 이미지만 가져오고 실제 제품의 구매는 타오바오나 1688에서 진행하는 방법을 사용한다.

알리익스프레스의 이미지 검색은 크롬 확장프로그램을 이용하면 보다 손쉽다. [확장프로그램명 aliexpress search by image] 즉, 타오바오에 이미지를 캡쳐하여 알리익스프레스에서 손쉽게 동일 제품 영문으로된 이미지를 검색할 수 있다.

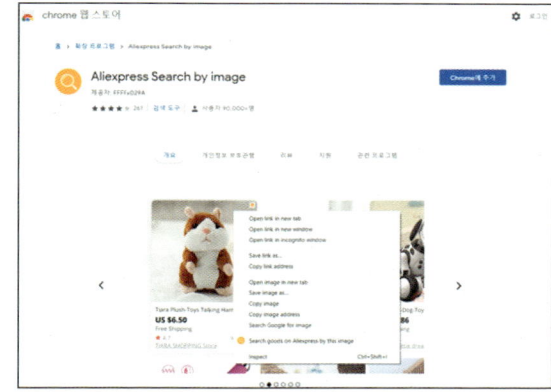
◆ 확장프로그램명 aliexpress search by image

◆ aliee:xpress 영문으로 페이지 보기

확장프로그램명 aliexpress search by image가 설치되었다면 타오바오 화면에서 소싱할 제품 이미지에 마우스를 올리고 오른쪽 버튼을 누르면 알리익스프리스에서 동일 상품 검색이 가능하다.

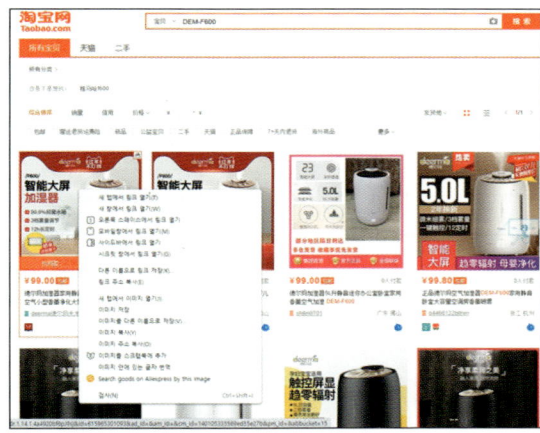

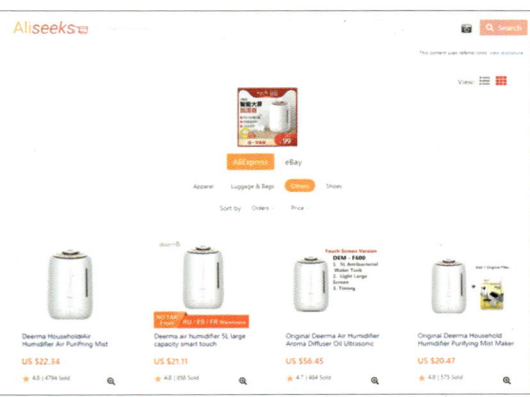

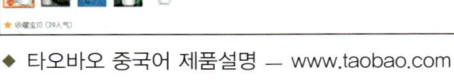
◆ 타오바오 중국어 제품설명 — www.taobao.com

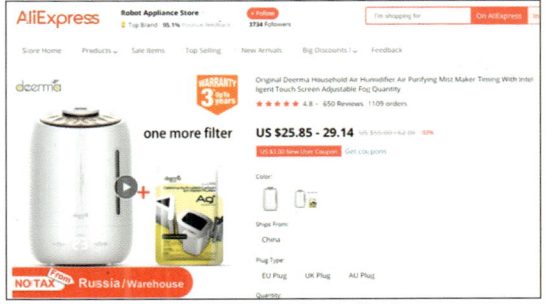
◆ 알리익스프레스 영문 제품설명 _ www.aliexpress.com

2 _ 동영상 다운로드 방법

소스보기로 동영상 다운로드하기

타오바오와 티몰은 소스보기를 통하여 동영상을 다운로드 할 수 있다.

1 해당 사이트 상품 상세페이지에서 동영상을 재생 후, 해당 페이지 빈 여백에 마우스 커서를 갖다 대고 마우스의 오른쪽 버튼을 클릭한다. 페이지의 소스보기(Ctrl + U)를 클릭한다.

2 다음과 같은 화면이 뜨면, 단어 검색(Ctrl + F)을 눌러 'WORLD' 단어 찾기를 시행한다. 'WORLD' 단어 검색 후 뜨는 해당 URL 주소를 클릭하여 들어간다.

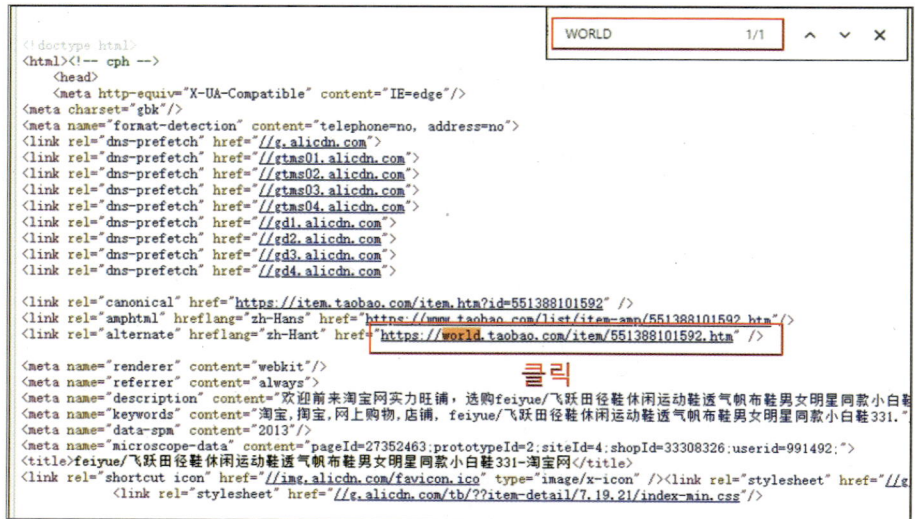

3 위 URL을 통해 별도의 페이지가 생성이 되면 동영상 재생 후, 동영상 위에 마우스 커서를 갖다 댄 후 마우스 오른쪽 버튼을 클릭하고 '동영상을 다른 이름으로 저장' 탭을 클릭한다. 파일의 저장경로와 이름을 지정한 후 저장한다.

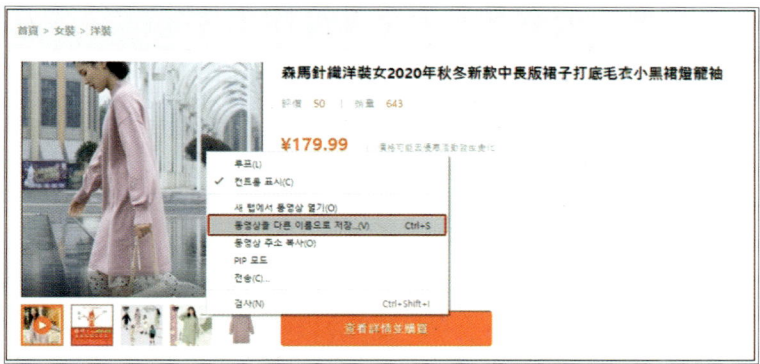

1688 사이트 동영상 다운로드 방법

1 구글 크롬이나 네이버 웨일에서 1688 사이트에서 동영상 플레이중 크게 보기를 선택한다.

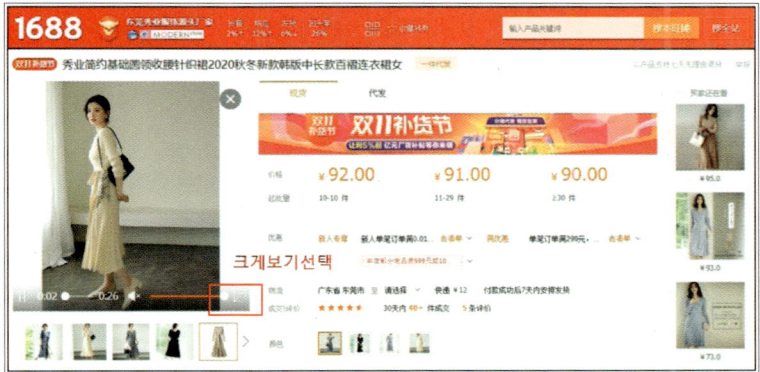

2 전체화면 상태에서 더보기 아이콘을 누른 후 다운로드 메뉴를 선택한다.

3 _ 店查查(디엔차차) 활용 방법

크롬 브라우저에 확장 프로그램을 설치하여 손쉽게 해당 사이트의 동영상을 다운받을 수 있다. 크롬 브라우저로 접속해 chrome 웹 스토어를 방문하여 [店查查] 프로그램을 추가한다.
https://www.dianchacha.com/
店查查(디엔차차)는 본래 중국 판매자들의 상품과 판매자 데이터를 조회하는 사이트이다. 해당 확장 프로그램을 이용하면 손쉽게 이미지와 동영상을 다운로드 받을 수 있을 뿐만 아니라 내가 검색하는 상품의 다른 판매자 상품도 손쉽게 비교할 수 있고 매주 제공되는 중국어 인기 키워드를 통해 상품 소싱에 활용에도 도움이 된다.

❶ 디엔차차 홈으로 이동하기
❷ 해당 제품의 기간별 판매가격
❸ 동일상품 검색
❹ 동영상 포함 사진 다운로드

TIP 店查查의 또 다른 활용 노하우

1️⃣ 사이트 방문 후 매주 중국 내 인기 키워드를 분석하여 소싱에 활용 할 수 있다.

2️⃣ 아래 무료 키워드 엑셀을 다운로드 받는다.

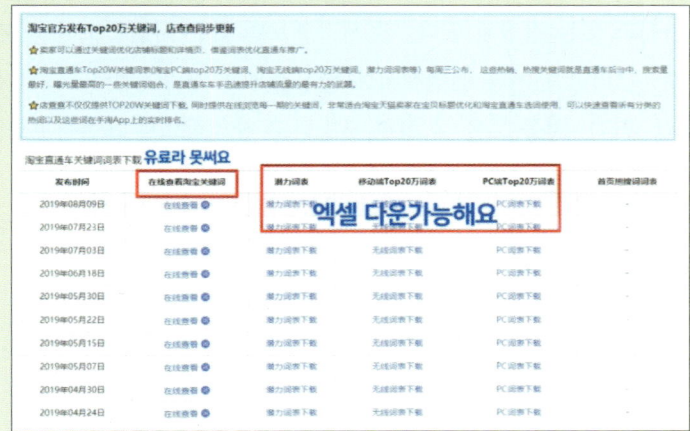

3️⃣ 엑셀에서 제공하는 번역기능을 이용하면 손쉽게 중국 내 중국어 키워드의 내용을 한국어로 바로 알아볼 수 있다.

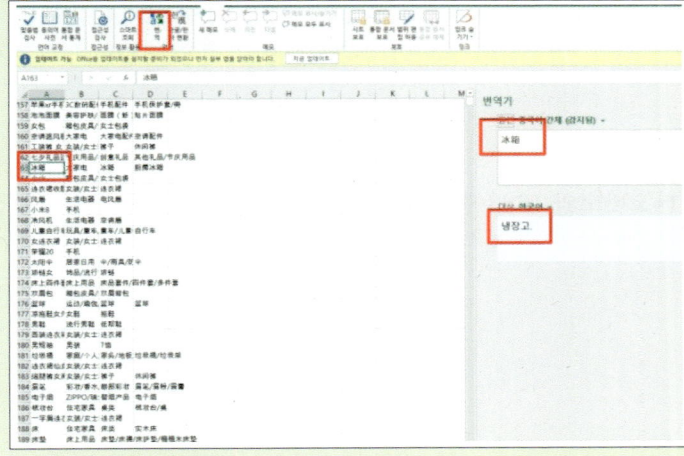

Chapter 17 _ 이미지, 동영상 다운로드 및 편집 방법 **143**

CHAPTER

18 잘나가는 구매대행 사업자 분석

모든 판매자는 대다수 본인의 주력상품이 본인의 총 매출의 50~60%를 차지하게 된다. 사람마다 관심과 흥미가 달라, 반드시 자신만이 가지고 있는 장점이 있다. 잘 생각해보면 다른 사람들보다 더 관심이 가고, 전문성이 있는 분야가 있다. 그러한 분야를 선택해서 주력상품으로 키워야 한다. 그러기 위해서는 본인의 종교, 취미, 여행 경험, 직업, 전공 등을 잘 살려 모방하고 창의적으로 표현하고, 설명할 수 있는지 차근차근 찾아봐야 한다. 자신을 둘러싼 카테고리를 모색해야 한다. 또한, 본인의 전문성을 위해 한 분야를 학습하고 연구하여 발전시켜나가는 것도 성공을 위해서 꼭 필요한 수순이다. 나만의 주력상품을 찾기 위한 방법을 몇 가지 소개한다.

1 _ 자신의 전문분야 발굴

한 분야에서 전문가의 식견으로 제품을 찾고, 발굴하여 본인의 주력상품으로 키우는 방법에 대해서 알아보자.

다음은 J 사장님의 예시이다.

캠핑 분야의 전문 지식을 바탕으로 타오바오와 1688에서 최상의 상품을 최저가로 공급받아 성장했다.

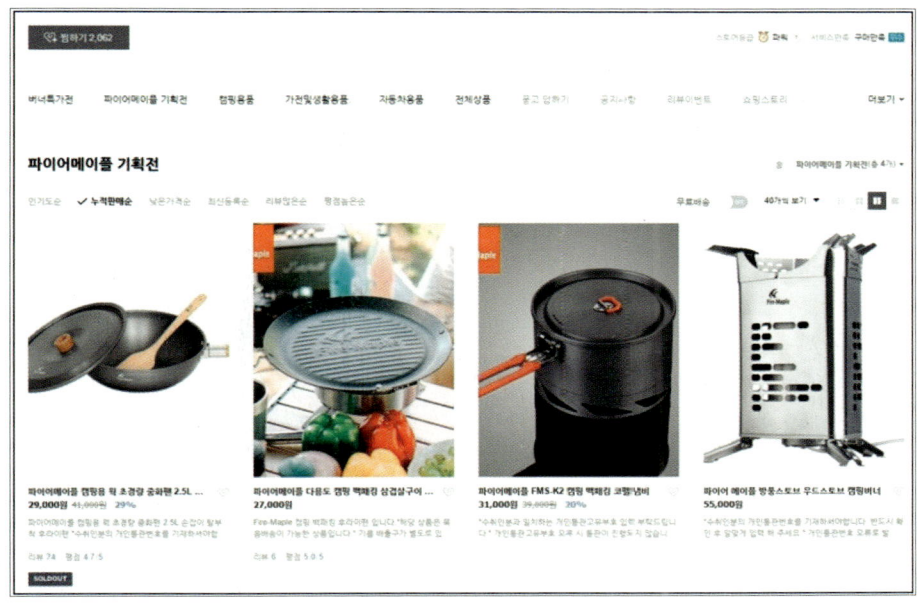

2 _ 소비자 선택에 의한 상품군 확장

스토어에 진열된 상품 중 소비자의 선택에 의해 판매량이 늘어, 주력상품이 정해진 경우 방법이다. 다음은 K 사장님의 예시이다.

카테고리를 침구류와 주방용품으로 잡으시고 다양한 제품을 꾸준히 판매, 그 중 몇 개의 제품이 소비자의 선택을 받아 판매량이 증가했다. 인기 상품의 디자인과 사이즈를 늘려 여러 상품군을 구성하여 성장했다.

3 _ 노가다 마케팅으로 승부

오픈마켓에서의 전쟁이 아닌 마켓을 떠나 카페, 블로그, 지식인 등 노가다 마케팅의 노력으로 나만의 주력상품군을 만들어 성장한 방법이다. 다음은 (L) 사장님의 성장 사례이다. 모든 맘카페에 가입 활동하며 중국의 다양한 상품후기들을 올려 판매하고 성장했다.

4 _ 행운의 MD 추천

행운이 뒤따라 MD 추천상품으로 올라가 예상치 못하게 주력상품이 생기는 방법이다.
다음은 N 사장님의 예시이다. 몇 개 안 되는 상품이 오픈마켓에서 폭발적인 반응을 얻어, 본인의 주력상품이 되었다. 그 후 유사 상품을 늘려 꾸준히 성장했다.

5 _ 상품등록 숫자로 승부

모든 상품을 주력으로 보고, 수 천개의 상품을 올리고 판매하는 방법이다.

다음은 J 사장님의 예시이다. 자신이 팔고자 하는 상품을 카테고리의 구분 없이 수천 개 등록하여 모든 상품이 주력이 될 수 있도록 다양한 상품을 판매한 사례이다.

6 _ 중판 대표의 "사주세요"로만 승부

중판의 "사주세요"로만 성장하는 방법이다.

다음은 P 사장님의 예시이다. 중판 대표의 "사주세요"의 물류와 유통을 완벽히 소화하여 오픈마켓 운영없이 오로지 사주세요로만 성장했다.

CHAPTER

19 최저가 상품 검색을 위한 중국어 키워드

1 _ 번역사이트 이용하기

가장 기본적인 방법은 번역을 통환 제품 키워드 검색법이다.

위 방법은 별도의 설명이 필요 없을 만큼 보편적이고 기본적인 방법이다.

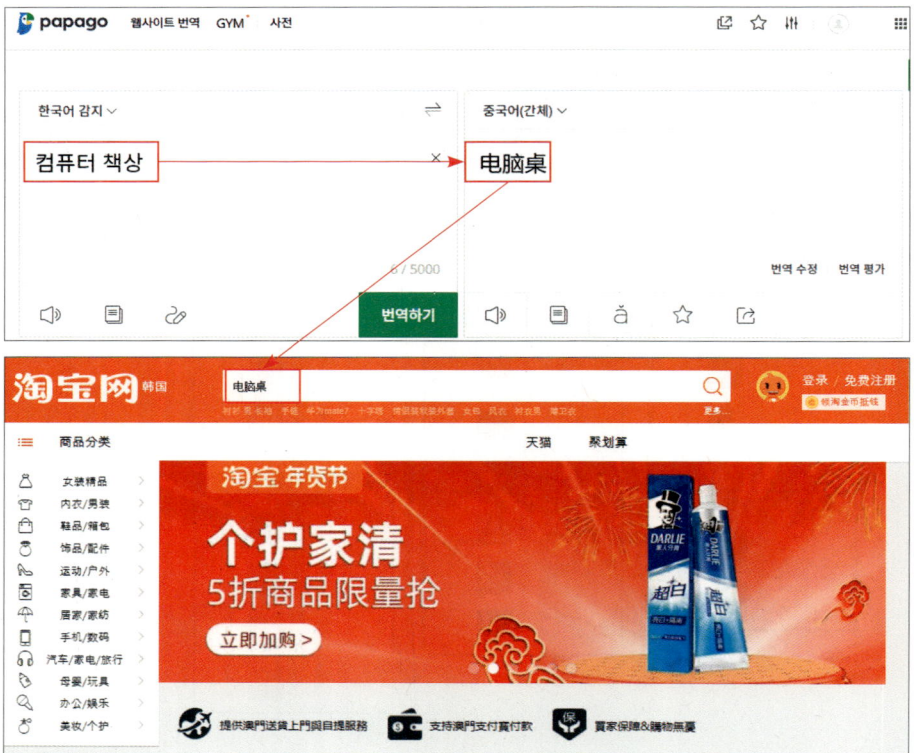

2 _ 타오바오 상품 제목으로 추출하기

타오바오에서 상품을 검색 또는 재검색할 때 사용하는 방법은 바로 제목이다.
타오바오 앱에서 유일하게 상품 페이지의 제목 부분만 콕사 가능한 이유도 중국인들도 다른 상품을 더 찾고자 할 때 제품 키워드뿐만 아니라 제목을 활용 하는 경우가 많기 때문이다.
이를 활용하면 보다 폭 넓은 상품 검색이 가능하다.

1 다음 예는 추상적인 상품을 검색해 보고자 할 때 사용하는 방법이다. 예를 들어 [가습효과가 있으면서 인테리어적인 효과도 있고 물이 흐름으로서 자연 가습 효과를 내는 상품] 딱히 한국어로 정의하기 힘든 상품 명칭이다. 이러한 상품을 검색한다고 한다면 다음과 같이 활용 할 수 있다.
핵심 단어인 가습기를 번역하고 그에 맞는 특징 분수 폭포 등의 단어를 조합하게 된다.
가습기만을 검색했을 때는 일반적인 가전제품 가습기만 검색이 되지만 특징을 번역하여 함께 검색 시 우리가 목표로 하는 상품의 이미지를 확인할 수 있다.

2 위에서 검색된 제목으로 유사 상품을 더 찾아볼 수도 있다. 비슷한 종류의 다른 상품을 찾고 싶다면 제목 복사해서 재검색 후, 뒤에서부터 2글자씩 지워가며 검색하면 다양한 상품을 볼 수 있다. 만약 2단어를 지웠을 때, 검색하는 상품이 아닌 완전히 다른 상품이 나온다면 방금 지운 2~5글자가 해당 제품을 찾는 중국어 핵심 키워드가 된다.

◆ 이런 제품 더 찾고 싶을때　　◆ 제목 길게 누름 제목 복사　　◆ 제목 검색 뒤부터 2글자씩 지우기

❸ 앞서 지워진 2~5글자를 대입하여 상품을 검색한다. 이 중 일치되는 단어는 빨간색으로 바뀌는데, 일치되는 단어를 통하여 제품의 키워드를 더욱 다양하게 유추, 확장할 수 있다.

3 _ 조건에 맞는 상품 검색하기

추출된 중국어 상품 검색 키워드로 검색 후 가격 조건을 설정하여 최저가로 검색하는 방법에 대해서 알아보자. 가격대를 설정하면 원하는 가격대를 찾을 수 있다. 낮은 가격으로 검색하게 되면 최저가를 알 수 있다.

◆ 150~300위안대 제품 검색

◆ 낮은 가격으로 검색

◆ 낮은 가격으로 검색 – 번역본

핵심 키워드와 이미지를 이용하여 타오바오 외에 1688에서도 최저가 상품을 찾아본다. 가격 조건을 조작하여 원하는 가격대의 최저가를 찾도록 한다.

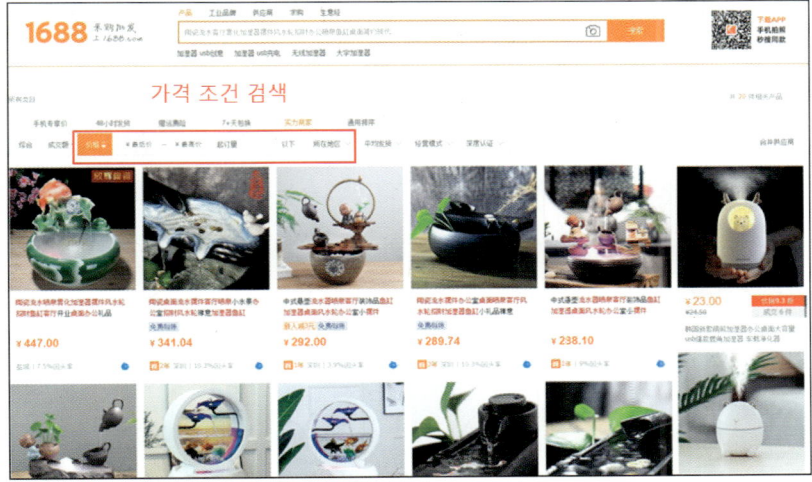

4 _ 이미지 검색으로 찾기

타오바오에서 이미지로 상품을 검색할 수 있다. 타오바오 PC버전과 스마트폰 어플에서 모두 가능하다.

타오바오 앱의 활용

❶ 타오바오 앱 상단 카메라 아이콘 선택
❷ 캡쳐해 놓은 이미지 선택
❸ 해당 찾을 원본 대상 이미지
❹ 유사 또는 동일 상품 이미지 검색 결과

타오바오 PC 버전의 활용

타오바오 사이트에서 다음 그림과 같이 아이콘을 클릭하여 이미지 검색을 진행한다.

◆ 2020년 7월 이전 PC버전

또 한가지 방법은 크롬 웹 스토어에서 확장 프로그램 [AliPrice] 검색하여 설치하면 손쉽게 검색이 가능하며 가격 추적등 기타 여러 기능도 함께 제공하여 편리하다.
다만, 타오바오나 1688 내 이미지 검색보다는 정확도가 다소 떨어지는 단점은 있다.

◆ 크롬 웹스토어 [AliPrice] 검색화면

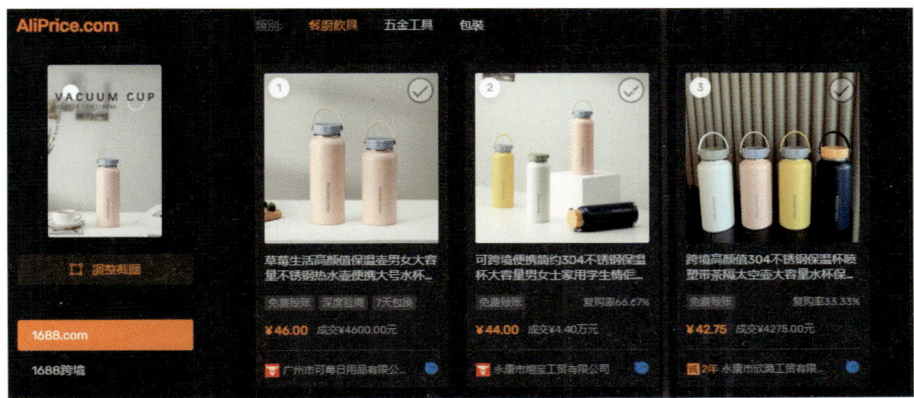

◆ [AliPrice] 프로그램 설치 후 이미지 검색한 화면

5 _ 스마트폰 어플에서 이미지 검색 사용법

이미지 검색도 구체적으로 할 수 있다. 상세 검색을 통하여 카테고리를 설정하여 검색하거나, 동일상품 및 유사상품을 검색할 수도 있다. 또한 판매자 등급과 후기를 살펴 적절한 가격의 상품을 찾아야한다.

상세 검색 　　　　　동일상품/유사상품 　　　　　판매자등급/후기

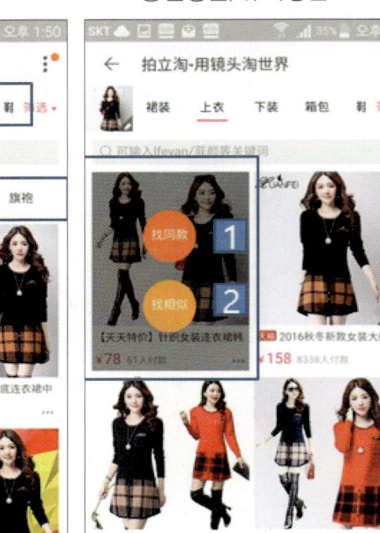

❶ 좀더 정확한 검색을 위한 제품의 종류 선택(상의/하의/가방등)
❷ 더욱 정확한 검색을 위한 세부 종류 선택(원피스, 스커트 등)

❶ 사진을 길게 누른다.
❶ 같은 제품 다른 판매자 검색
❷ 유사한 제품 검색

❶ 각 상점의 정보를 볼수 있는 버튼
❷ 판매자 등급/평가/후기등의 정보

1688 상품 이미지 검색하기

1 1688 사이트에서 다음 그림과 같이 아이콘을 클릭하여 이미지 검색을 진행한다.

2 찜한 상품을 이미지로 검색할 수 있다. 네이버 스토어에서 판매되고 있는 상품을 이미지 검색을 통해 타오바오에서 검색한다. 위에서 언급한 키워드 찾기(상품명의 전체 문장 검색 후 2글자씩 지우기) 방법을 통하여 해당 제품의 핵심 키워드를 찾아낸다. 이 상품을 타오바오, 1688 등 다른 쇼핑 사이트에서 검색하여 최저가를 찾아내야 한다. 이미지 검색의 중요성은 여기에 있다.

타오바오에서 이미지 검색된 상품의 제목을 복사하여 다시 타오바오를 검색하거나 1688 도매몰을 검색해 본다.

❶ 타오바오 검색 화면

❷ 1688 동일 제목 검색 화면

Chapter 19 _ 최저가 상품 검색을 위한 중국어 키워드

❸ 1688에 찾은 최저가 상품 화면

네이버 상품	타오바오 이미지 검색	알리바바 최저가
₩ 25,150	¥ 96~196	¥ 56

CHAPTER

20 최저가 흥정하기

앞서도 언급한 바 있지만, 최저가 상품 찾기 중 가장 중요한 것은 바로 흥정하는 것이다. 중국 판매자와의 흥정을 통해 표기된 가격보다 낮춰서 구매를 하는 것이 마진을 남기는데 유리하다. 중국의 판매자와 친구가 되기 위해서는 중국인의 성향에 맞게 접근하는 방법이 필요하다. 첫 구매부터 무턱대고 "한국 판매자니까 가격을 할인해주세요."라고 하는 것은 추후에 큰 금액을 할인 받지 못할 가능성이 크다. 먼저 중국 판매자와의 신뢰 관계를 형성하는 것이 좋다. 최초 2회 정도는 가격 흥정없이 구매하고 이후, 3회 구입 시부터 한국의 판매자임을 알리고 지속적인 구매를 약속하며 가격을 낮춰달라고 요구해야 한다.

1 _ 판매자와 알리왕왕으로 흥정

판매자와 채팅하기
본가격 79×4=316원

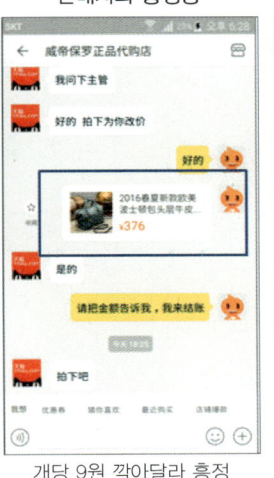
판매자와 흥정중
개당 9원 깍아달라 흥정

돈가격 결제창
본 가격의 결제창

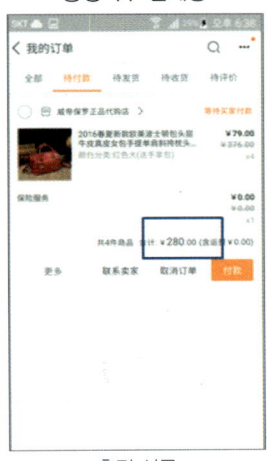
흥정이후 결제창
흥정 성공

2 _ 흥정에 필요한 번역문

꾸준한 구매로 정식 소싱처를 만들고 싶다면 다음과 같은 번역을 사용할 수 있다. 중판 사이트에 다양한 번역지원이 있다.

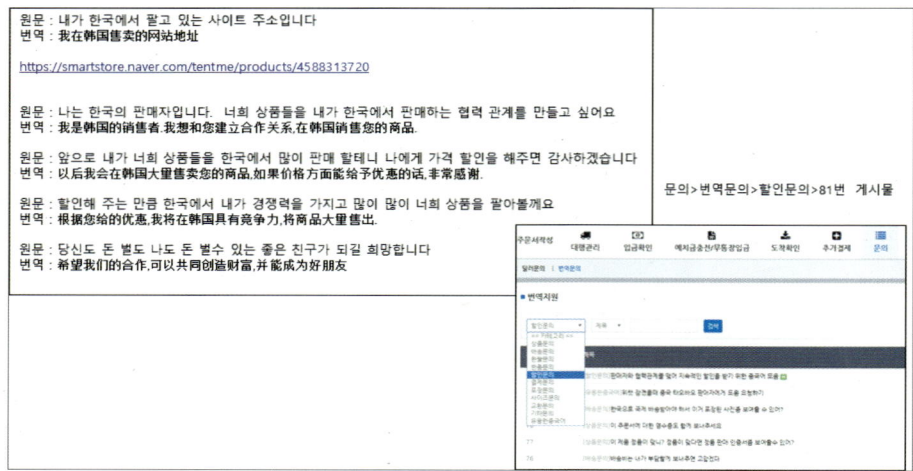

3 _ 가격 할인받고 결제하는 방법

흥정을 통해 가격을 할인받고 결제하는 방법

다음 그림은 정상적인 결제 진행 방법을 나타낸 것이다. 앞서 배웠듯이 결제를 진행하면 된다.

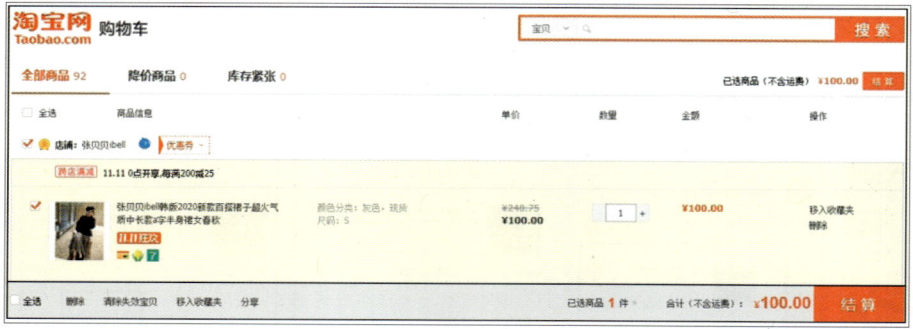

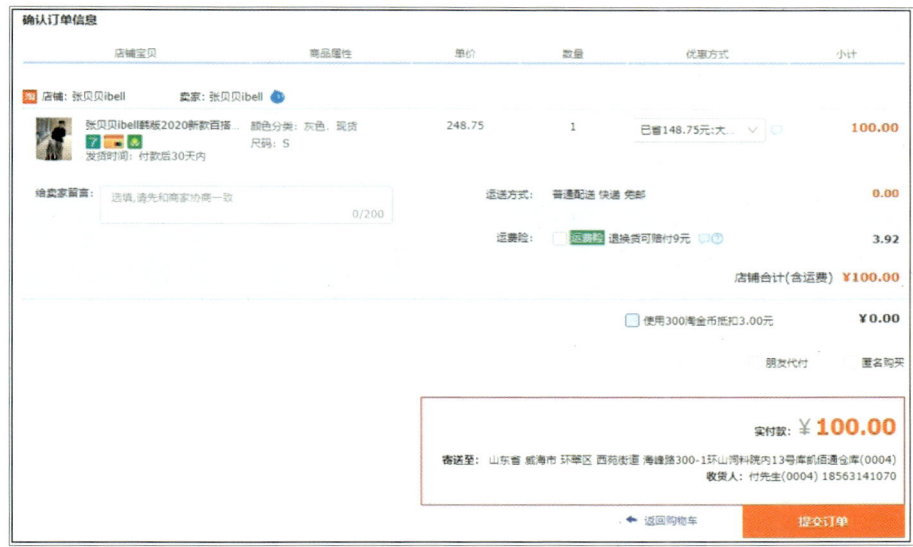

가격 할인받고 결제하는 방법

결제창에서 결제를 진행하지 말고 그냥 닫고 빠져나와 결제 대기 중 상태로 유지해야 한다. 아래는 차례대로 알리페이 결제, 한국 신용카드 결제창이다.

❶ 알리페이 결제 진행창

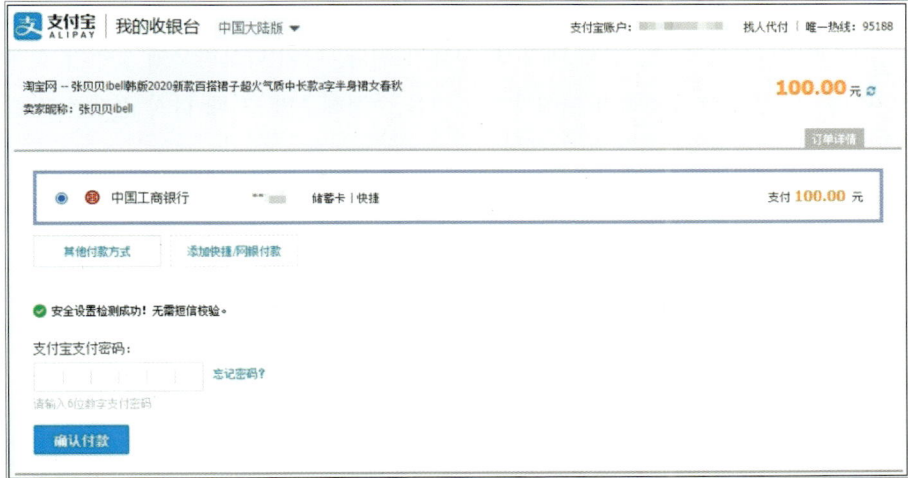

Chapter 20 _ 최저가 흥정하기 **159**

❷ 한국 신용카드 결제 진행창

결제 대기 중 상태에서 결제

위처럼 결제창에서 그냥 빠져나오게 되면, 결제 대기 중 상태가 된다. 나의 타오바오에 들어가 결제 대기 중 상태를 확인한다. 이 상태를 유지하며 판매자가 가격을 수정해주면 그 때 다시 결제를 진행한다.

❶ 100위안 가격 수정 전

❷ 88위안으로 가격 수정 후

4 _ 상품군별 도매사이트 이용하기

최저가를 찾는 여러 방법이 있겠지만 처음부터 도매로 할인된 낮은 가격을 제시하는 사이트를 이용하면 흥정없이 최저가 상품 소싱도 가능하다. 의류나 신발, 악세사리 등은 타오바오 및 1688 이외에 특화된 중국 온라인 도매몰로 다음 3개의 사이트를 추천한다.

• VVIC, 17ZWD, QM41

◆ VVIC 광저우 _ http://www.vvic.com/gz

◆ VVIC 기타 _ http://www.vvic.com/pn

◆ 17ZWD _ http://gz.17zwd.com/

◆ QM41 _ http://www.qm41.com/

TIP 최저가 상품 품질 검증

구매대행 셀러가 받아보고 만져보지 못한 상품의 품질을 검증하는 건 사실상 불가능하다. 이에 할 수 있는 방법으로 얼마나 많은 구매자들이 구입을 했는지, 제품의 후기와 평가는 어떤지, 판매자의 등급은 어떤지 체크하는 방법이다. 여기서 중요한 사항은 후기 사진이 많은지를 살펴보는 것이다. 실제 사진이 많다면 그만큼 중국 고객들의 만족도가 높다는 것을 의미하기 때문에 소싱 시 반드시 참고하기 바란다.

몇명이 구입했는지?   제품 후기 평가는 어떤지?   판매자 등급은 어떤지?

가격이 조금 비싸도 구매자가 많은 상점에서 사는것이 안전하다.   사진후기가 많은 제품을 선택하고 후기중 실사사진이 많은 제품을 선택한다.   판매자 신용등급은 제품 품질과 큰 영향이 없다.

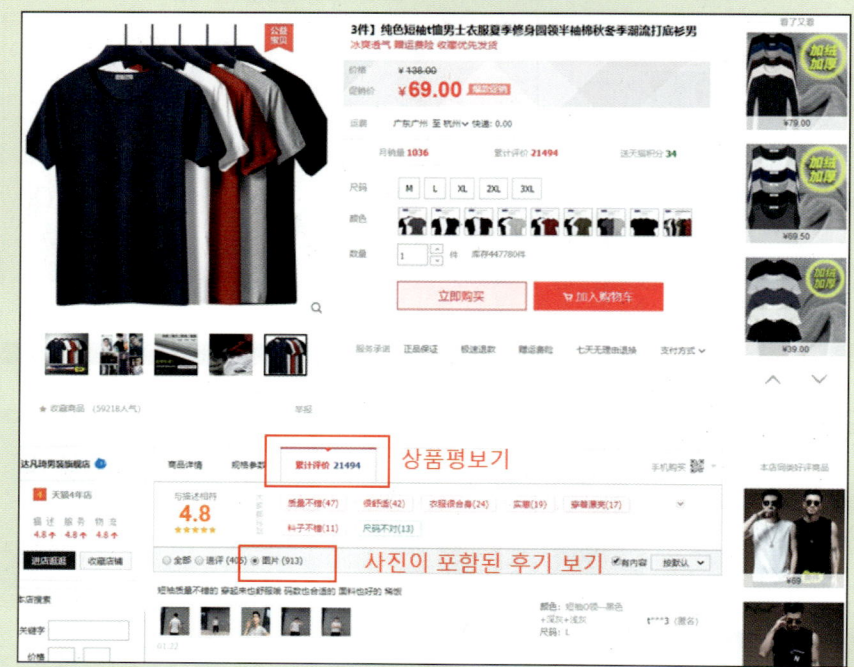

CHAPTER 21 중국 구매대행 물류의 이해와 실습

물류 시스템은 하나의 배송대행지와 연동하여 이해해야 한다. 모든 배대지의 장단점은 있고 시스템 사용에도 차이가 있지만 기본적인 입출고는 모두 동일하다.

해당 책에서는 중판의 배송대행 시스템을 설명하며 그 이해를 높이고자 한다.

중국 구매대행을 시작한지 얼마 안 되는 셀러분들과 가끔 배대지의 책임소재에 대한 언쟁이 있을 때가 있다.

배대지 입장과 셀러 입장의 이해가 부족하여 발생되는 브분이고, 본인이 취급하는 상품에 가장 적합한 배대지를 찾는 것도 셀러의 몫이라 생각한다.

중국 배대지와 미국 배대지에는 큰 차이가 있다. 미국에서 오는 상품들은 대다수 1개의 단일 제품이고 많아야 3개를 넘지 않으며 미국 관부가세 이내 200불 미만의 제품과 정품이 주를 이루고 있다. 저가 제품이 아닌 고가 제품들 그것도 한 두 개씩 도착 배송되는 단독 배송이라면 사이즈 및 기타 옵션 확인이 가능할 수 있고 별도 옵션 선택 비용을 지불하면 확인과 사진을 제공할 수 있다. 하지만 중국 배대지는 저가 제품 중국 관부가세 이내 150불 미만이라 하더라도 합배송 상품이 20개 이상에 달할 정도로 저가 위주의 제품이 주를 이룬다.

제품의 색상 확인은 찍는 카메라 마다 그때 조명에 따라 드 보는 모니터 화면에 따라 달리 보일 수 있는데 이를 내가 주문한 상품과 맞는지를 배대지에 책임지고 확인하기란 사실상 불가능하다. 네이버에 빨간색의 종류만 검색해 봐도 비슷한 빨간색이 각기 다른 이름으로 얼마나 많은지 확인할 수 있다.

또한 제품 사진을 올려두었다고 해도 도착 상태에서 그 제품이 맞는지를 확인하는 것도 제 3자 중국인 배대지 작업자들이 책임지고 확인하기란 어렵다. 예를 들어 텐트라고 가정해 보자. 해당 텐트 이미지 사진 한 장 올려두었다고 제품이 맞는지를 확인하라고 하면 텐트를 조립해 보기 전에는 확인이 불가능 할 것이다.

또 하나의 분쟁은 파손책임이 있다. 배대지에 도착할 때까지 멀쩡한 상품이 고객에게 도착했을 때 파손된 경우이다. 물론 중국 내 도착했을 때부터 눈으로 봐서 파손되어 있다면 오류입고로 파손을 확인하라고 배대지에서 안내할 것이다. 어디까지나 눈으로 확인이 가능했을 때 가능한 이야기다. 제품 뒷면 실금이 가있거나 스크래치가 있는 것을 수많은 상품이 도착하는 중국 배대지에서 하나하나 정밀하게 모든 상품을 검수하기에는 무리가 있다.

국내배송은 판매자와 택배회사 2단계만 존재한다. 그러므로 배송중 파손은 택배사에 일정 부분 보상신청이 가능하다. 하지만 중국에서 발송되는 국제배송은 배대지 - 중국픽업사 - 중국 해관 - 중국선적 - 한국하선작업 - 한국세관 - 한국통관사 - 국내택배사로 이어지는 복잡한 운송단계가 존재한다. 파손에 대한 책임이 어디에 있는지를 밝히는 것이 사실상 불가능하다. 이로 인해 대다수 배대지에서는 특수한 책임포장을 하지 않은 일반적 상품에 대해서는 파손면책에 대한 약관과 공지를 올려두고 있다.

셀러 입장에서는 파손이 잘되는 상품으로 지속적인 피해가 발생할 수 있으므로 상품선정에 이러한 국제배송단계를 염두에 두는 것이 좋다.

물론 분실은 이야기가 다르다. 국제 배송 이동단계에서 어느 주관업체가 분실했는지 책임 소재가 분명하기 때문에 분실에 대해서는 100% 보상이 가능하다.

대다수 배대지는 기본검수와 상세검수를 운영하고 있다. 이에 대한 기준은 배대지 마다 다르겠지만 보다 상품에 대해 자세하게 보기를 원할 때는 별도 옵션비용으로 상세검수를 진행해야 할 것이다.

물류에 있어 정말 운영 잘하는 셀러들은 중판 대표도 마찬가지이지만 박스 미개봉 무검수로 진행하는 것이다. 이미 중국 판매자와 협의 하에 특수 포장비를 더 지불 하더라도 완벽하게 국제 배송이 가능하게 포장을 마치고 내가 주문한 옵션대로 1개의 트래킹번호로 발송한다면 배대지에서 다시 상품 확인을 위해 포장을 해체하고 상세검수를 진행하지 않아도 되기 때문이다.

도착한 상품의 검수를 위해 포장을 해체하고 다시 포장하는 과정이 사람이 하는 작업이라 이때 제품 일부가 파손 또는 분실될 수 있기 때문이다.

중국 판매자와 협업하여 중국 판매자가 보내오는 포장상태 그대로 무검수 배대지 출고하는 것이 가장 이상적인 방법이지만 많은 상품을 취급하거나 중국 판매자와 협업이 불가능한 경우에는 배대지의 기본검수와 상세검수를 활용하여 반드시 본인 셀러들이 자기 상품에 대해서 실사사진을 통해 확인을 하고 배송 지시를 하여야 한다. 가끔 배대지에서 알아서 다 확인하고 알아서 다 책임지고 알아서 다 고객에게 배송하겠지 하는 생각으로 진행 후 문제 발생 시 배대지와 책임소재를 따지는 경우도 많다.

꼼꼼히 생각해보자!

소비자에게 판매하는 상품의 1차 책임은 셀러이다. 내가 판매하는 상품 내가 내 눈으로 정확하게 확인하고 소비자에게 배송될 수 있게 하는 것이 중국 구매대행의 기본이다.

중국 배대지는 실사사진을 통해 셀러들이 직접 확인할 수 있도록 기본적인 시스템을 제공하는 곳이지 모든 상품의 완벽한 검수 완벽한 포장 완벽한 책임을 지는 곳이 아니라는 걸 명심하고 배대지를 선정하여야 한다. 또한 위와 같은 내용을 숙지하여 배디지 시스템을 잘 활용한다면 물류에 대한 스트레스에서 벗어날 수 있다.

중판 대표 역시 초기에 수많은 제품의 물류를 다룰 줄 몰라 중국으로 날아가고 싶은 마음과 포기하고 싶은 마음이 들 정도로 스트레스를 많이 받는 분야이며 이를 극복하지 못하고 구매대행을 포기하는 셀러도 많이 접해 보았을 만큼 어렵지만 이해하면 쉬운 것이 구매대행의 물류 시스템이다.

1 _ 용어의 이해

각종 번호를 부르는 용어의 이해

트래킹번호와 운송장번호를 헷갈리지 않아야 한다. 트래킹번호는 중국의 판매자가 발송한 택배 번호를 의미한다. 운송장번호는 출고된 후, 배송대행지에서 한국으로 배송될 때 붙여지는 한국 택배사(CJ대한통운 등)의 택배 번호이다.

주문번호란 중판의 배송대행지에서 관리되는 주문번호이다. 오더넘버는 타오바오(혹은 1688 등 중국 사이트)에서 주문한 주문번호이다. 수취인명은 한국 고객들의 이름이다.

배송업계에서의 수취인이라 함은 화물(상품)을 받는 화주라고 별도 용어를 사용한다.

다음 그림의 타오바오 창과 중판 JOS 창을 비교하여 헷갈리지 않아야 한다.

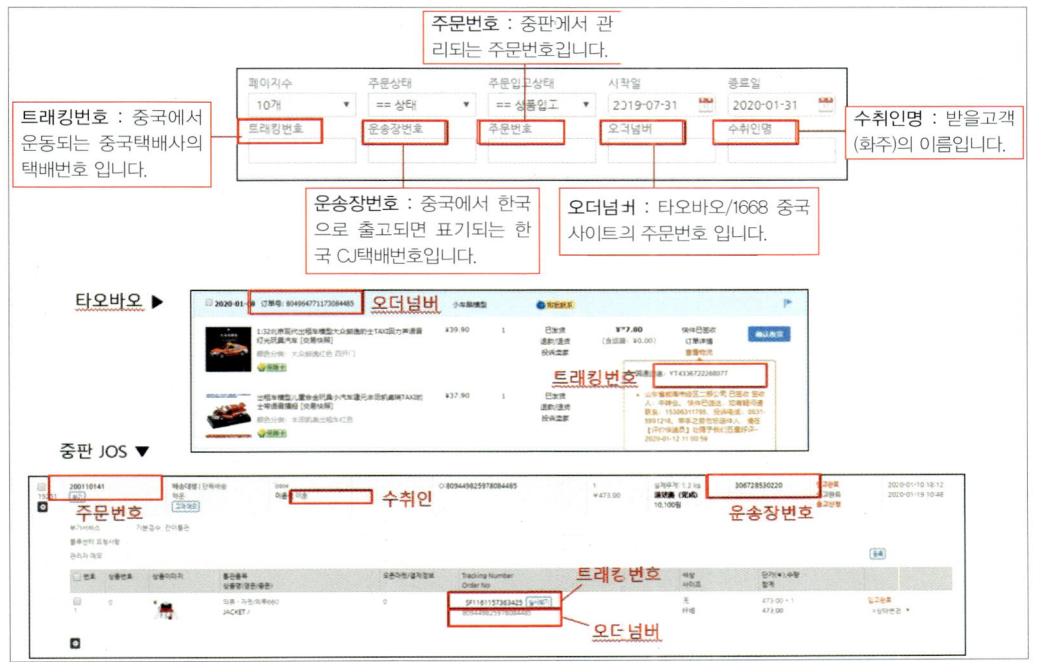

배송관리 4개의 관리 탭

배송관리에서는 반품신청 관리, 입고-출고 관리, 오류 입고, 재고 관리 등 총 4개의 관리 탭이 있다.

❶ 입고 : 출고 관리에서 입고전은 '입고 대기 상태, 실제로 입고가 되기 전'의 상태 또는 부분입고 상태를 의미한다. 정상입고가 된 경우 '실사보기' 탭을 통하여 실사를 확인해야 한다. 입고완료가 된 경우에도, 실사보기가 뜨지 않는다면 비정상적 입고이니 확인이 필요하다. 제품을 확인하였다면 무게측정요청을 통해 무게에 따른 배송비와 포장이 이뤄지게 되고 결제대기 상태에서 결제가 완료되면 익일 출고가 진행된다.

❷ 오류입고의 예시는 3가지가 있다. 수량이 부족하게 도착한 경우, 파손되어 도착한 경우, 중복된 트래킹번호가 있어서 어느 주문서에 입고되는지 혼란스러울 때이다. 오류입고를 확인하였다면 반품할지 오류를 무시하고 한국으로 배송할지 수량에 따른 거라면 수량을 조정하여 출고를 진행할 수 있다.

❸ 리턴관리는 중국 내에서의 반품을 의미한다. 잘못 도착하였거나 파손상품등 다시 중국 판매자에게 반품해야 할 경우 리턴관리를 이용하게 된다.

❹ 재고신청관리는 중판 배대지에 상품 재고를 입고시켜놓고 재고를 출고하는 시스템이다.

◆ 반품신청 관리

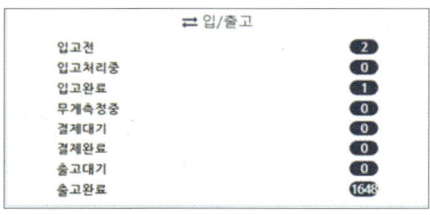

◆ 입고-출고 관리

◆ 잘못된 입고시 표기

◆ 재고신청 관리

2 _ 구매대행 물류의 흐름

구매대행의 물류는 모두 숫자를 확인해야 하는 숫자 싸움이다. 고객이 오픈마켓을 통해 주문하면, 타오바오에 대행업자가 주문을 한다. 또한 중국 내 배송 후 중판의 배송대행지로 물류가 입고된다. 이 물류가 한 번 더 한국으로 배송되기에 모든 번호와 숫자에 민감하게 적응해야 한다.

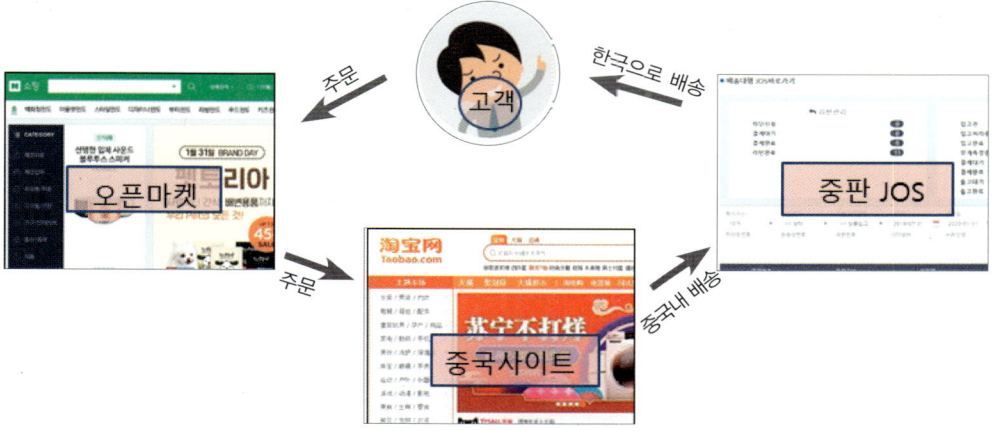

3 _ 물류 입고하기

기본 입고

가장 기본적인 입고 과정은 다음 그림과 같다. 기본은 모든 물류를 1:1로 매칭 해야 한다는 것이다. 오픈마켓 주문번호별로 타오바오 트래킹번호가 발행되고 그에 따른 중판에 배송대행 신청서를 작성하면서 발행되는 중판 주문번호와 고객에게 배송해야할 CJ 운송장번호가 매칭되어야 물류의 흐름중 오류가 있을경우 즉시 바로 잡을 수 있다.

같은 제품도 오픈마켓의 주문에 따라 그 수량과 사이즈가 각기 다르게 주문 받을 수 있다. 오픈마켓에서 주문이 들어오면 타오바오에서 하나하나 개별 주문을 넣어야 한다. 그 후, 그에 맞는 트래킹번호만 관리하게 되면 가장 손쉽게 물류 관리가 가능하다.

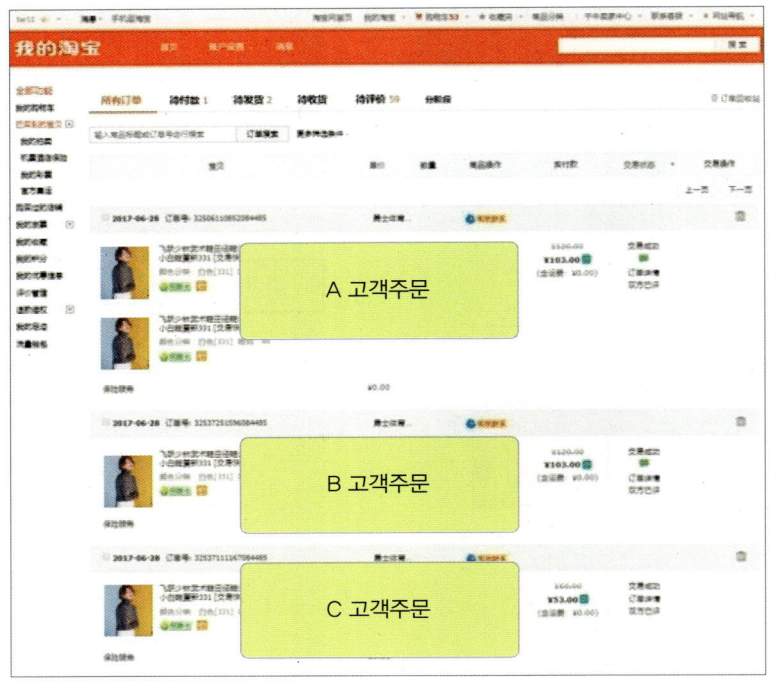

예를 들어, 다음 그림과 같은 경우 A, B, C 고객이 있을 경우, 타오바오에서 각 3개를 따로따로 주문하여야 한다. 그렇다면 3개의 타오바오 트래킹번호가 생성이 된다. 각각의 트래킹번호로 물건을 발송하고, 그에 맞게 중판 JOS도 3개의 주문서를 작성해야 한다.

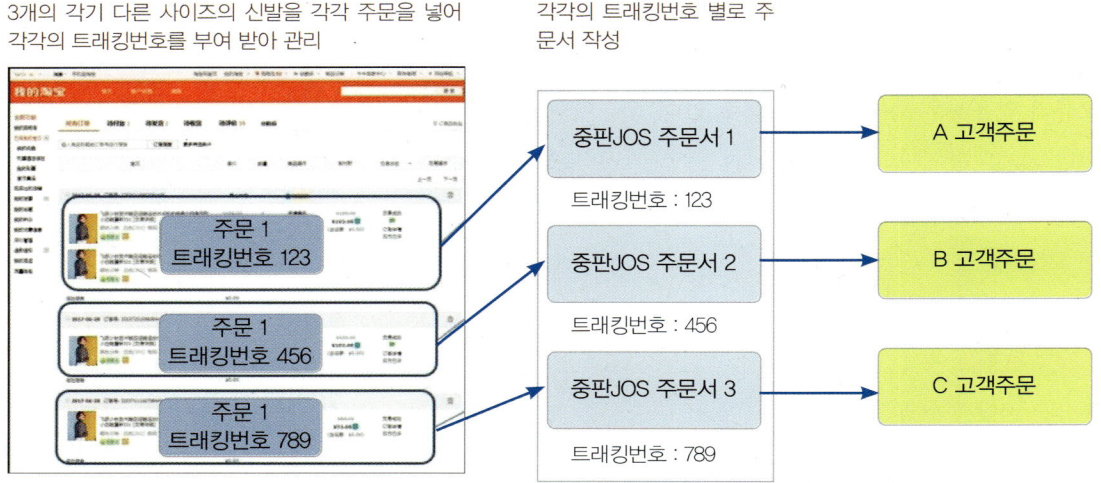

하지만 타오바오 판매자와 협의가 되어있지 않으면, 각각 주문을 넣었을 경우 타오바오 판매자가 한 번에 묶어서 배송을 한다. 그러니 다량 입고 전에 항상 판매자와 연락 후 협의, 혹은 메모를 남겨놓는 것이 중요하다. 타오바오 판매자에게 주문한 대로 각각 트래킹번호로 택배를 발송해 달라는 요청에 대해 사전 협의와 메모가 남겨져 있어야 손쉬운 주문 관리가 가능하다. 아래는 중판 JOS의 번역 지원으로, 판매자에게 남길 메모의 내용을 확인할 수 있다.

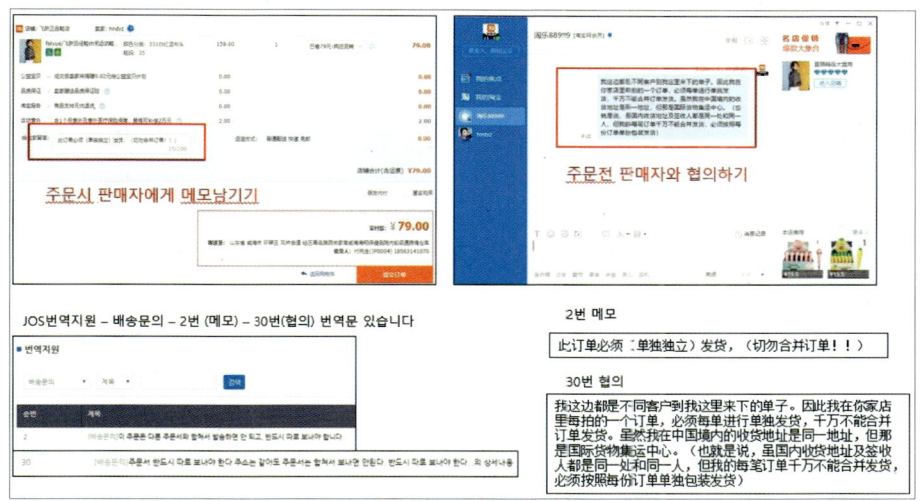

수취인 없이 입고 가능

중판 JOS 입고 관리 시스템에서는 수취인 없이 입고가 가능하다. 구매대행업자의 특성상, 누구에게 제품이 팔릴지, 또는 제품의 최종 주소지가 변경될지 다양한 변수가 있다. 중판에서는 주문서 작성 시 수취인 등록 없이 입고를 가능하게 했으며, 출고할 때 정확한 수취인명을 작성하면 된다.

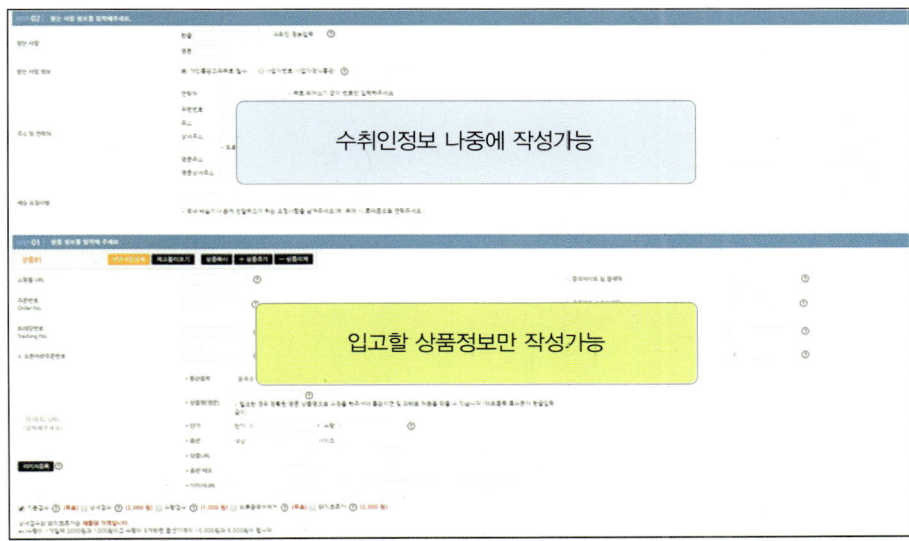

나눔 입고

중국 판매자의 실수로 1개의 트래킹번호로 각기 다른 고객의 제품(색상 및 사이즈)이 배송대행지에 도착했을 때, 나눔 입고를 통해 주문서를 작성해야 한다.

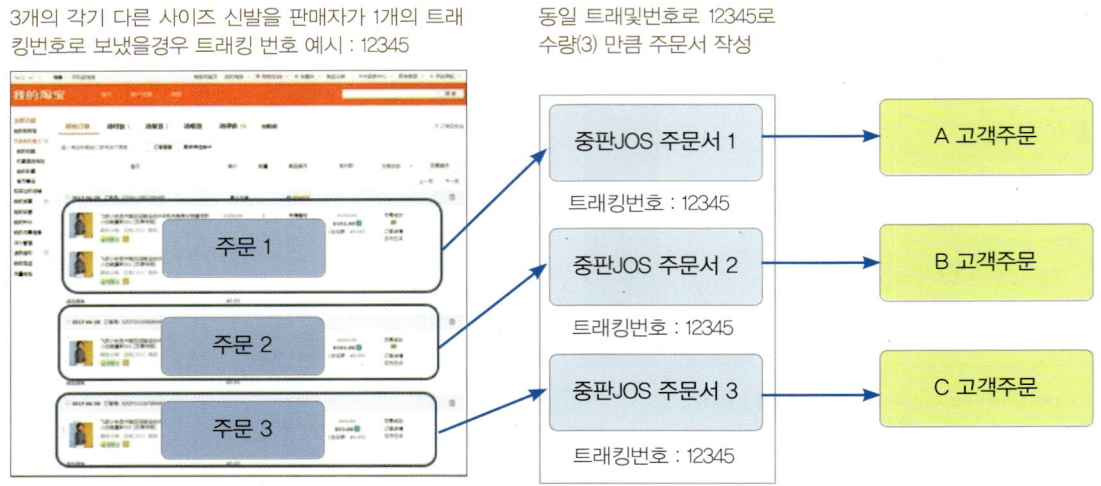

만약, 나눔 입고를 해야 한다면 중판 JOS에서 동일 트래킹번호의 1개의 주문서를 작성 후에 [주문서 복사] 기능을 이용해 도착하는 수량만큼 주문서를 복사한다. 또한 주문서 나눈 후에 수취인을 작성하면 편리하다.

※ 주의사항 나눔 입고 시 주문서별로 옵션이 다르다고 그 옵션대로 맞춰서 입고하지 않는다. 그러므로 수취인 결정 없이 나눔 입고를 진행하고 각각의 주문서별 실사를 통해 수취인을 나중에 결정해야 오류출고가 발생하지 않는다. 간혹 상품이 바뀌었다면 상품이동을 요구하지 않고 바뀐 상품에 따라 수취인을 변경하면 손쉽게 수정이 가능하다.

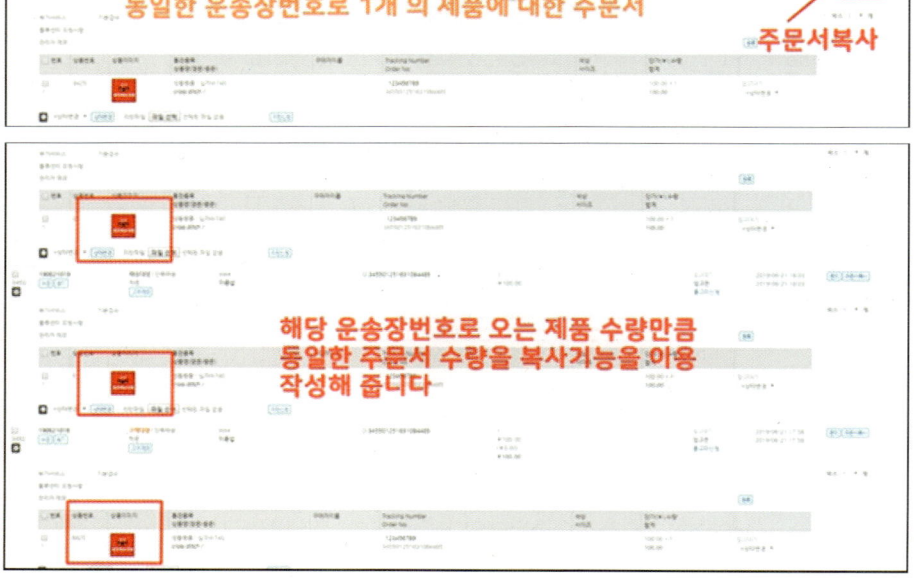

재고 입고

1개의 트래킹번호로 3개 이상의 동일상품이 입고했을 경우, 재고 입고를 활용하면 된다. 동일상품이라 함은, 사이즈나 색상 등의 선택사항이 없이 옵션은 모두 동일한 것을 의미한다.

이는 중판에서 재고 출고라 함은 1개 출고, 2개 출고 수량만 확인하여 출고하기 때문에 옵션이 다른 상품이 입고되면 정확한 구분 배송이 안 되기 때문에 반드시 동일상품만 재고 입고를 하여야 한다.

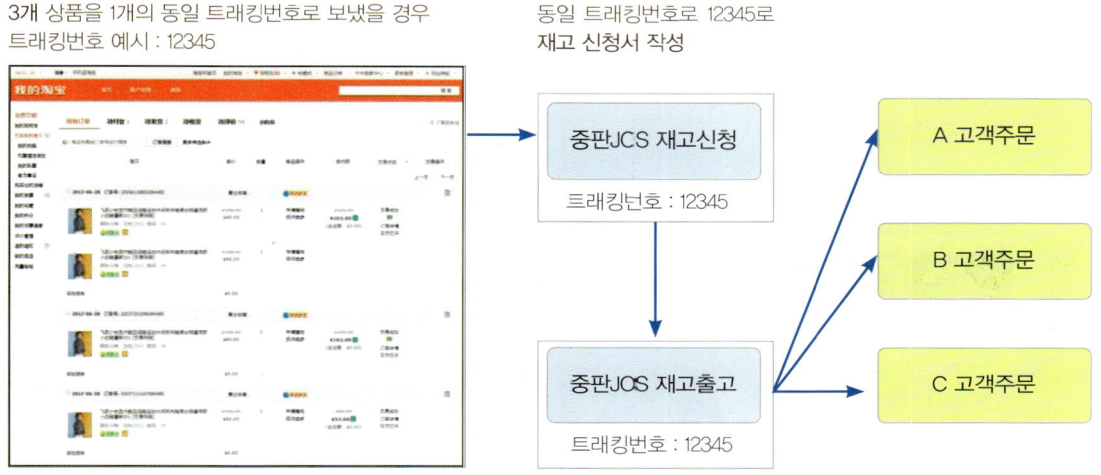

JOS의 탭의 재고신청을 클릭한 후, 재고 입고 관리에서 주문서를 작성하면 된다.

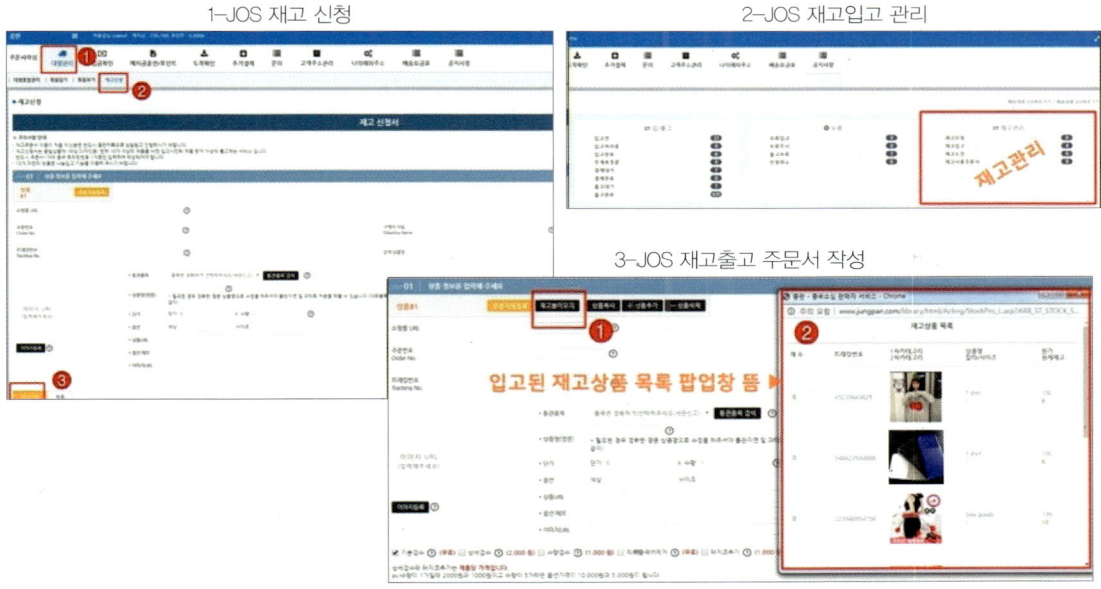

4 _ 물류 출고하기

단독 배송 출고

기본적으로 중판 JOS 출고 시스템은 1개의 중판 JOS 주문서에는 1개의 상품만 입고하여 단독으로 출고하는 배송 형태이다. 입고형태는 기본입고, 나눔 입고, 재고 입고 모두 가능하며 제품 출고 시 1개의 제품만 나가는 것이 단독 배송 출고이다.

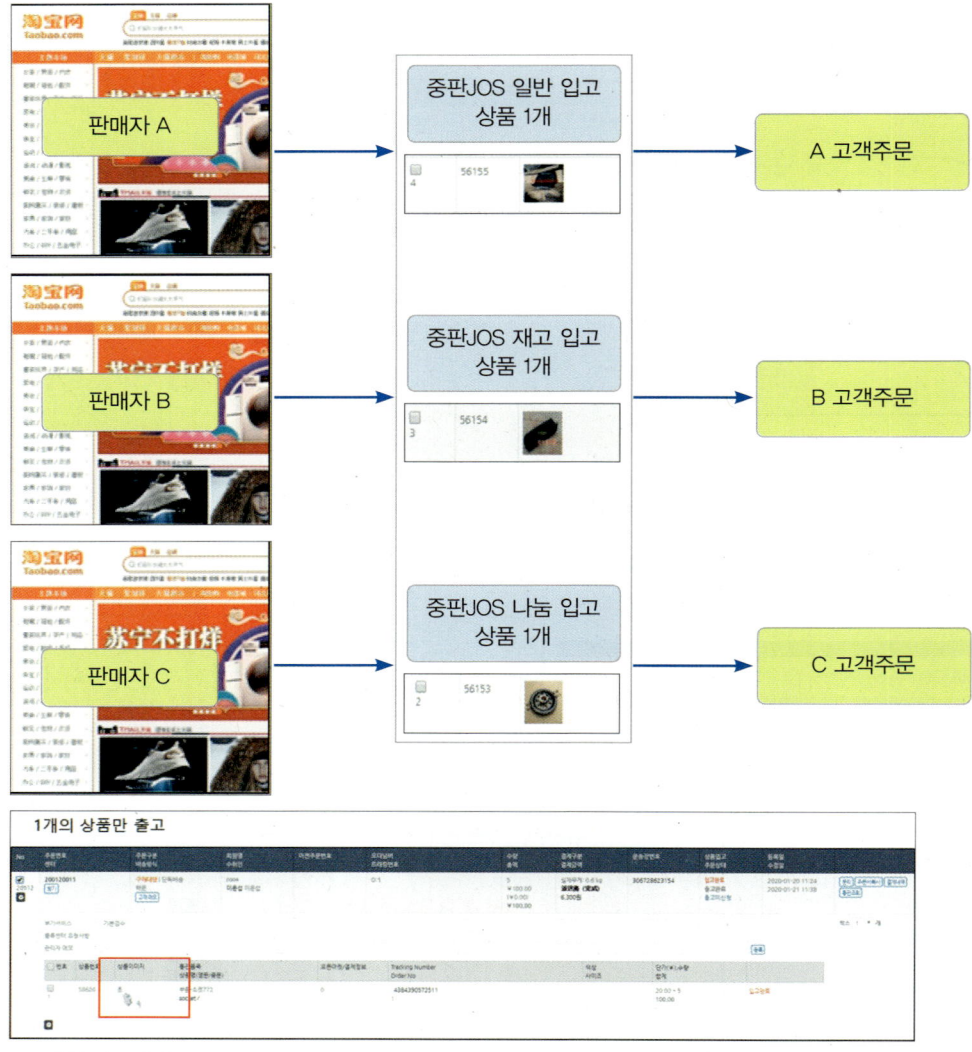

◆ 1개의 상품만 출고

바로 출고

바로 출고는 항상 취급하는 상품이 바로 출고되는 것을 의미한다. 중판으로 도착하는 상품이 입고와 동시에 바로 출고가 가능하게 할 때에 사용하는 방법이다. 주문서를 작성할 때 입고와 함께 무게측정이 이루어져, 바로 출고되므로 배송이 빠르다는 장점이 있지만 셀러가 제품 실사를 확인하지 못하는 단점도 있다. 그러므로 잘못된 상품도 바로 출고하게 되면 실사 확인 없이 출고될 수 있으므로 주의하여야 한다.

바로 출고는 실사를 본인이 확인하고 출고하는 것이 아니므로 항상 같은 상품을 보내는 믿을만한 중국 판매자의 상품일 때에만 사용하는 것이 좋다. 실수 없이 상품을 보내는 판매자, 품질이 검증된 상품을 보내주는 판매자의 상품을 출고할 때 쓰는 방법이다.

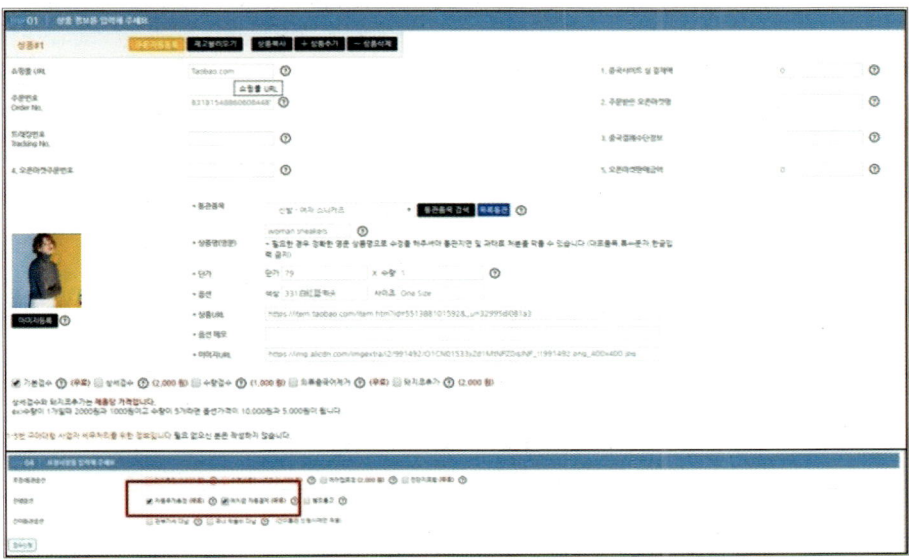

합배송 출고

합배송 출고는 보통 '사주세요' 주문에서 많이 활용한다. 2개 이상의 다양한 주문 상품이 한 명의 고객에게 배송되어야 할 때 사용하는 방법이다. 각기 다른 주문서와 트래킹번호를 하나로 묶어서 한 고객에게 출고하는 방법이다.

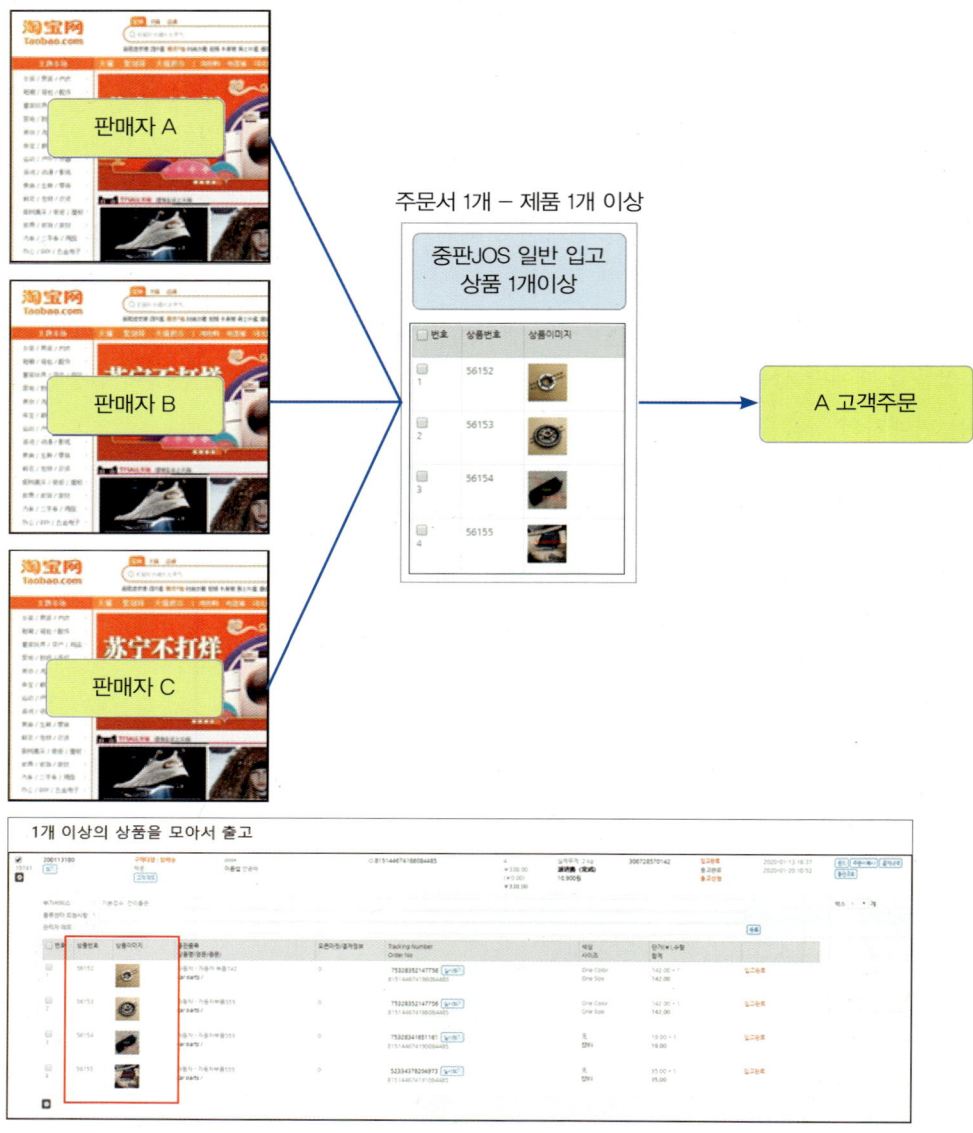

◆ 1개 이상의 상품을 모아서 출고

재고 출고

재고로 입고되어 있는 상품(재고 입고)을 출고하는 것을 의미한다. 출고 시 수량만 체크된다. 주문서 작성에서 [재고불러오기] 버튼을 투른 후 재고상품을 불러온다. 이후 수량과 수취인을 확인하면 된다.

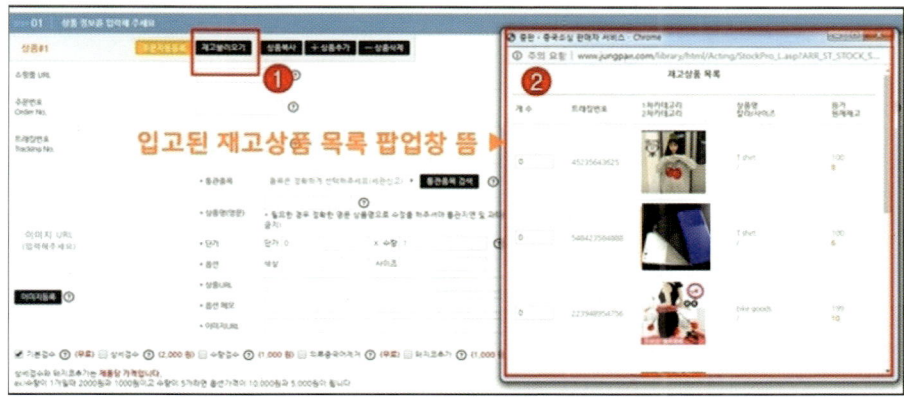

◆ 주문서 작성에서 재고 불러오기

또한 A재고와 B재고를 둘 다 중판 배송대행지에 입고해 놓으면, 이 두 가지를 묶어서 고객 한 명에게 발송할 수 있다. 그러므로 각기 다른 상품을 묶어 판매할 때 재고 출고를 적극 활용하는 것도 하나의 방법이다.

◆ 재고 10개 입고중 4개 출고

◆ 각각의 재고 입고된 상품을 묶어서 출고

일반 주문+재고 주문의 합배송 출고

일반 주문과 재고가 있는 상품의 주문이 같이 들어왔을 경우, 일반 주문서에 [재고불러오기]를 통하여 합배송 출고가 가능하다.

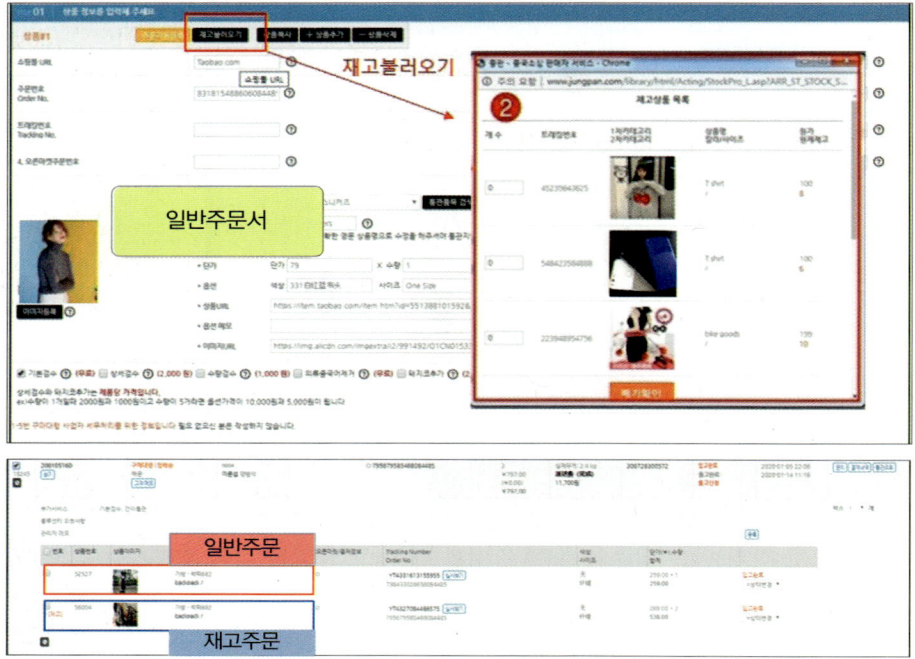

◆ 일반 주문과 재고 주문 합배송 출고

묶음 출고

묶음 출고는 중판 JOS에 각각 입고되어 있는 각각의 주문서를 하나로 묶어서 출고하는 방법이다. 주의할 점은 2개의 주문서가 합쳐졌을 때 관부가세 기준이 초과하는지 확인해야 한다.

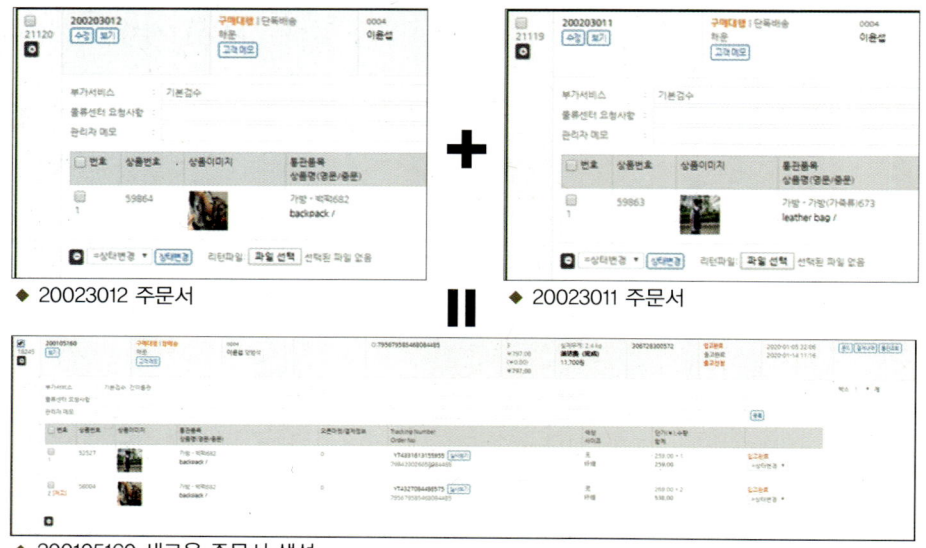

◆ 20023012 주문서   ◆ 20023011 주문서

◆ 200105160 새로운 주문서 생성

중판 JOS에서 묶음 출고를 신청하는 방법이다. 묶음출고란 각각의 주문서로 입고된 주문서 2개 이상을 묶어 하나의 주문서로 만드는 것을 의미한다. 차례로 [대행관리]-[묶음담기]-[묶음보기]-[묶음완료]에서 최종 완료한다. [묶음담기]는 어떤 주문서를 묶을 것인지 체크하여 선택하는 것이고, [묶음보기]에서 어떤 주문서를 묶었는지 확인할 수 있다. [묶음완료]까지 완료되어 묶음이 진행된 주문서는 다시 묶음해지가 불가능하므로, 반드시 꼼꼼히 확인해야 한다.

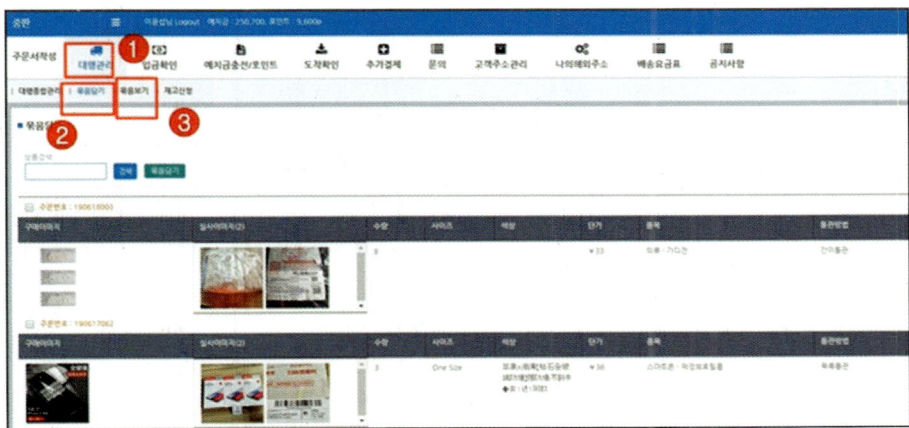

5 _ 출고 시 주의사항

트래킹번호 예측하기

주문 상품이 대량이거나, 주문 상품의 부피가 크거나, 또는 여러 박스로 도착해서 하나의 상품으로 구성되는 주문들은 주문 전 판매자 협의가 중요하다. 주문 상품이 어떻게 올 것인지 예측하고 물류 실수가 발생하지 않도록 주의해야 한다. 판매자에게 상품을 어떻게 보냈는지 먼저 물어보고, 앞서 언급한 트래킹번호 확인하기를 통해 항상 물류의 양을 맞추고 확인해야 한다. 중판의 번역지원에서 트래킹번호에 대해 판매자와 협의하는 번역이 있으니 활용하면 좋다.

예 (화장대+거울+의자)로 구성된 화장대 1개를 주문했다고 가정해보자.
이 구성이 모두 같은 트래킹번호 1개/1박스로 도착할 확률은 없다. 같은 트래킹번호로 온다고 해도 순번표기 1/3 , 2/3, 3/3 표기를 해서 보내올 것이다.

그러므로 주문서에는 3개의 상품으로 등록하여 각기 다른 트래킹번호를 입력할 수 있게 하고 전체 가격 2,180 위안을 3개로 나눠서 전체 신고가격을 맞추면 된다.

또는 동일 트래킹번호로 보내면서 순번표기를 반드시 실사를 통해 확인 후 출고하여야 된다.

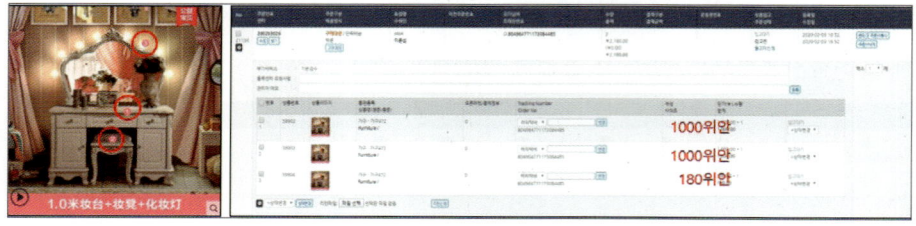

예 가방30개를 한 번에 주문한다고 가정해보자.

해당 가방을 판매자가 1개의 트래킹번호로 보내올 수도 있겠지만 10개씩 나눠 3개의 트래킹번호로 보내올 수도 있다. 그러므로 반드시 판매자에게 몇 개의 트래킹번호와 몇 박스로 보냈는지 확인해야 한다.

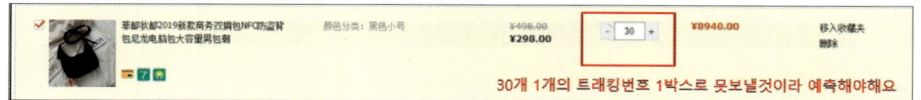

멀티박스 출고

중판에서 한국 고객에게 출고할 때에 1개의 박스로 포장이 불가능한 경우 멀티박스로 출고된다. 즉 1개 이상의 박스로 출고가 되는데, 이 때 운송장 번호는 메인 운송장 번호 1개와 배송된 박스의 수량만큼 서브 운송장이 발행된다. 한국에서는 한 번에 배달이 안 되고 나눠서 배달되는 경우가 있다. 따라서 취급하는 상품이 멀티박스로 나가야 하는 상품이라면, 원가에 멀티박스 비용 4000원을 붙여야 한다.

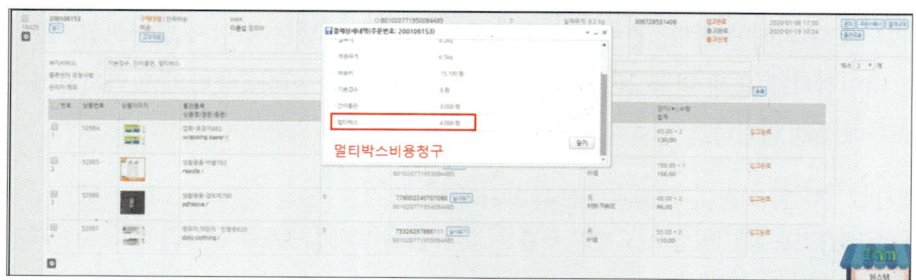

우드 특수 포장 출고

파손 위험성이 높은 상품은 중국에서 우드 포장을 하는 경우가 많다. 하지만 판매자가 우드포장을 해준다고 했을 때 주의할 점은, 전체 수출용 합판 포장으로 되어 있어야 한다. 다음 오른쪽 그림과 같이 뼈대만 있는 비가공 목재 포장은 통관이 불가능하다. 배송대행지에 도착 후 우드포장을 다시 할 경우 5~15

만 원 정도로 비용이 많이 발생하기 때문에 처음부터 판매자와 협의 후 포장을 부탁하는 것이 저렴하다.

◆ 통관 가능 　　　　　　　　　　　　　　　　◆ 통관 불가능

국내 도착화물의 경동/대신 화물로 변경(이형화물)

통관사에서 정한 화물규격 이상으로 국제배송이 이루어지면, 세관 통관 후 국내배송이 진행될 때 규격이탈 화물, 즉 이형화물로 분류되어 별도의 화물 착불 비용이 발생된다. 따라서 큰 화물의 경우 화물 배송비에 대한 안내가 고객에게 고지되어야 한다. 만약 셀러가 해당 이형화물에 대해서 고객착불비 대납을 원할 경우 중판 주문서의 착불비 대납 옵션을 체크해 두면 고객이 아닌 셀러에게 후불로 착불비를 중판이 청구한다. 길이 및 무게 초과에 따른 화물 착불 비용은 규격이탈 차이 별로 상이하기 때문에 정확한 금액을 예측하기는 쉽지 않다. 또한 이를 국내서 줄자로 재거나 무게를 측정해서 이형화물로 구분하는 게 아니라 눈대중으로 구분하다 보니 이탈 경계선에 있는 화물은 CJ로 가는 경우도 있고 이형화물로 분리되는 경우도 있다. 보통의 규격박스는 15kg 이내 사과박스 정도로 생각하면 된다. 이 규격을 초과하는 상품일 경우 별도의 착불 비용 발생을 예상하여야 한다.
초보 셀러는 이 부분 원가 반영이 안 되어 손실이 발생하는 경우가 있으니 주의하자.

6 _ 택배 조회

중국 내 택배 조회

타오바오에서 제공되는 중국 내 트래킹번호 배송조회 외에 별도 조회사이트에서 조회하면 좀 더 정확한 조회가 가능하다. 단, SF순풍택배는 별도로 SF순풍택배 사이트에서만 조회가 가능하고, 택배가 아닌 화물로 보낸 경우에는 배송 추적 데이터가 제공되지 않는다.

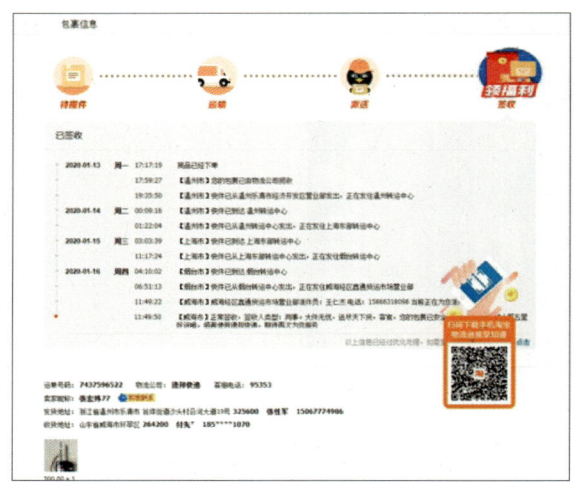

https://www.kuaidi100.com/

https://www.guoguo-app.com/

https://www.sf-express.com

| TIP | 정확한 중국 택배 조회 방법 |

우리나라 네이버에서 모든 택배사 조회가 가능하듯 중국 최대 포털 사이트 바이두에서도 중국 택배조회가 가능하고 가장 정확하다.

- 바이두 : https://www.baidu.com

중판 JOS에 중국 트래킹번호가 등록되었다면, 중판에서도 바로 중국 내 배송조회가 가능하다.

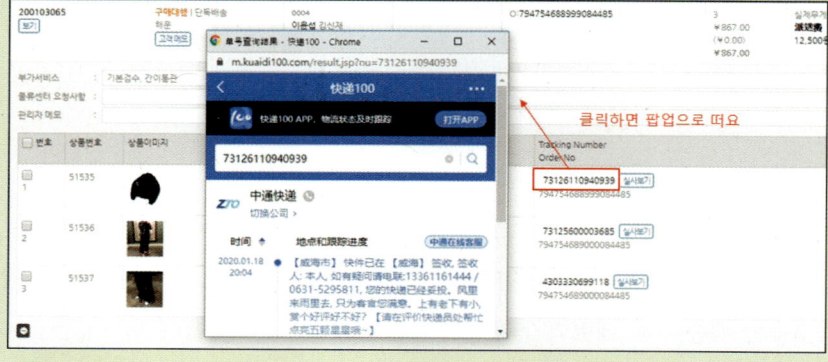

한국 세관 통관조회

중판에서 출고되어 한국으로 해외배송이 시작되면, 한국 세관의 통관 과정을 거쳐야 한다.
해당 통관과정은 중판에 다시 부여한 CJ택배 번호로 유니패스에서 조회가 가능하다.

- 유니패스 : https://unipass.customs.go.kr

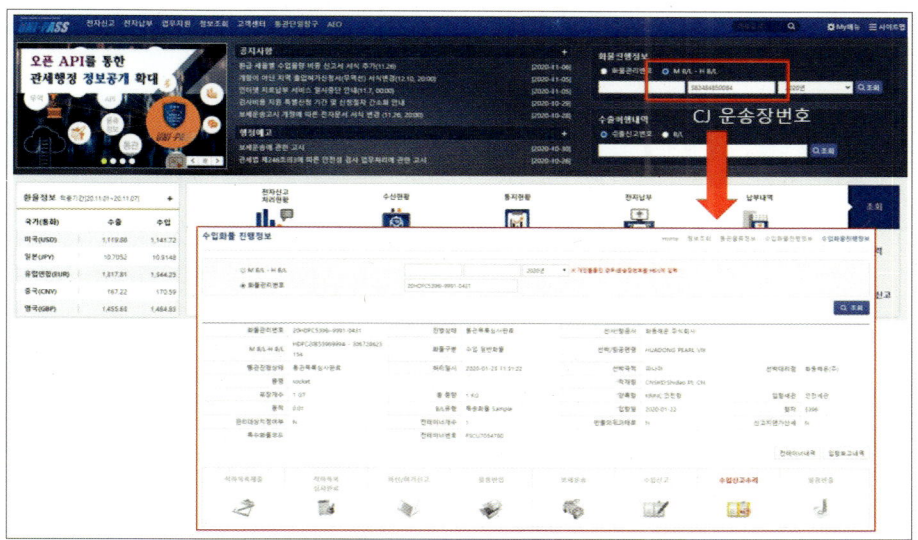

중판에서 출고되어 한국으로 해외배송이 되는 CJ 운송장 번호는 중판에서도 조회가 가능하다. 또한 상단의 배송조회서비스 로고를 본인의 셀러 사업자 로고로 변경할 수 있어 고객과의 신뢰 형성에도 유리하다.

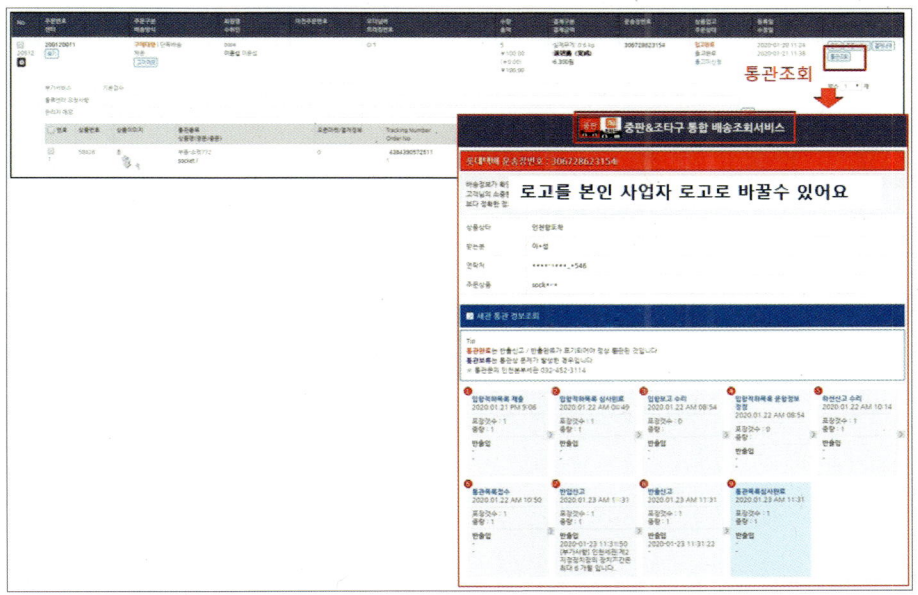

한국으로 잘못 배송된 제품의 교환, 이동, 반품

한국에 배송 완료된 상품을 중국으로 다시 반품하는 것은 굉장히 어렵다. 미국 직구 시 반품을 한다면 이미 납부했던 관부가세까지 환급이 가능하지만 중국은 해외상품에 대한 반품제도가 없다. 즉 직구 한 상품을 역으로 판매자가 직구하는 방법이기 때문에 중국세관을 통과하면서 반품제품에 대한 중국 내 관부가세를 또다시 납부해야 하는 경우도 있다. 그렇기 때문에 한국인의 개인통관 고유부호가 필요하듯이 반품 받는 중국 판매자의 신분증 번호가 필요하다. 물론 우체국 항공 EMS를 이용한 반품에는 중국인 신분증까지는 필요 없지만 항공이라 전자제품 및 배송이 불가한 상품도 많고 1KG에 25,000원 이상의 반품 택배비용도 고려하여야 한다.

그렇기에 중판 대표는 중국으로 반품하기보다 파손된 제품은 판매자와 협의하여 일부 보상을 받거나 고객 변심 건은 국내서 받아 다른 고객에게 판매하거나 고객과 협의하여 할인된 금액으로 제품을 제공하여 CS쪽으로 빠르게 해결하고 있다.

홈픽이라는 방문 택배를 이용해 잘못 배송된 상품을 한국 내에서 이동시킬 수 있고 계약택배가 없어도 반품을 국내서 받을 수 있다.

- 홈픽 : https://www.homepick.com

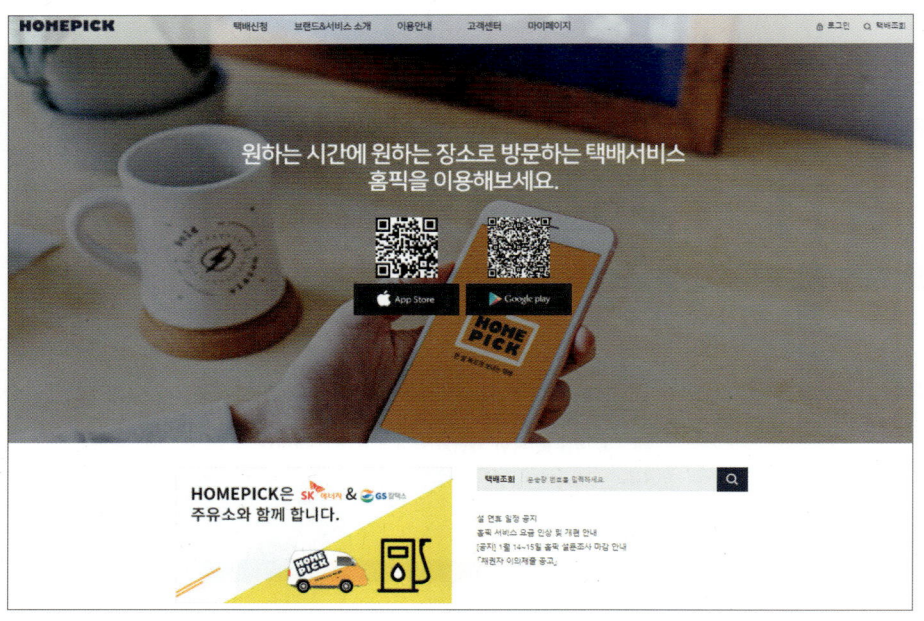

CHAPTER 22 마케팅과 홍보

셀러들이 가장 착각하기 쉬운 부분 중 한 가지가 오픈마켓만 잘 운영하면 별도의 마케팅이나 홍보 수단을 운영하지 않아도 된다고 생각한다는 점이다.

중판 대표가 구매대행 방법의 정의를 "사주세요"와 "어때요"로 구분했다면 "어때요"는 오픈마켓 운영과 그에 맞는 유료광고를 통해 상품의 판매를 늘릴 수 있겠지만 현실적으로 "어때요"의 구매대행은 일명 노다가 마케팅이라고 일컫는 마케팅 수단을 사용하지 않고 단순하게 카카오 채널 하나만 개설하였다고 성공하기 힘들다. 그렇다고 막대한 유료광고를 집행하기에 광고비의 부담도 크게 다가올 수밖에 없다.

"어때요"의 구매대행 사업방식은 상품 자체를 광고 홍보해야 하는 것이고 "사주세요"의 구매대행 사업방식은 채널 자체를 광고 홍보해야 하는 완전히 다른 가케팅 접근이 필요하다.

무엇이 되었든 결국 인터넷상의 마케팅 중 가장 중요한 것은 사람을 모으는 것이다.

나의 오픈마켓에 찜을 유도하거나 리뷰를 유도하는 것, 유튜브의 구독과 페이스북의 좋아요를 유도하는 모든 행위는 결국에 관심있는 사람을 모으는 것이기 때문이다.

이러한 마케팅의 기본은 내가 네이버 블로그 담당 팀장이고 페이스북 운영 팀장이라고 생각해 보면 답이 간단하다.

정보를 공유하라고 만든 블로그에 광고성 글로만 가득 채워지고 인맥 공유를 목표로 하는 페이스북에 홍보페이지만 공유되어 진다면 만약 내가 해당 운영팀장이라면 해당 게시글들을 두고만 볼 것인가? 그렇지 않을 것이다. 스팸 알고리즘을 작동시켜 목적에 어긋나는 광고 홍보 행위들의 차단에 나설 것이다.

그러므로 각 SNS 플랫폼에서 진정성을 가지고 지속적으로 활동하는 것이 중요하다. 각 플랫폼에 반복된 광고만 게재 한다면 진정성 있는 사용자가 아니라고 판단하여, 각 플랫폼의 스팸 알고리즘이 작동한다. 따라서 계정의 노출 빈도가 줄어들거나 차단 조치가 이루어지니, 앱의 목적에 맞는 활동을 진정성 있게 꾸준히 진행하는 것이 무엇보다 중요하다. 먼저, 각 SNS 어플의 특성을 잘 알아야 한다. 정보의 게재, 동영상의 활용, 인맥 형성 등 각 어플의 활동을 80%, 그 속에 홍보를 20% 정도 녹여내어, 3개월 이상 지속적으로 활동하면 해당 SNS 목적에 충실한 사용자로 인정받고 내가 게시하는 홍보 광고들 또한 효과를 발휘하게 되는 것이다.

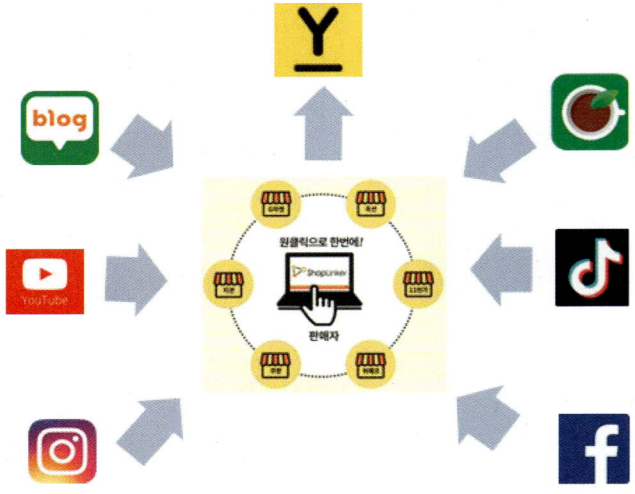

1 _ 마케팅/홍보 툴

다음 그림은 중판 대표의 마케팅/홍보 툴들이다.
소비자 사주세요 구매대행 카카오톡 채널인 조타구는 블로그 메인 노출을 통해 카카오채널로 사람을 유도하고 카카오채널에서 정보공유 목적으로 다시 네이터 카페로 사람을 모으고 있다.
또한 중판배대지를 보면 유튜브를 통해 카페로 사람을 유도하고 카페에서 다시 중판 배대지 사이트 이용과 카카오채널로 사람을 모으고 있다.
아울러 페이스북과 인스타그램은 중국의 동영상 플랫폼 더우인을 콘텐츠로 하여 사람을 모으고 있다.
이렇듯 하나의 채널로 마케팅 승부를 걸수 없고 결국 유료광고가 아니라면 시간날때마다 생각 날때마다 1명의 소비자라도 만나기 위해 각각의 채널 활동을 통한 노력이 끊임없이 지속되어 져야 몇 개월 뒤부터 그런한 마케팅적 효과를 바라볼 수 있는 것이다. 대다수 초보 셀러들은 이러한 노력없이 몇번의 블로그 작성후 노출이 안되네 하고 포기하고 그만두는 것을 너무 많이 보아왔다 중판 대표는 이러한 노가다 마케팅을 고통스럽다고 표현한다. 바로 즉시 효과가 없이 미래를 위해 지속해야 하는 행위이기 때문인데 이 고비를 못넘는 셀러들을 볼 때 마다 안타까운 마음이 든다.

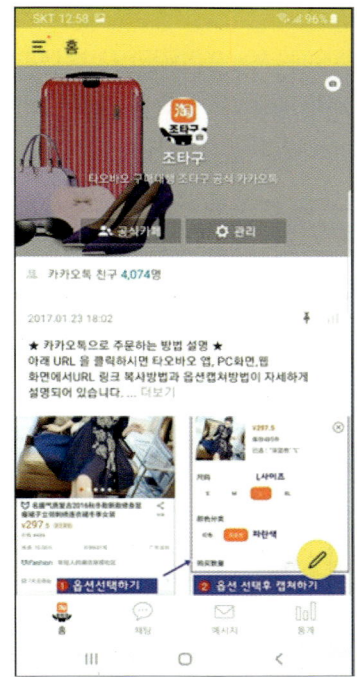
◆ 카카오채널
http://pf.koko.com/Kpfqd

◆ 네이버 카페
https://cafe.naver.com/taobao7

◆ 네이버 블로그
http://blog.naver.com/china_sms

◆ 유튜브
https://www.youtube.com/channel/UCFu-v3gGeP56vnvl8UmeSzO

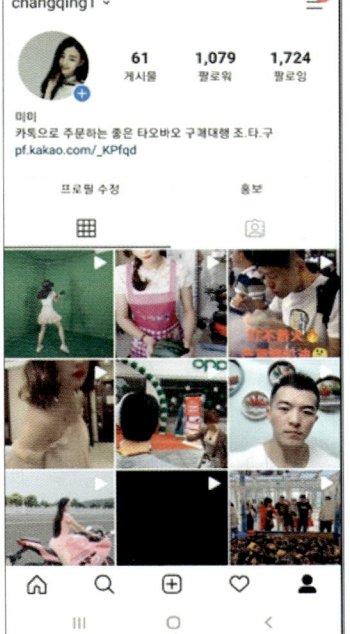
◆ 인스타그램
https://www.instagram.com/invites/contact/?!=1btaε1k6a16rg&utm content=nczstl

◆ 페이스북
https://www.facebook.com/china4/

Chapter 22 _ 마케팅과 홍보 **185**

2 _ 활용 가능한 마케팅 콘텐츠

중판 대표의 인스타그램과 페이스북은 더우인(중국 틱톡 앱) 자료를 활용하고 있다. 별도 마케팅 활동 보다는 유입 경로를 모으기 위해 더우인 동영상을 업로드하여, 페이스북의 관련 그룹으로 공유한다. 이러한 공유를 통해 페이스북 페이지와 친구를 늘려가고 있다.

물론 최고의 마케팅을 위한 콘텐츠는 각각 자신의 특성에 맞게 선정 할 수 있다.

타오바오 재미있는 상품을 소개할 수도 있고 자동차를 좋아한다면 자동차 튜닝법을 소개할 수도 있을 것이다. 요리를 좋아한다면 요리 조리법을 소개할 수도 있고 이러한 콘텐츠에 나의 주력상품이 같은 카테고리 범주에 있는 상품이라면 더욱 홍보 판매하기 쉬울 것이다.

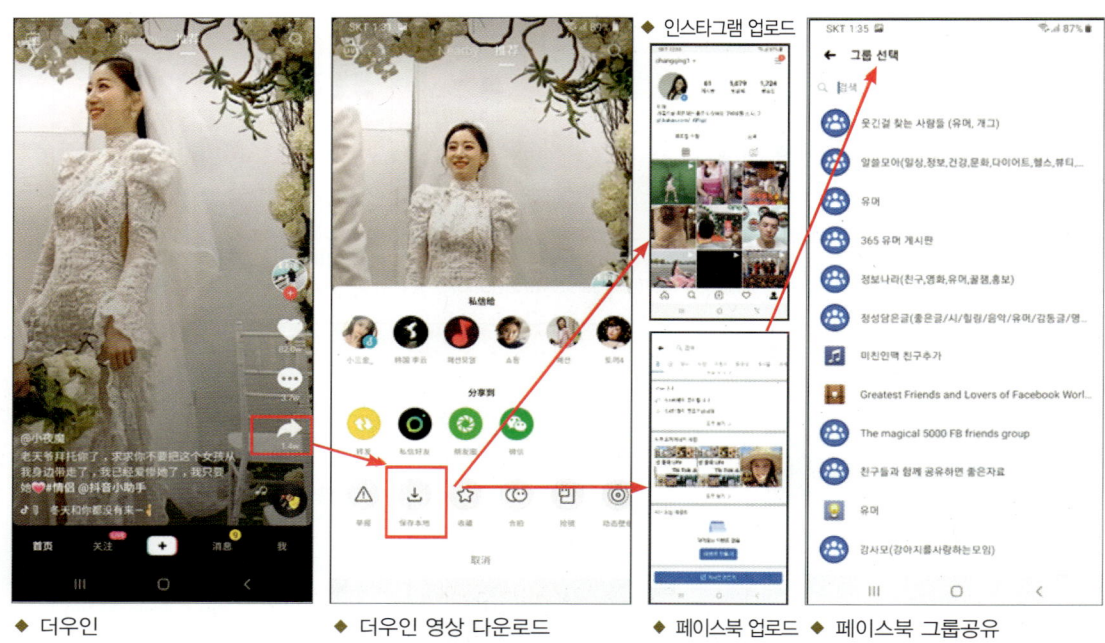

◆ 더우인   ◆ 더우인 영상 다운로드   ◆ 페이스북 업로드   ◆ 페이스북 그룹공유

3 _ 네이버의 광고 영역

온라인 마케팅의 가장 중요한 점은 노출이다. 네이버는 우리나라의 최대 이용 포털로 검색의 70-80%가 네이버를 통해 이루어진다. 따라서 네이버의 다양한 영역에 노출되는 것이 중요하다. 블로그 글은 VIEW 영역에 노출이 되며, 카페글은 자신의 카페뿐만 아니라 타 카페에 글을 남겨도 노출이 된다. 자신의 블로그에 글을 작성하여 노출시키는 방법, 혹은 주변의 유명 블로거에게 부탁하거나, 유명 카페에 게시글을 남겨 노출을 시도할 수도 있다. 네이버 쇼핑 영역도 적극 활용하여야 하며, 주

변인들의 도움을 받아 지식인 질문 & 답변을 통해서도 노출을 시도할 수 있다. 또한 동영상 노출은 블로그, 네이버TV, 유튜브를 통해서도 노출할 수 있다.

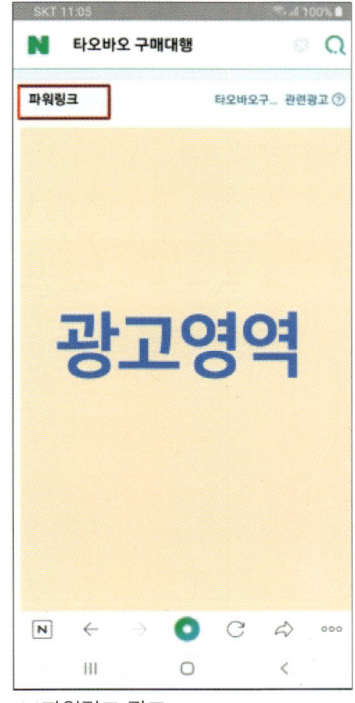
◆ 파워링크 광고

◆ VIEW – 블로그

◆ VIEW – 카페글

◆ 지식인

◆ 동영상

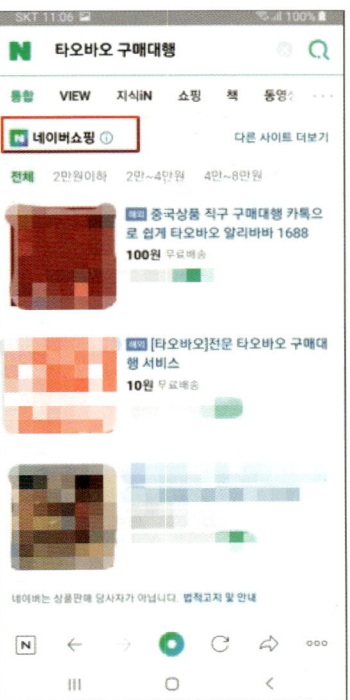
◆ 네이버 쇼핑

4 _ 지식인 마케팅 방법

지식인에는 몇 가지의 알고리즘이 작동한다. 따라서 스팸 처리가 되지 않게 그에 맞춰 질문 & 답변을 이용해야 한다. 먼저, 질문자와 답변자의 아이디가 같으면 안 된다. 본인의 서브 아이디를 사용해도 안 되니, 다른 사람의 아이디를 빌려야 한다. 또한 질문자와 답변자의 아이피가 같으면 안 되니, 다른 기기를 이용해 답변을 달아야 한다. 지식인 상위 노출을 위해, 질문은 핵심 노출 키워드를 넣어서 가급적 간단하게 작성해야 한다. 답변 역시, 직접 광고를 작성하면 노출이 되지 않는 경우가 많다. 따라서 답변에는 링크보다는 검색 가능한 방법을 글로 안내하고, 사진을 첨부하는 것이 좋다.

질문

타오바오 구매대행 쉽게 하는 방법 없나요?
중국에 수입 조금 하려고 하는데 수입대행 잘하는곳 아시는분
배가본드 수지 귀걸이 저렴한곳 있나요?
캠핑용 파워뱅크 파는 업체 추천좀요!
타오바오 구매대행 카톡으로 하는 업체좀 알려주세요
알리바바 구매대행 하고 싶어요 추천좀요

답변

타오바오 구매대행 업체가 엄청 많아서 저도 찾아보다가 그냥 카톡으로 주문할 수 있는 업체 찾았어요 회원가입 없이 사고 싶은 거 링크 알려주면 알아서 주문해서 포장해서 한국까지 배송해 주더라구요 계산해 보니까 한국신용카드로 결제하면 타오바오 수수료 3% 더 나가고 환율 따져보면 별반 구매대행으로 안전하게 직구 하는것과 내가 직접 직구하는거 하고 가격차이도 없더라구요
카톡에서 플러스친구 [조타구] 검색하면 카톡 구매대행 나올거에요

❶ 중판의 조타구 자문자답 지식인 예시

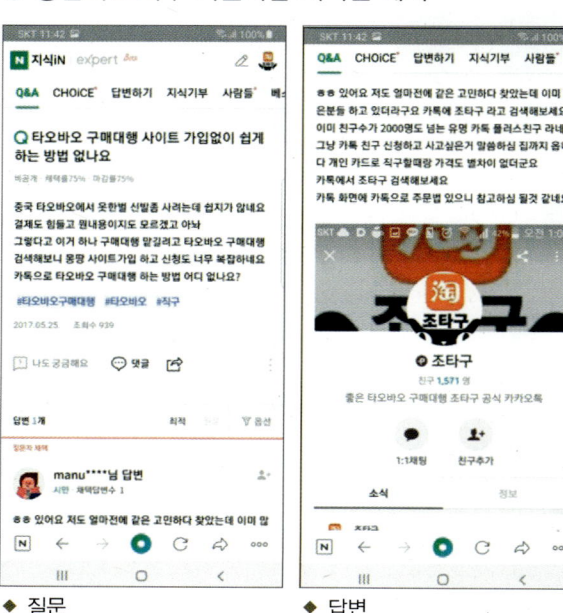

◆ 질문   ◆ 답변

❷ 관심키워드 등록 후 홍보 답변하기

지식인의 관심분야의 관심키워드를 등록하여 질문이 등록되면 곧바로 답변을 한다. 이때 주의할 점은 질문자에게 진정성 있는 답변을 달아주고 간단하게 내가 홍보하려는 부분을 언급정도만 해야 한다. 질문내용과 무관하게 답을 하다보면 지식인 규칙에 어긋나 제재를 받게 되니 주의하자.

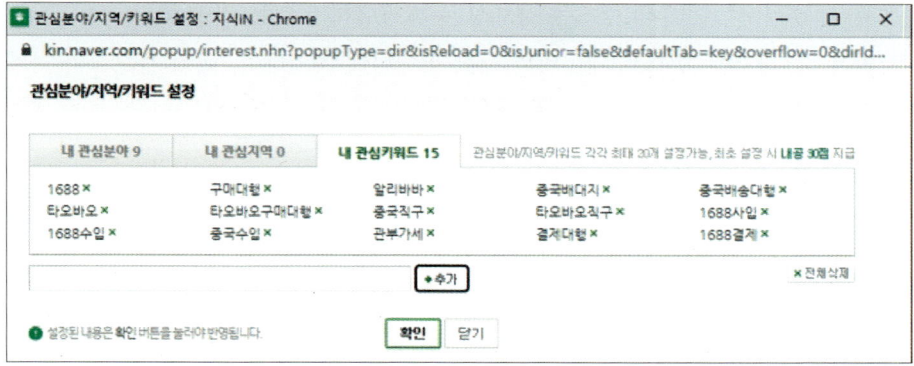

5 _ 블로그 노출 방법

노출이 잘되는 블로그가 되기 위한 글 쓰는 방법은, 여러 가지의 규칙을 지켜야 한다. 먼저, 어떤 키워드로 게시글을 노출시킬 것인지 사전 검색어를 검색한 후 결정해야 한다. 메인노출을 시도하는 게시글은 2-2-2 법칙을 지켜서 글을 작성해야 한다. 2-2-2 법칙이란, 작성 시간을 20분 이상, 내용은 2000자 이상으로, 사진은 20장 이상으로 블로그 글을 작성해야 한다는 뜻이다. 뿐만 아니라, 아래의 다양한 법칙을 지키는 것이 좋다.

첫 번째, 이미 업로드 한 블로그의 글 중, 메인 노출된 블로그는 절대 수정하지 말아야 한다. 그러나 메인노출을 시도했는데 노출이 안 된 블로그는 글과 사진을 추가하여 내용 수정 후 재 노출을 시도해 볼 수 있다.

두 번째, 인터넷에서 다운 받은 이미지를 블로그에 게재하려면, 반드시 파일명과 용량을 변경하여 사용해야 한다. 그대로 작성 시 차단 알고리즘이 작동되어 노출되지 않는다.

세 번째, 노출 키워드를 정했다면 제목은 핵심키워드와 간단한 부연 설명으로 가급적 20자 이내로 짧게 작성한다.

네 번째, 정보성 블로그는 최소 일주일에 3회 이상 작성, 광고성 블로그는 매월 2회 정도 작성한다.

다섯 번째, 욕심을 버리고 블로그를 정보 전달 위주로 구성(80%)하고, 광고성 글(20%)은 최소화로 작성한다.

여섯 번째, 글은 간단명료하고 깔끔하게 작성하고, 이모티콘을 사용하여 재미있게 꾸민다.

일곱 번째, 태그는 해당 게시물과 일치되는 꼭 필요한 태그 몇 개만 작성한다.

여덟 번째, 광고성 글을 작성할 때에는, 남의 정보를 짜깁기해도 되지만 복사하여 그대로 옮기지 말고, 직접 타이핑하여 작성한다.

아홉 번째, 정보성 글은, 자신의 일상이나 취미를 공유하거나 타오바오의 상품 소개 및 스마트스토어 링크 정도로 작성한다. 카카오톡 채널의 링크는 정보성 글에 공유하지 않는 것이 좋다.

열 번째, 투 넘버로 받은 CS 휴대폰 번호로 네이버의 서브 아이디에 가입하여, 여러 블로그와 카페 활동을 이어간다.

또한, 스토어찜 및 맞방(판매자끼리 서로 스토어 찜해주기)를 하게 되면, 스토어찜 수가 늘어나 유입 인원을 늘릴 수 있다. 이것 역시 스토어 상품을 상위 노출시키기 위한 노력이며 블로그를 통해 나의 오픈마켓으로 유입을 늘릴 수 있다.

◆ 블로그 상위노출

◆ 정보성 블로그 스마트스토어 링크

◆ 네이버 스마트스토어

◆ 블로그 상위노출

◆ 광고성 블로그 카톡채널 링크

◆ 카카오채널로 유도

CHAPTER 23 통관 잘하는 방법

1 _ 밀수 및 관세포탈

통관을 잘하는 방법을 알게 되면, 사업의 영역이 늘어나고 물건을 소싱하는 데에 다양한 시도를 할 수 있다. 따라서 통관에 대해 잘 이해하고 있는 것이 중요하다. 중국 기준 150불 이하의 면세 받은 직구 상품을 되파는 것은 관세포탈죄가 적용된다. 아울러 구매대행업자가 관부가세를 낮춰 신고하여 면세를 받는 언더밸류도 관세포탈죄가 성립된다.

가끔 초보 셀러 질문 중 수취인명을 셀러 명의로 허서 받아서 파는 것과 고객명의로 직접 보내는 것과 어떤 차이가 있냐? 는 질문을 받는데 구매대행은 고객을 대신하여 내가 해외에서 주문하고 그 제품을 고객에게 보내주는 업이다. 그러므로 당연히 내 명의로 통관된 상품을 되팔게 되면 사업자통관을 통해 정식 관부가세를 납부하지 않았기 때문에 모두 관세포탈죄가 성립된다.

◆ 출처 – 이데일리 기사 인용

중국 면세기준 150불 미만이라 어떤 제품도 그냥 세관 신고만 하면 모두 면세통관이 가능하다고 착각하는 경우가 있다. 직구의 활성화 및 간편화를 위해 간단한 목록신고만으로 관부가세를 면제해주는 제도가 직구법에 해당되지만 어디까지 통관의 권한은 한국세관의 고유업무이다.

세관의 판단에 따라 목록통관을 취하하거나 불허할 수 있으며 아래 나열된 내용들을 잘 숙지하여 구매대행 시 통관이 보류되는 사고가 없도록 주의해야 한다.

2_ 통관 시 주의사항

❶ 빈번 반입

개인명의(고객명의) 등 동일인의 명의로 일주일에 2~3번, 한 달에 10회 이상 지속적으로 해외직구 상품이 배송되면, 해당 명의를 사업자로 판단한다. 이를 해결하기 위해 소명자료를 제출하여야 하고 만약 이가 수용되지 않으면, 관부가세가 부과될 수 있다. 또한 수량이 많거나 KC인증 및 식약청 인증 대상 물품은 통관 불허 판정을 받은 후 폐기될 수 있으니 주의해야 한다.

❷ 수량 과다

세관이 판단할 때, 개인직구로 수입할 수 있는 수량이 너무 많다고 판단되면 사유서를 제출해야 한다. 특히 전자제품은 같은 날 같은 명의로 1개만 가능하다. 150달러 미만이라도 관부가세를 납부할 수 있고, KC 인증 및 식약청 인증 대상 물품은 통관 불허 판정을 받은 후 폐기될 수 있다.

수량 과다의 세관기준은 따로 없다. 일반적인 상식선에서 생각하면 가능하다. 예를 들어 속옷은 10벌 정도 구입해도 개인직구로 볼 수 있겠지만 자켓을 10벌 구매 신고 했다면 개인이 자켓 10벌을 한 번에 입기 위해 직구했다고 볼 수 없다고 세관이 판단한다. 여기서 또 한 가지 주의할 점은 친구들과 한 번에 구매해서 나누거나 선물하기 위해 직구했다는 것은 소비자 입장에서는 공동구매일지 모르지만 세관 입장에서는 해당 행위를 판매행위로 간주한다는 점을 분명히 기억하기 바란다.

❸ 지재권 단속

직구한 상품이 레플리카 제품, 일명 짝퉁인 경우 해당 제품은 사유서 등 소명의 기회 없이 무조건 폐기처분된다.

❹ 분할폐기

통관하는 포장속에 짝퉁 제품이 포함되어 있어 짝퉁으로 단속되거나 혹은 전자제품 1개만 통관이 가능한데 2개 이상이 감지되었거나 등 경우에 따라 일부는 통관이 허가되고 나머지 통관불허될 때 이를 세관에서 나눠서 통관가능 상품만 따로 받는 제도이며 분할폐기를 해야할 경우 별도 11,000원의 폐기 수수료가 부과될 수 있으니 주의 하여야 한다.

❺ 언더밸류

실제 상품 구입 총액이 150달러 이상으로 관부가세 대상이 되는 상품의 가격을 낮춰 신고한 후, 관부가세를 내지 않고 통관하다 적발되는 경우 과태료 처분이 된다. 초범의 경우 8만 원에서 15만 원의 과태료 납부와 함께 관부가세를 납부하여야 한다.

❻ 개인통관부호 불일치

수취인 이름과 개인통관부호가 일치하지 않은 상태에서 세관 신고 시, 해당 상품의 통관이 보류된다. 또한 간이통관으로 전환되어 진행되면 별도로 간이통관비용이 발생하게 되며, 다시 정확한 개인통관고유부호를 제출하여야 재 통관 진행이 가능하다. 2020년 10월부터는 개인통관고유부호의 완전 의무화가 시행되어 생년월일 또는 주민등록번호로 통관이 어려우니 주문고객에게 충분히 설명하여 개인통관고유부호를 세관에 제출하는 것이 가장 안전하다.

❼ 수취인 변경

이름과 개인통관부호가 일치하지 않아 수취인 이름을 변경하여야 하는 경우, 소명자료의 제출과 함께 바꿀 수취인 명의의 구매내역과 신분증 사본을 세관에 제출하여 변경하여야 한다. 상당히 번거로우므로 이름 작성에 오타가 나지 않도록 각별히 신경써야 한다.

❽ 신고품목 상이

실제 통관하는 상품 품목과 신고 품목이 다른 경우 통관이 지연, 또는 불허 될 수 있으며 과태료 처분을 받을 수 있다.

신고 품목을 보는 기준은 배대지에서 주문서 작성 시 나오는 한글이 아니다. 한글은 검색상 편의 때문에 만든 것 일뿐 영문 품명이 반드시 나오게 되는데 이 영문 품명으로 세관신고가 이뤄지게 되므로 한글로 검색 시 정확한 품명이 없다면 유사 품명을 적고 반드시 영문명은 정확한 상품 품명으로 수정해 줘야 통관 시 불이익이 발생하지 않는다.

❾ 항공 위험물품 폐기

항공배송으로 전자 제품류 일체(전자시계 포함)과 액체류, 기체류는 폭발 위험요소가 있어 적발이 되면 중국 해관에서 선적되지 못하고 폐기 처분을 받을 수 있다.

❿ 해운 위험물품 폐기

총기, 칼 등의 위험물질과 모형류, 가스류, 폭발 위험성이 높은 상품은 적발 시 폐기 처분을 받을 수 있다.

⓫ 식품류, 의약품류, 주류, 담배류 등은 검역 창고비 발생

식품, 의약품, 주류, 담배류 등 신고하여 통관할 경우 총 금액이 150달러 미만이라 하더라도 반드시 간이통관을 신청해야 한다. 정확하게는 해당 제품들은 간이통관이 아니라 간이배제 일반통관으로 전환되어 무조건 관세사를 통해 수입신고가 진행되어야 한다. 그로인해 별도 세관 검역 창고비가 발생한다.

❷ 합산과세

동일 국가에서 같은 날(입항일 기준)으로 1개 이상의 통관 품목이 있다면, 합산한 금액으로 통관신고가 진행된다. 합산한 그 금액이 150달러 이상일 경우, 관부가세를 납부하게 된다. 동일국가가 아닌 경우, 즉 미국과 중국에서 수입한 경우는 합산되지 않는다.

❸ 관부가세 범위

개인이 해외직구를 할 때에, 관부가세가 면세 되는 금액은 중국의 경우 150달러 미만이다. 통관 시점의 환율이 적용되므로 중국 화폐로 900위안까지가 안전하다. 그 이상 가격제품을 취급하게 되면 관부가세를 별도로 납부하게 되므로, 판매원가에 반영해야 한다.

가끔 네이버 기준환율을 보거나 또는 네이버 환율계산기로 150불 딱 맞춰 진행하다 1~2불씩 오버되어 관부가세를 납부하는 경우도 많으니 반드시 신고가격에 여유를 두기 바란다.

❹ 통관품목 작성 시 유의사항

Sample, Part, Goods 와 같은 광의어와 GUCCI, BURBERRY, CHANEL 과 같은 브랜드명은 통관품목으로 적으면 과태료 대상이 된다.

통관품목은 세관이 직관적으로 알아볼 수 있는 제품의 영문명을 적어야 한다.

나이키 운동화라면 sneakers 로 신고하면 된다. nike로 품명을 적으면 나이키 옷인지 신발인지 품명을 구분할 수 없어 과태료 대상이 되니 주의하자.

❺ 목록통관

150달러 미만의 면세 한도에 들어가는 상품 중, 직구 간편화를 위해 목록으로만 신고하고 통관하는 절차이다. 따로 신고하지 않으면 모두 목록 통관으로 신고 된다.

❻ 간이통관

관세사가 대신 수입신고를 간소하게 대행하는 서비스이다. 150불 이상이라 관부가세를 납부해야 하거나, 식품, 의약품, 주류 등의 150불 미만이라 하더라도 관부가세를 납부해야 할 경우 수입 신고 대행하는 것을 간이통관이라 한다. 이 경우 별도로 4,000원의 관세사 수수료가 발생한다.

❼ 사업장 주소

오토바이 상점 주소에 오토바이 부품을 신고하거나 치킨집 주소로 주방용품을 신고할 경우 세관 판단에 따라 사업목적으로 직구한 것으로 판단 통관보류 및 관부가세를 통보할 수 있다.

세관은 원칙적으로 내가 치킨집을 운영하고 그 치킨집에서 사용할 주방용품은 개인 사용목적으로 보지 않고 사업자 사용목적으로 본다.

> **TIP** 동일 수취인명 같은 날 출고 시 주의사항
>
> **❶ 수취인 정보의 4개 항목이 모두 달라야 한다.**
> 이름, 전화번호, 주소, 개인통관고유부호의 4대 항목이 모두 달라야 한다. 주소와 전화번호가 같아도 동일인으로 보아 합산과세 될 수 있다.
>
> **❷ 동일품목 출고 조심**
> 전자제품은 하루 1인 1개만 가능하므로, 동일인으로 2개가 같은 날 신고 된다면, 1개의 품목은 통관이 불허된다. 배터리제품, 전동구동 제품의 경우 세관 관심대상 품목으로 1개가 걸리면 전수검사를 시행할 수 있으니 앞에 통관완료를 보고 다시 보내야 한다.
>
> **❸ 입항 확인 후 출고**
> 동일인 출고 시 반드시 입항 내역 확인 후, 다음 날 출고해야 한다. 중판을 포함한 배대지 출고는 창고에서 나간 것을 의미하며, 선적과정 중에 기상악화. 천재지변으로 선적이 안되어 합선적(밀린 선적)이 될 경우 한국에서 합산 과세가 된다.

3 _ 지재권 침해에 대한 세관 판단

지재권이란 지식재산권의 줄임말로 지식재산권에는 특허권, 상표권, 디자인권, 저작권을 통합하여 지칭하며 대다수 통관에 문제되는 것은 상표권(일명 짝퉁/모조품/가품)을 일컫는다.

지재권상품, 일명 가품상품에 대한 세관의 판단은 해당 제품을 가품이라고 세관이 판단하는 것이 아니라 가품이 아닌가요? 하고 물어보는 것이다. 그러므로 가품 상품의 통관 시 목록통관보류 되었다면 따로 세관에 소명하지 않는다면 가품으로 간주하여 일정기간이 지나면 세관에서 폐기처분을 진행한다.

다만 중국에서 발송되었다고 모든 브랜드 상품이 가품만 있는 게 아니므로 정품 구매대행 상품이라면 별도 정품인증서를 배대지를 통해 세관에 제출하거나 인증서가 없는 경우에는 세관에 정품인증을 요구할 수 있다. 이 경우 세관에서는 정품인증을 위해 해당 상품을 한국본사로 보내게 되고 본사에서 중국에 유통되는 정품임을 임증해 주면 통관이 가능하다. 물론 가품 상품을 세관에 정품인증을 요구하고 가품 판단이 해당 본사로부터 나온다면 이에 대한 상당한 금액의 과태료 처분이 내려지니 정품일 때만 정품 인증을 요구 하여야 한다.

> **TIP** 타오바오 이미지 사용 주의해야 될 점
>
> 타오바오와 1688 사이트에 한국 쇼핑몰에서 판매하는 상품을 무단으로 복제하고 이미지를 사용하는 경우가 많다. 별도의 디자인과 상세페이지 사용을 위해 촬영해 놓은 이미지를 잘못 가져다 쓰게 되면 국내법 디자인권과 저작권에 위배되어 합의 또는 처벌 받을 수 있으니 중국판매자가 이미지 사용을 허락하였다 하더라도 해당 제품이 한국의 디자인권과 저작권에 보호 받는 것인지는 확인하고 사용하여야 한다.
>
>

CHAPTER 24 결제대행 사업 방법 안내

1 _ 결제대행 사업이란?

타인에게 '결제'만 해줄 것을 요청 받아 환율 이익을 가지며, 순수 결제만 대행하는 사업이다. 본 사업 방법에서는 결제만 대행할 뿐, 상품과 주문, 배송 등에 문제가 있을 경우 일절 책임을 지지 않는다. 본 사업을 하려면 필수적으로 중국 내 통장이 필요하다. 일반적으로는 사업자 혹은 개인이 1688과 타오바오의 결제를 하지 못해 요청하는 경우가 많다. 매월 본인이 진행하는 환율만 고객에게 알려주면, 고객의 입금과 함께 결제를 진행하면 된다.

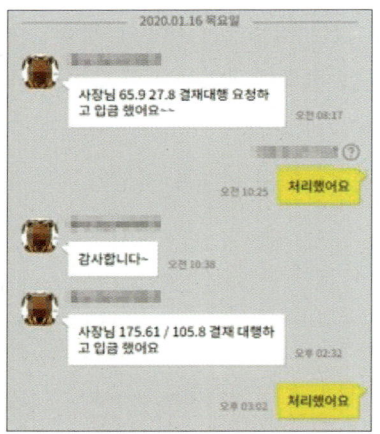

2 _ 결제대행 수익율 계산

결제대행 수익율은 본인이 결정하는데 업계 평균적인 방법은 환율로 정하는 방법이다.
보통 살 때 환율 + 5~10 위안을 적용하기도 하고 금액대별 정액으로 운영하기도 한다.
※ 평균 환차익 수익 10위안 ~ 20위안 (본인이 결정)
- 견적 : 1000위안 × 188(결제대행 환율) = 188,000원
- 원가 : 1000위안 × 172(내가 환전한 환율) = 172,000원
- 수익 : 188,000원 – 172,000원 = 16,000원

> **TIP** 결제대행 사업 주의점
>
> 보이스피싱 조직의 환전을 위한 도구로 활용되어서는 안 된다 보이스피싱 조직과 연관되면 모든 한국, 중국 계좌가 동결될 수 있으니 각별히 주의하여야 한다. 만약 한 번 결제액이 수천 위안에서 수만 위안으로 그 단위가 크다면 보이스피싱을 의심하여야 한다. 그 밖에도 매번 입금자명이 바뀌거나, 하루에 몇 번씩 주기적으로 요청한다거나, 타오바오 상점의 실제 상품이 아닌 무형의 상품 결제 대행을 요청하거나, 결제대행의 상품 가격이 1500위안 이상의 고가인 경우 항상 의심하여야 한다. 또한 환율 이익을 얻기 위해 사설 환전을 할 경우, 환전사기를 당하는 경우가 종종 있으니 주의하여야 한다.
> 중국 통장이 있다면 중판의 해외송금 인보이스 서비스를 이용하여 합법적으로 환전하여 진행 할 수 있으니 참고하기 바란다.

3 _ 결제대행 진행방법

결제대행 사업, 고객의 요청 방법 안내 – 타오바오 요청

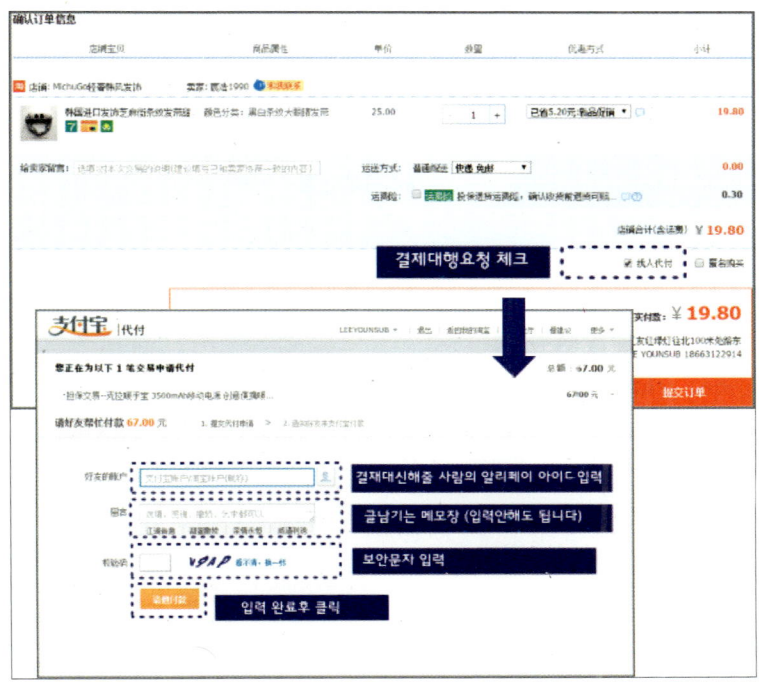

결제대행 사업, 고객의 요청 방법 안내 – 1688 요청

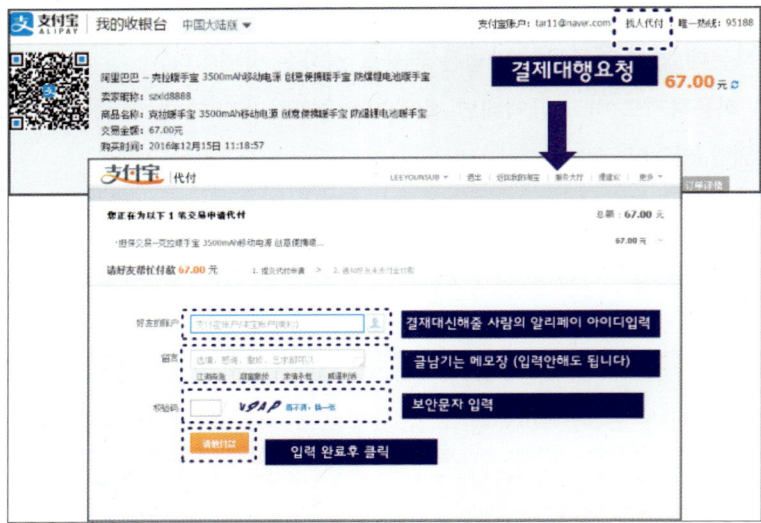

이때 요청하는 고객의 상품 가격 할인 없이 진행할 경우에는 위와 같이 요청하면 되지만 할인을 받아 할인 받는 금액으로 요청할 경우에는 다음과 같이 할인된 금액으로 결제대행을 요청할 수 있다. 판매자가 할인해 준 금액을 확인한다.

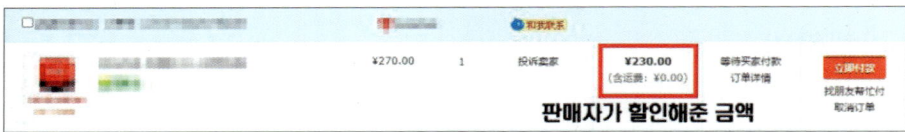

이후 다시 해당 버튼을 눌러 결제대행을 신청하면 된다.

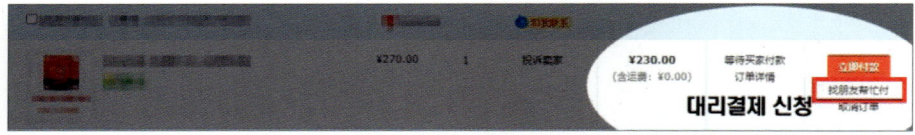

결제대행 사업 – 모바일 알리페이 결제 처리법

타오바오의 결제대행 요청은 알리페이 모바일로도 처리가 가능하다.

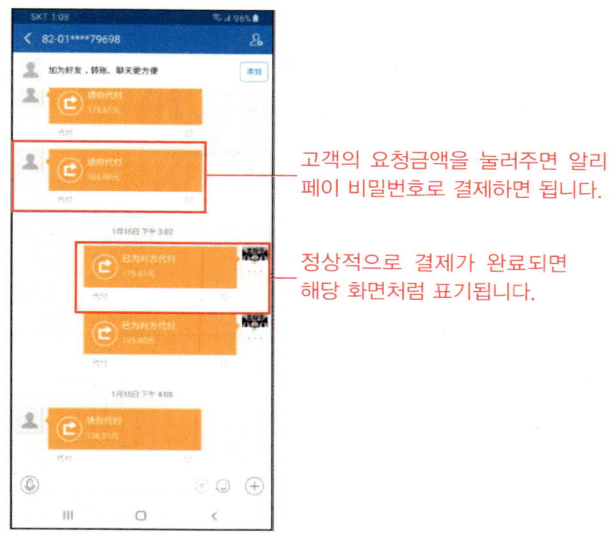

고객의 요청금액을 눌러주면 알리페이 비밀번호로 결제하면 됩니다.

정상적으로 결제가 완료되면 해당 화면처럼 표기됩니다.

결제대행 사업 – PC 알리페이로 결제 처리법

알리페이 로그인 후, 거래기록(交易记录)을 클릭한 후 결제를 진행하면 된다.

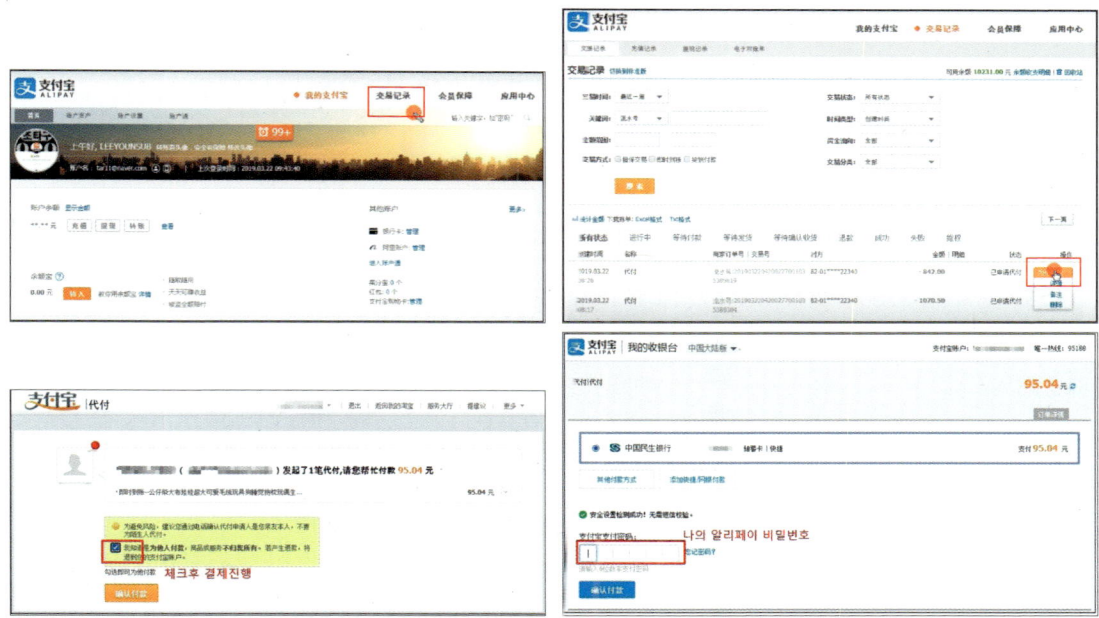

Chapter 24 _ 결제 대행사업 안내 **199**

CHAPTER

25 "이 물건 사주세요" 특강

1 _ 카톡으로 진행하는 중국 구매대행법(블로그 및 폐쇄몰 판매)

"이 물건 사주세요" 사업은 고객이 원하는 상품을 구입해주는 사업이다. 본 사업은 고객이 보내주는 구매링크를 통해 소정의 수수료와 환차익, 기타 옵션비용 등을 수익으로 한다. 또한 현금으로 선불을 먼저 받기 때문에, 자금의 회전율이 높은 구매대행 방식이다.

중판 대표는 구매대행에서 차별화를 갖기 위해 회원가입 없이 실시간 주문이 가능하도록 카톡으로 주문을 받기 시작해, 고객들과 대화로 소통하며 구매대행을 진행하여 꾸준히 사업을 키워왔다. 이처럼, 본 사업을 진행하려면 카카오톡 채널을 만들어 마케팅을 통해 지속적으로 홍보하는 것이 중요하다.

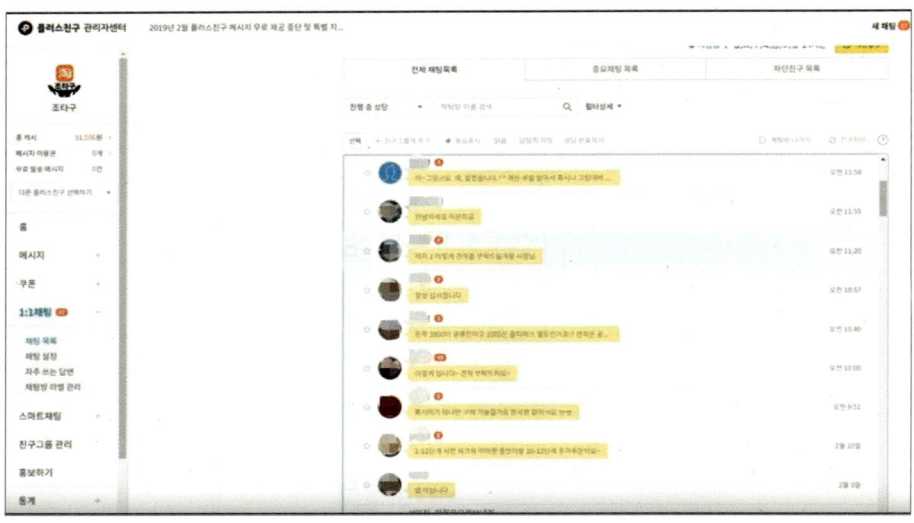

또한 중판 대표는 카카오톡으로 진행하기에는 복잡한 주문이나 약관 이용 방법 등은 네이버 카페와 연계하여 함께 운영하고 있다.

"이 물건 사주세요"의 장점은, 한 번 연을 맺은 고객들과 꾸준히 연락하며 사업을 이어나간다는 것이다. "이 물건 사주세요"로 모은 고객에게 "이 물건 어때요"로 판매할 수 있다. 고객의 유형과 취급 품목, 취향 등을 분석해 중국에서 괜찮은 물건을 발견하면 타겟팅 한 고객을 대상으로 문자를 발송하여 지속적인 매출을 이어나간다. 아래 이미지는 사주세요로 모은 고객들에게 한때 유행했던 인피니티큐브 판매를 위해 카톡문자를 발송하여 주문을 받은 실 예이다.

블로그를 통한 적극적인 홍보와 마케팅으로, 블로그를 이용해 "이 제품 사주세요" 판매를 진행할 수 있다. 중국 구매대행에서 괜찮은 상품을 발견하면 블로그를 통해 소개하고, 카톡으로 주문을 받는 형태이다. 그러려면 블로그의 상위 노출이 중요하므로 블로그 마케팅에 노력을 기울여야 한다.

"이 물건 사주세요" 사업의 핵심은 각종 마케팅으로 사람을 모으는 것이다. 사람을 모으는 마케팅 방법은 마케팅과 홍보 페이지를 참고한다.

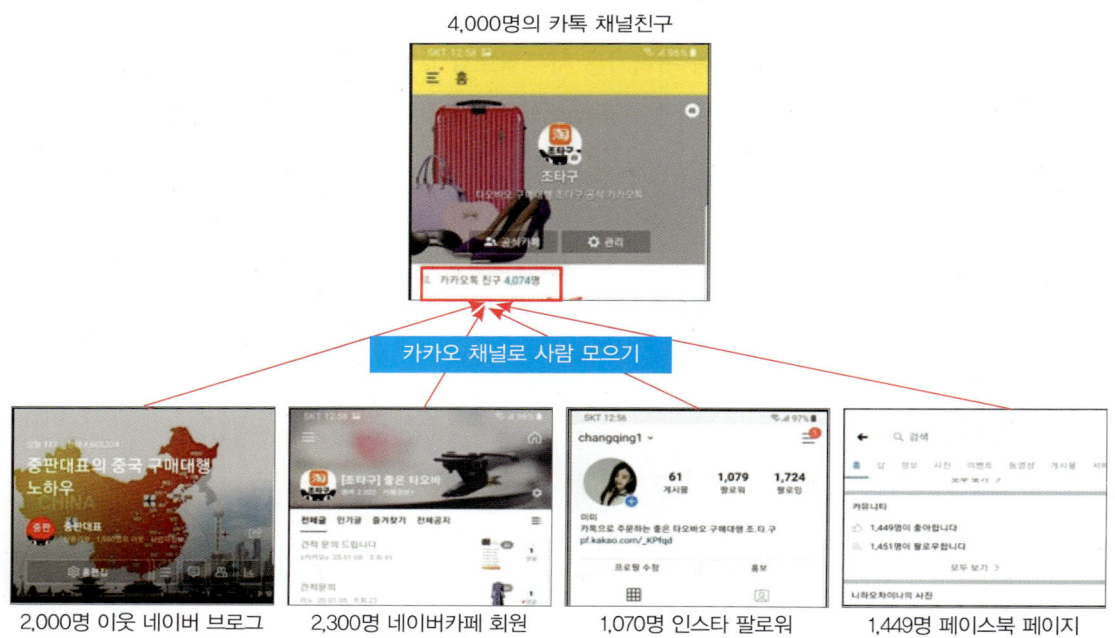

2 _ "이 물건 사주세요" 수익율 계산

"이 물건 사주세요"의 평균 수익률은 15~20% 정도가 된다. 1,000위안의 구매대행을 진행하면 200위안 정도가 남는 수익률이다. 수익의 구조는 크게 5가지가 있다.

첫째, 수수료 수익은 전체 주문금액의 8%를 수수료로 하는 공식 수익이다.

둘째, 환차익 수익은 고객의 주문 견적은 상품을 살 때의 환율을 적용하고, 사업자는 송금환율을 적용하여 이에 따른 환차익에서 수익을 얻는 것이다.

셋째, 배송비 수익으로, 중판 1kg의 배송비는 5,900원이지만, 고객에게 배송비를 안내할 때에는 9,000원으로 안내하여 배송비 차익에서 수익을 얻는다.

넷째, 할인수익으로, 타오바오 쿠폰할인 등을 적용한 견적 금액과 주문 금액의 할인에서 차익을 얻는 것이다.

다섯째, 옵션 수익으로 간이통관, 수량검수, 뽁뽁이 포장 등의 옵션을 추가해 수익을 얻는 것이다.

다음 그림은 "이 물건 사주세요"의 순서를 간략히 설명한 것이다. 먼저 카카오톡 채널을 통해 고객의 정보를 일일이 등록을 해두는 것이 중요하다. 고객이 주문을 하면, 카트에 물건을 담아 주문을 진행한다.

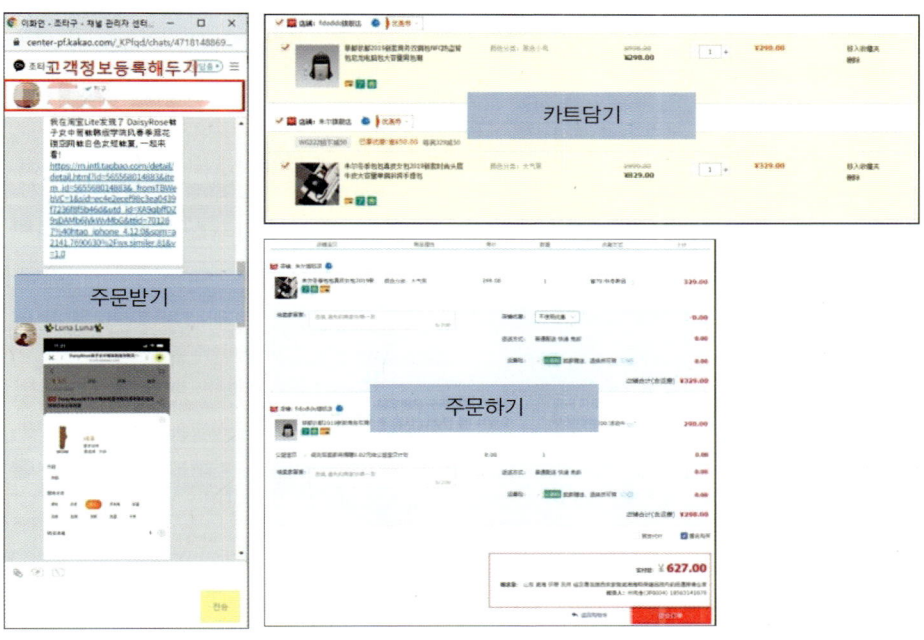

> **TIP** 수익율 계산
>
> ※ 평균 수익율 15~20%
> - 견적 : 627위안 + 51위안(수수료) = 678위안 × 180(환율) = 122,040원 + 간이통관 5,000원 = 127,040원
> - 원가 : 627위안 × 168 = 105,336원 + 간이통관 4,000원 = 108,336원
> - 수익 : 127,040원 - 108,336원 + 배송비 수익 3,000원 = 21,700원

3 _ 조타구 약관 안내

"이 물건 사주세요"를 처음 진행하면 다양한 문제가 빈번히 발생한다. 또한 고객이 요청한 물건이나 수량에서 문제가 생길 수 있으므로 구매대행 동의약관을 고객에게 필수적으로 안내해야 한다. 아래는 중판 대표의 조타구 카페의 구매대행 동의 약관을 가져온 것이다.

좋은 타오바오 구매대행 [조타구] 구매대행 동의약관
(cafe.naver.com/taobao7)

(필독) [조타구]를 이용한 구매대행 동의약관입니다. 본 약관은 [조타구]에게 구매대행 의뢰하시면 해당 내용에 동의하고 주문하신 걸로 간주합니다. 해외 물건 구매 시 주의해야할 사항은 수백 개가 넘습니다. 이를 모든 주문자에게 설명드릴 수 없어 해당 지면을 통해 안내드리며, 주문 시 이에 동의하신 걸로 하겠습니다. 나중에 불이익과 서로 불신과 불만이 없기를 바라며 반드시 읽어주시기 바랍니다.

1. 모든 기본견적은 국제 배송비를 제외한 물건값(중국택배비포함)+ 조타구 기본대행 수수료만 기본견적으로 합니다.
2. 조타구 기본 대행 수수료 250위안 이하 7개 링크 일괄 4000원 / 250위안 이상 구매가(중국택배비포함) 8%입니다. 단, 주문이 복잡하고 7개 링크에 10개 이상의 제품 주문 시 별도 대행수수료를 청구 또는 대행을 거부할 수 있습니다.
3. 기본 수수료이외 무게에 따른 기본 배송비 1kg 9000원 + 0.5kg당 1000원 증액됩니다.
4. (중요) 조타구는 도착한 상품에 대해 일절 주관적 코멘트를 답하지 않습니다. 구매자가 "파랑색 티 맞죠?" 물어보시고 조타구 눈에 파란색으로 보여 "네 파란색 맞다"고 해서 받으신 후 본인이 원한 파란색이 아니라고 조타구에게 배상 책임을 묻는 구매자들이 많습니다. 이에 일절 제품 코멘트는 답하지 않습니다. 제품에 대해 색상, 사이즈, 파손여부, 사이즈 등등 제품 확인은 사진을 통해 본인이 직접 하셔야 합니다. 이에 대해 상세사진비용 제품당 !! 2000원이 별도 발생하시며 상세사진 신청 시 원하시는 부분 확인들을 요청주시기 바랍니다.
5. 기타 추가될 수 있는 비용
   - 간이통관 5000원 관부가세 납부 또는 조타구 판단 하에 안전을 위해 간이통관을 신청할 경우 관세사 비용 5000원을 견적에 포함 안내드립니다.
   - 멀티박스 국제 배송에 하나의 택배로 포장이 안 될 경우 2개 이상의 택배로 나가게 되며 무게 견적은 동일하나, 박스 개당 3000원~5000원이 추가 청구될 수 있습니다
   - 뽁뽁이 포장 3000원은 파손위험이 있을 때 미리 신청해 주셔야 합니다. 배송비 안내 이후 추가는 불가능하니 반드시 미리 신청해 주세요.
   - 식품, 검역대상제품, 화장품 일부 등 품목에 따라 세관 창고료 10,000원이 통관 시 발생될 수 있습니다.
   - 판매자에 따라 중국 내 착불 택배비가 간혹 발생할 수 있습니다. 발생된 실비 청구 드립니다.
6. 세관 통관에 따른 책임은 조타구가 지지 않습니다. 지재권 침해(짝퉁), 대량 품목에 따른 관부가세, 검역대상 제품에 따른 비용 청구 등 세관 상에 발생되는 모든 문제는 조타구가 책임지지 않습니다.
7. 배송 과정 중 파손에 대한 책임도 조타구가 지지 않습니다. 중국 내 도착 시 육안으로 파손여부는 확인하고 조치할 수 있는 것은 조치해 드리나, 기타 발견되지 않아 배송된 제품의 파손책임은 조타구가 지지 않습니다.
8. 언더밸류를 통한 수입 신고가를 낮춰 통관 시 관부가세를 낮추거나 면제하는 것은 동의 진행하지 않습니다.
9. (중요) 환불규정
   - 중국 내 도착한 상품은 한국으로 가기 전 교환 환불이 도착 7일 이내에는 판매자 동의하면 가능합니다.
   - 판매자 실수의 교환 환불도 억울하지만 제품 당 7000원이(중국 반송택배비와 진행수수료) 발생됩니다.
   - 구매자 변심 및 제품불만에 의한 환불은 12,000원이 (중국 내 반송택배비와 조타구 반품대행수수료) 발생되며 진행된 조타구 대행 수수료는 환불되지 않고 제품비만 환불됩니다.
   - 여러 상품 중 진행이 안 된 상품이 있을 경우 진행 안 된 상품에 대해서만 해당일 환율료 환불드립니다. (조타구 대행수수료는 환불되지 않습니다. 단 전체 진행이 안 된 경우는 전액 환불드립니다.)
   - 기타 환불규정은 http://cafe.naver.com/taobao7/203 카페 게시물을 반드시 참조해주세요.

조타구는 구매대행이며 기본업무는 결제, 도착에 따른 기본 검수, 한국으로의 배송이 주업무입니다. 구매자의 주문 상품은 구매자 본인이 가장 정확하게 알 수 있다고 생각합니다.내 물건 내가 구매해서 내가 사용한다는 마음으로 한국인 입장에서 최선을 다해 업무처리 하겠습니다. 감사합니다.

4 _ "이 물건 사주세요" 주의사항

"이 물건 사주세요"는 구매대행 전반에 대한 전문 지식을 갖추고 진행해야 한다. 고객과의 상담을 통해 진행되는 본 사업의 경우, 단순하게 주문링크를 카트에 담고 주문 후 배송하는 작업이 아니다. 여러 가지 문제 상황이 생길 수 있기 때문에 그에 항상 신경 쓰고 대비해야 한다. 따라서 본 매뉴얼에서 언급한 모든 내용을 파악하고, 상황별로 상담을 진행할 수 있어야 한다.

- 가품이 포함된 주문인 경우 통관상 폐기 될 수 있음을 안내하여야 한다.
- 수량이 많은 경우 사전에 세관 통관 상에 문제 발생할 수 있고, 소명할 수 있다고 안내하여야 한다.
- 통관 과정에서 소명이 필요한 경우 고객동의하에 구매대행업자가 대신 소명자료 작성할 수 있어야 한다.
- 식품, 의약품, 주류 등의 경우 150달러 이하의 금액이라 하더라도 관부가세가 발생됨과 대략적인 금액 안내가 이뤄져야 한다.
- 카드, 현금영수증 발행이 안 되는 점도 고객에 납득시킬 수 있어야 한다.
- 고객이 요청한 천차만별의 상품의 품목을 통관 상 문제없게 기재하고 통관할 수 있어야 한다.
- 고객의 반품 환불요구가 있을시, 중국 판매자와 협의하여 최소한으로 줄일 수 있도록 해야 한다.
- 오주문의 실수가 없도록 주문 시 기계적으로 움직여야 하며, 확실하지 않은 상품은 반드시 고객에게 재확인 후 진행해야 한다.
- 사주세요는 서비스업으로 고객에게 만족을 드리는 것이 중요하다. 신뢰가 생긴 고객이 주기적으로 서비스를 이용, 주문하는 만큼 서비스 정신도 투철해야한다 간혹 손해가 발생해도 감당하고 고객 서비스를 이어 나갈 수 있어야한다.
- 정품이 맞는지 확인해 주시면 안된다. 정품과 가품의 구별은 구매대행업자가 판단하고 알려주면 안된다. 타오바오 판매자가 정품이라고 해서 진행했다가, 만약 상품이 가품이면 고객은 대행업자에게 책임과 변상을 요구하게 된다.
- 절대 고객이 준 링크 이외 다른 링크에서 진행하면 안된다. 같은 제품으로 다른 저렴한 링크를 알고 있다. 하더라도, 고객이 준 링크에서 진행해야한다 향후 처음 견적과 진행한 견적이 다르면 이 또한 변상 및 환불 요구를 할 수 있다
- 간단하게라도 주의사항 몇 가지는 반드시 안내하고 진행한다. 특히 가품 문지, 수량 과다 등의 세관 통관상의 문제에 대해서는 책임지지 않는다는 공지는 반드시 하고 진행해야 한다.
- 부분환불시 대행 수수료는 환불하지 않는다. 1개의 상품 1개의 주문의 전체 취소는 전체 환불을 원칙으로 한다. 다만 여러 개 상품 중 하나만 재고 부족 등으로 진행이 안 되고 부분환불할 경우 부분제품비만 환불한다.
- 제품에 대해 언급하지 않는다. 고객이 준 링크의 제품의 품질 색상 사이즈 등은 언급하지 않는다. 예를 들어 사이즈 체크는 판매자에게 물어보고 진행해야 하며, 해당 내용을 캡쳐한 후, "판매자가 M 사이즈가 맞다고 합니다. 다만 이건 제가 책임지지는 못합니다."라고 명시해야 한다. 색상 역시 보는 사람마다 모니터마다 색상의 차이가 있을 수 있으므로 물어보는 제품 질문에 답하면 그에 대한 책임을 지게 된다.

하지만 과도한 주의사항 안내는 고객으로 하여금 주문하기 어렵다는 생각을 하게 만들어 주문 받기가 힘들 수 있다. 구매대행업자가 면책받기 위해, 주의사항을 카카오톡 메시지 창에 장황하게 나열할 경우 고객은 주문을 포기하게 된다. 카톡으로는 핵심 주의사항만 안내하고 나머지는 약관에 따른다고 전달하는 것도 하나의 방법이다. 아래는 중판 대표의 사주세요 구매대행 조타구의 운영 필수 안내 예시이다.

★ 입금계좌 안내 : 국민 xxxxxxxxxxx 은행으로 입금주세요

★ 성함/휴대폰번호/주소/개인통관고유부호 남겨주시면 제품 도착후 다시 국제 배송비 안내드리겠습니다(배송비는 기본 1kg 9000원 + 0.5kg 1000원씩 증액)

★ 선택옵션 반드시 주문시 신청/ 기본 도착사진1장(무료)/ ★ 상세검수사진(제품당 2000원)<- (프손크기,색상등) 상세한 제품내역은 사진으로만 설명하며 일체 조타구 의견과 판단으로 말씀드리지 않습니다. / 뽁뽁이포장보완 3000원) / 의류 및 신발등의 사이즈와 품질 정밀 검수는 진행하지 못합니다. 이점 양해바랍니다. 기타 카톡 홈에 있는 약관내용과 환불규정을 반드시 확인해주세요. 입금후 진행하시면 이에 동의한걸로 간주합니다

★ 통관 주의안내 : 조타구는 세관 임의대로 결정하는 지재권 침해(짝퉁)/ 폐기 / 분할통관 /각종 수수료/등에 대한 일체의 책임을 지지 않습니다. 혹 주문상품중 의심 상품이 있다면 별도 안내받으시기 바랍니다.

CHAPTER

26 "이 물건 어때요" 특강

1 _오픈마켓을 통한 중국 구매대행법 (스마트스토어 기준)

"이 물건 어때요" 사업은 고객이 원하는 상품을 구입해주는 것이 아닌 고객이 좋아할 만한 상품을 사전 소싱하여 고객에게 소개하고 구매를 대행하는 사업방식으로 나만의 스토어를 구축하여 직접 소싱한 상품을 소정의 대행수수료와 기타 옵션비용 등의 마진을 붙여 전시하고 해당 상품의 주문이 들어오면 중국에서 상품을 구입해준 뒤 상품 가격과 쇼핑몰 연동수수료 및 결제수수료 등을 제외한 차액을 수익으로 하는 사업구조이다.

"이 물건 어때요"는 "이 물건 사주세요" 사업 대비 자금 회전율이 느리고 공제되는 각종 수수료에 대한 부담이 있지만 고객들이 좋아할 만한 상품을 소싱할 안목과 상단 노출을 위한 상품 최적화 전략을 알고 있다면 한 가지 상품만으로도 큰 수익을 기대해볼 수 있다는 장점이 있다.

또한 "이 물건 사주세요" 사업의 친구수 늘리기와 같이 고객유치를 위한 직접적인 마케팅이 필요하지 않다는 점 또한 '이 물건 어때요' 사업방식이 가진 장점 중 하나이다.

2 _상품 노출 방법 및 상품 최적화 기본 원리

"이 물건 어때요" 사업의 운영방식에 대한 이해가 끝났다면 일단 먼저 나만의 스토어를 만들고 스토어 개설 승인을 기다리며 본 내용을 공부하길 바란다.

우리가 조심해야 할 사항은 통관과 판매전시는 다르다는 것이다. 일례로 어린이 제품의 통관은 전혀 문제되지 않는다. 하지만 구매대행이라 할지라도 어린이 제품을 인증없이 오픈마켓에 게시하여 판매하게 되고 이에 대한 민원신고가 접수되면 과태료 대상이 될 수 있는 점을 주의하여야 하며 해당 내용은 앞선 전안법 내용에 소개되어 있으니 참고하기 바란다.

수많은 상품들 가운데 내 상품이 판매되게 하려면 어떻게 해야 할까? 수많은 스토어들이 모여 있는 네이버쇼핑을 현실 속의 번화가에 비유해 보자. 유동인구가 많은 메인 스트리트에 자리한 가게의 상품은 당연히 고객들에게 노출되는 빈도수가 높고 이는 곧 고객의 관심으로 이어진다.

하지만 유동인구가 적은 굽이굽이 굽어진 골목 끝에 위치한 가게들의 상품은 당연히 고객에게 노출될 확률이 떨어지게 되고 이는 곧 매출의 하락으로 이어지게 된다. 맛집으로 소문난 골목식당이라면 예외가 있을 수 있겠지만 네이버쇼핑 생태계에서 단골집이라는 개념은 없다.

고객은 저렴하고 품질 좋은 상품을 찾아갈 뿐 이 상품을 어느 가게에서 파는지는 중요하게 생각하지 않기 때문이다. 그렇다면 이제 내 상품이 메인 스트리트에서 많은 고객에게 노출되고 판매될 수 있도록 상품의 질을 올려주는 광고와 최적화 작업을 병행해야 할 차례이다.

설명을 위해 스마트스토어를 예로 들었지만 옥션, 지마켓, 쿠팡 등 다양한 쇼핑몰들에서도 큰 맥락에서 동일하게 적용되는 내용이니 숙지하기 바라며 각 플랫폼별 상품등록 방법은 인터넷 검색만으로 쉽게 설명되어 있으니 생략하도록 하겠다.

광고

내 상품을 노출하기 위한 가장 쉬운 방법 중 하나는 광고 상품을 이용하는 것이다. 각 플랫폼 고유의 알고리즘으로 내 상품이 속한 테마에 관심이 있는 잠재적 소비자들에게 내 상품을 노출시켜 유입 및 구매 전환을 유도하는 방식이다.

> **TIP 광고 상품 이용 시 주의해야 될 점**
>
> 광고 상품을 이용하면 분명 많은 사람들에게 내 상품을 노출시킬 수 있다는 장점이 있다. 하지만 정작 광고중인 상품의 시장 경쟁력이 부족하면 유입 이후 구매 전환으로 이어지지 못한 채 광고비만 날리는 상황이 연출될 수 있다. 그렇기 때문에 절대로 광고 상품에 의존해서는 안 되며 상품의 경쟁력을 갖추는 작업이 선행되어야 광고 상품 또한 효과를 볼 수 있다.

❶ 네이버 쇼핑광고

스마트스토어 상품을 직접 광고할 수 있는 네이버 쇼핑광고에서는 각 카테고리별로 특정 키워드 검색 시 제일 상단영역에 광고 상품이 노출되도록 쇼핑광고 상품을 운영하고 있다. CPC(Click per click) 기반으로 운영되는 이 광고는 입찰경쟁을 통해 상단에 노출되는 구조로 경쟁력이 강한 키워드일수록 단가는 상상 이상으로 높아지게 된다. (예 1회 클릭당 5,000원 과금)

> **TIP** 입찰 광고 집행 시 권장 사항
>
> 높은 입찰가로 광고 상품을 이용하면 분명 내 상품을 노출시킬 수는 있겠지만 노출 수와 비례하게 구매 전환률이 올라가는 것이 아니기 때문에 이제 막 구매대행을 시작한 초보 셀러에게는 특히나 입찰경쟁이 치열한 네이버 광고 상품을 추천하고 싶지는 않다. 다만 예외적으로 입찰 경쟁이 약한 키워드에 한해 경험 삼아 이용해 보는 것은 나쁘지 않다고 생각한다.

❷ 카카오모먼트를 활용한 다중채널 광고

대한민국 전국민이 사용한다 해도 과언이 아닐 만큼 엄청난 국내 점유율을 자랑하는 카카오톡과 기타 카카오 서비스들을 이용한 광고 상품이 있다. 바로 '카카오모먼트'라는 광고플랫폼이다. 카카오모먼트는 상품판매에 특화된 '네이버 쇼핑광고'와는 다르게 카카오가 서비스중인 여러 플랫폼들을 통해 홍보하고자 하는 타겟층을 대상으로 지면, 배너, 동영상 등 다양한 형태의 광고 상품을 제공한다.

일례로 상품 구매 전환이 목표인 스마트스토어 셀러는 '카카오 비즈보드'와 '디스플레이' 광고 상품을 이용할 수 있는데 이 상품들은 카카오톡, 카카오서비스, 카카오스토리, 다음 등에 광고를 게재해 내 스토어 상품으로의 유입을 꾀할 수 있다.

> **TIP** 광고 집행 시 알아두어야 사항
>
> 한 가지 광고 상품만으로도 카카오의 여러 서비스에 내 상품이 동시 노출되기 때문에 광고 상품을 통한 단순 유입량은 '네이버 쇼핑광고' 대비 훨씬 높은 유입량을 확보할 수 있다. 하지만 특정 상품을 구입하기 위해 대상 키워드를 직접 검색해서 유입된 경우보다는 구매 전환율이 현저히 떨어진다는 단점이 있다. 그만큼 광고는 얼마나 많이 노출시키는가 만큼이나 어떤 대상(타켓)에게 노출시킬 것인지에 대한 고민도 필요하다.

❸ 돈 안드는 외부유입 마케팅

나의 스마트스토어를 상위 노출에 필요한 핵심키워드와 메타데이터를 이용해 상세페이지를 만들었고 가격 경쟁력을 갖춘 상품이라면 앞서 언급했던 광고를 진행해볼 수 있다. 내 스마트스토어의 노출지수를 끌어올리는 방법 중 돈 안들이고 할 수 있는 방법은 바로 외부유입 마케팅이다.

외부 유입 마케팅이란? 말 그대로 나의 스마트스토어를 네이버의 테두리 안에서만 노출시키는 게 아니라 아웃바운드 마케팅을 활용하여 외부에서 나의 스마트스토어로 고객을 유입시켜 직접적인 상품 판매 및 스토어의 상위노출 지수를 높이는 방법이다.

외부 유입에 채널로는 인스타그램, 페이스북, 유튜브, 블로그등 각종 SNS 채널을 활용 할 수 있고 해당 부분의 운영은 마케팅편에서 설명하였으니 참고하기 바란다.

◆ 페이스북

◆ 인스타그램

◆ 블로그

상품 최적화를 통한 상단노출

내 스토어의 상품을 노출시키기 위한 가장 기본적인 방법임과 동시에 가장 중요한 요소로 꼽히는 것이 바로 '상품의 최적화'이다. '상품의 최적화'란 말 그대로 판매하고자 하는 상품에 대한 정보를 과장과 허위 없이 사실을 기반으로 하여 소비자가 원하는 정보들을 구체화시켜 상품에 녹여내는 작업을 일컫는데, 이 때 필요한 것이 바로 키워드와 메타데이터이다. 스마트스토어라는 플랫폼은 셀러의 상품을 소비자에게 중개해주고 이로 인해 발생된 거래의 일정 수수료를 나눠 갖는 방식으로 운영되고 있다.

그렇다면 당신이 스마트스토어와 같은 중개플랫폼의 운영자라고 생각해보자. 플랫폼은 더 많은 소비자를 유입시키고 더 많은 거래를 이끌어 내기 위해 소비자가 원하는 상품을 더욱 쉽게 찾고 이해할 수 있도록 상품의 정보를 '최적화' 해놓은 상품을 더 많이 노출시켜주려 할 것이다. 그렇기 때문에 스마트스토어는 최적화가 잘되어 있는 좋은 상품을 구분하기 위한 수단으로 각 상품페이지에 녹아들어 있는 키워드와 메타데이터를 기반으로 고객이 원하는 상품과 가장 연관성이 높은 상품을 노출시키도록 프로그래밍 되어있다. 그러므로 우리는 상품을 등록할 때 상품명(키워드)과 상세정보(메타데이터)를 성실히 작성할 필요성이 있는 것이다.

3 _상품 최적화의 구성요소와 이해

앞서 우리는 스마트스토어가 키워드와 메타데이터를 기반으로 최적화된 상품을 찾아낸다는 기본 알고리즘에 대해 배웠다. 이번에는 상품 최적화를 위한 핵심 구성요소인 키워드와 메타데이터가 무엇인지에 대해 알아보고 다양한 종류의 키워드와 각 키워드별 활용방법에 대해 알아보도록 하겠다.

키워드와 메타데이터

❶ 키워드란?

키워드란 어떤 대상을 특정할 때 사용하는 단어 또는 두 개 이상의 복수 단어로 이루어진 합성어를 나타내며(예 티셔츠, 열쇠고리, 스마트폰 케이스 등) 이러한 키워드들의 구성방식에 따라 검색결과에도 영향을 미치게 된다. (예 반팔+티셔츠, 태슬+열쇠고리, 하드+스마트폰 케이스 등)

❷ 키워드별 경쟁강도

키워드의 검색량에 따라 각 키워드별 경쟁강도도 달라지게 되는데, 일반적으로 검색량이 매우 많은 브랜드명이나 명사((예)코트, 선글라스, 운동화 등)로 이루어진 키워드들을 속칭 '대형 키워드'라고 부르며, 그 규모에 따라 중형/소형 키워드로 나누어지게 된다. 초보 셀러인 우리는 '중소형 키워드'를 공략해야 하는데, 자세한 내용은 다음 단원에서 다루도록 하겠다.

❸ 메타데이터란?

초보 셀러에게는 메타데이터라는 용어가 몹시 생소할 것이다. 빠른 이해를 위해 간략하게 설명하자면 메타데이터란 우리가 판매하고자 하는 상품의 상세 정보에 기록된 상품정보(브랜드, 상품명, 재질, 사이즈 등)와 상세설명 내 기술된 상품의 특징 등을 통틀어 메타데이터라고 부르는데 플랫폼에서 상품의 질을 평가하는 기준으로 키워드와 함께 수집되어 활용된다.

내 상품에 맞는 키워드 찾기

그렇다면 상품 최적화를 위해선 어떤 키워드를 사용해야 할까? 그에 대한 답은 의외로 간단하다. 소비자가 찾고자 하는 상품의 구체적 요소를 하나 또는 두개의 키워드로 함축시켜 만들면 되는데, 이렇게 만들어진 키워드들은 해당 키워드의 검색량과 검색량 대비 등록된 상품의 수 등의 영향을 받아 연관된 카테고리의 상품들과 함께 경쟁하게 된다.

❶ 초보 셀러에게 무의미한 경쟁, 대형 키워드

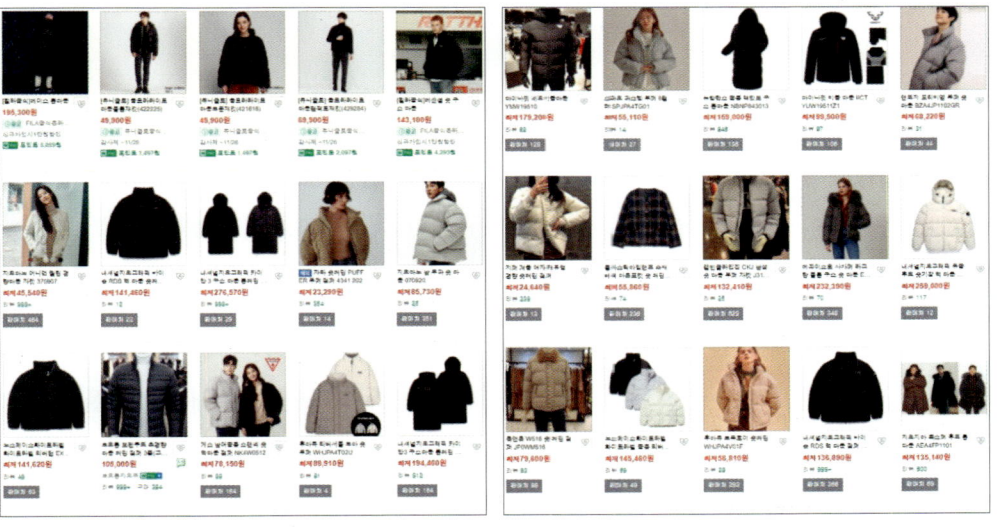

한 가지 예로 겨울에 입을 패딩점퍼를 구입한다고 가정해보자. '패딩점퍼'는 대형 키워드 군에 속하는데, '패딩점퍼'라는 키워드를 검색해보면 수십 수만 가지의 상품들이 검색되는 것을 확인할 수 있다. 오리털점퍼도, 구스다운점퍼도 모두 '패딩점퍼'라는 키워드 범주 안에 속하기 때문인데, 이런 키워드를 바로 우리는 대형 키워드라고 부른다. 대형 키워드란 여러 키워드들 중 검색량이 압도적으로 많은 키워드임과 동시에 검색량 대비 노출되는 상품의 수가 더 많기 때문에 그만큼 경쟁이 치열한 키워드이다.

과연 '패딩점퍼'라는 대형 키워드로 노출된 수많은 상품들 중 초보 셀러인 나의 상품이 고객에게 노출될 확률은 얼마나 될까? 바로 이러한 진입장벽 때문에 처음 구매대행에 도전하는 많은 초보 셀러들이 좌절감을 느끼고 포기하는 경우가 많다. 하지만 이는 너무 섣부른 판단이라는 것을 이 책을 읽는 여러분만큼은 아시길 바란다. 우리에겐 중소형 키워드라는 시장이 있기 때문이다.

❷ 틈새시장을 파고들어라, 중소형 키워드

대형 키워드가 모든 키워드의 포괄적 의미를 담은 키워드라는 개념에 대해 알았다면 우리는 대형 키워드로부터 파생된 중소형 키워드 시장을 노려야 한다. 중소형 키워드란 말 그대로 대형 키워드 대비 검색량이 낮은 키워드를 일컫는데 검색량 대비 노출되는 상품수가 적어 대형 키워드에 비해 상대적으로 약한 경쟁강도를 보인다.

중소형 키워드를 구성하는 방법 또한 어렵지 않은데 대형 키워드를 메인으로 수식어를 덧붙이거나 (㉠ 모자 달린 패딩점퍼) 2가지 이상의 복수 키워드를 함께 조합하는 방식(【예】빅사이즈 패딩점퍼)으로 중소형 키워드를 만들어낼 수 있다.

❸ 데이터를 기반으로 한 가장 경쟁력 있는 중소형 키워드 만들기

키워드의 기본개념과 대형 키워드, 중소형 키워드의 차이점에 대해 알았다면 이제 직접 중소형 키워드를 작성해 볼 차례다. 아마도 지금 중소형 키워드를 작성해보라고 하면 앞서 배운 내용을 바탕으로 내 상품과 연관성 높은 키워드들을 골라 여러 가지 방식으로 중소형 키워드 작성을 시도하려 할 것이다. 물론 이 방법이 틀린 방법이라 할 수는 없다. 하지만 우리가 만든 이 중소형 키워드를 사용하여 올린 상품이 과연 목표 카테고리 내에서 얼마나 최적화된 상품으로 인식되어 상단에 노출될지는 아무도 알 수 없는 일이다. 열심히 힘들게 머리를 쥐어짜서 만들어낸 키워드가 최적화 알고리즘 조건에 부합되지 못해 타 상품들과의 경쟁에서 도태되게 된다면 아무리 1일 1소싱을 한들 실질적 성과를 얻기란 너무나도 힘든 일일 것이다.

그래서 우리는 이러한 시행착오를 최소한으로 줄이기 위해 객관적인 지표를 참고할 필요성이 있다. 그것은 바로 데이터다. 소비자들의 검색패턴과 검색량, 검색량 대비 등록된 상품의 수 등을 데이터화 해 놓은 사이트들(네이버 키워드 도구, 아이템스카우트, 일헥타르 검색최적화 등)을 적극적으로 활용하면 손쉽게 최적화된 중소형 키워드를 만들어낼 수 있다.

4 _상품 최적화를 위한 키워드 분석 도구

상품 최적화를 위한 경쟁력 있는 키워드를 찾기 위해 우리는 소비자들의 검색패턴과 검색량 대비 상품 수 등을 데이터화 해놓은 사이트를 십분 활용하여 카테고리 상단 노출을 꾀해야 한다.
이번에는 다음 키워드 분석사이트 세 곳에 대해 알아보도록 하겠다.

❶ 네이버 광고 키워드 도구
❷ 아이템 스카우트
❸ 기타 다양한 키워드 분석 사이트

키워드 분석사이트로 위 세 곳을 언급한 이유는 네이버 광고 키워드 도구와 아이템 스카우트는 온라인 셀러에 관심이 있는 사람이라면 누구나 한 번쯤 들어보았을 만큼 가장 많은 사람들에게 알려진 인지도 높은 사이트들일 뿐 아니라 현재에도 많은 현직 셀러들이 상품 최적화를 위해 이용하고 있는 곳이기 때문이다. 일헥타르 검색최적화는 중판 팀장이 직접 사용해보고 판매성과를 경험했었던 사이트로 실제 경험에서 우러나온 활용팁 등을 풀어내고자 하는 이유에서이다.
상기 사이트들 외에도 훌륭한 키워드 분석 사이트들이 있으며 기본적인 분석 로직은 모두 같거나 비슷하기 때문에 어느 사이트를 이용하느냐 보다는 분석된 데이터를 어떻게 효율적으로 사용해야 하는가에 초점을 두길 바란다.

각 사이트별 특징과 사용방법

❶ 네이버 광고 키워드 도구

- 특징

네이버에서 제공하는 무료서비스로 우리는 네이버 검색광고 페이지 내의 '키워드 도구'를 통해 키워드 분석데이터를 활용할 수 있다. 별도의 설명이 필요 없을 만큼 간단한 사용방법이 특징이며 정확한 정보를 바탕으로 분석된 데이터이지만 무료서비스라는 한계 대문에 월간 검색량와 클릭수, 클릭률 그리고 정확한 수치가 아닌 높음-중간-낮음으로 표현된 경쟁강도 등 비교적 제한된 정보가 제공된다.

• 접속방법

스마트스토어센터 상단 메뉴에서 검색광고 클릭 또는 네이버 검색창에 '네이버 광고' 검색 -> 로그인 -> 광고시스템 -> 상단메뉴 중 도구 -> 키워드 도구

• 사용방법

좌측 상단에 표시되는 검색창에 데이터 분석을 원하는 키워드를 적은 뒤 아래의 조회하기를 누르면 해당 키워드의 분석데이터와 연관 키워드들의 분석데이터까지 한눈에 조회가 가능하며 검색창에 한 줄에 한 개씩 최대 5개의 키워드를 동시 검색할 수도 있다.

> **❝ 중판의 실전 노하우**
>
> 웹사이트, 업종, 시즌 월, 시즌 테마 4가지 특정 타겟을 지정해 범위 검색도 가능하기 때문에 내 상품의 정확한 타겟층을 알고 있다면 해당 기능을 활용하여 검색하는 것도 도움이 된다.

❷ 아이템스카우트

• 특징

'네이버 광고 키워드 도구'의 상위 호환 개념의 사이트라고 생각하면 이해가 쉬울 듯하다. 키워드 도구에서 지원하는 월간검색량 정보는 물론 수치로 나타낸 경쟁강도와 대표 카테고리 추천, 상품수, 광고단가, 광고경쟁률과 시장 동향 등 다양한 정보를 '아이템스카우트'를 통해 무료로 확인이 가능하다. 다만 해당 키워드로 등록된 상품목록이나 연관키워드 분석, 연관검색어 등 기타 부수적으로 활용이 가능한 기능들은 유료 구독 회원제를 가입해야만 이용할 수 있다. PC웹과 모바일웹 두 가지를 지원하기 때문에 어디서든 편리한 이용이 가능하다는 것이 특징이다.

• 접속방법 : 네이버 검색창에 '아이템스카우트' 검색 또는 'https://itemscout.io/' URL접속

• 사용방법

키워드 분석데이터를 얻기 위해 좌측에 배치된 메뉴 중 '키워드 검색'을 클릭한다. 이후 나타나는 검색창에 데이터 분석을 원하는 키워드를 입력 후 검색버튼을 누르면 해당 키워드의 시장 동향 페이지를 기본으로 앞서 언급했던 기능들을 확인할 수 있는데, 무료로 제공되는 정보는 시장 동향 페이지에 전부 나와있으므로 키워드를 바꾸어 가며 비교검색을 통해 가장 경쟁력 있는 키워드를 찾아내면 된다.

> **❝ 중판의 실전 노하우**
>
> '아이템스카우트'의 유료 구독 회원제 상품은 현재 '초보 셀러'와 '중수셀러' 두 가지가 있으며 유료 구독을 원한다면 '초보 셀러' 만으로도 충분히 다양한 기능을 활용할 수 있다.

❸ 기타 다양한 키워드 분석 사이트

이책을 처음 집필하기전인 4-5년 전만 해도 키워드 분석 프로그램이나 수동등록 프로그램 또는 자동 대량 등록프로그램등이 많지 않았다.

2024년 지금은 이전보다 더 강화되고 더 정확한 키워드 데이터 분석 사이트가 성행하고 있으며 상품 등록 프로그램 또항 상당히 발전 하였다.

중판대표 또한 모든 프로그램을 사용해 본건 아니기에 해당 프로그램의 장단점을 설명하는것은 한계가 있다.

다만 본인의 성향에 맞는 키워드 분석 사이트에 가입하여 도움을 받거나 수동등록중 반자동 프로그램을 사용하며 업무의 효율성이 높아 질 수 있다.

최근에는 구매대행 셀러에게 가장 취약한 지재권중 상표권에 대해 지난 4년가 각종 데이터가 쌓이다보니 이를 기반으로 사전에 필터링 해주는 프로그램들까-지 생겨나고 있다.

그렇다고 완벽하게 지재권중 상표권에서 자유로을 수는 없고 본인 스스로가 상품과 상표 지재권에 대한 데이터를 축적하여 상표권 침해에 따른 합의와 오픈마켓 폐점등에 대비하여야 한다.

- 대표 키워드분석 사이트
  - 네이버 데이터 랩 (https://datalab.naver.com)
  - 구글 트랜드 (https://trends.google.co.kr)
  - 블랙키위 (https://blackkiwi.net/)
  - 판다랭크 (https://pandarank.net)
  - 셀링허니 (https://sellha.kr)
  - 키워드사운드 (https://keywordsound.com)

등록프로그램은 대량 수동 반자동등 너무 다양한 프로그램이 존재하며 필자는 대량등록자체를 하지 않기에 추천할 만한 프로그램은 없다.

다만 최근에는 반자동 또는 수동 프로그램등이 수집과 등록에 편리성과 저렴한 가격으로 대거 출시되어 있으니 잘 검색 비교해 보고 이용해 보도록 하자.

참고로 필자는 중국 반자동 프로그램 ERP 왕샤오왕(https://www.wxwerp.com)을 수동으로 이용하고 있다 1년에 20만원정도의 가격으로 중국 모든 사이트의 상품 수집이 가능하지만 한국 마켓은 쿠팡만 가능한 점 메뉴가 중국어인 것이 단점이다 이를 극복하기 위해 쿠팡등록 후 다시 오픈마켓 통합관리프로그램등을 이용하여 스마트스토어, 11번가 등에 상품을 등록하고 있다.

한국 마켓보다 글로벌 마켓에 중국 상품을 판매해보고 싶다면 적극 추천한다.

> **중판의 실전 노하우**
>
> '검색최적화'와 '검색순위'는 각각 별도의 구독 형식으로 운영되며 원하는 기능만 골라 유료 구독 상품을 이용할 수 있다. 처음에는 매일 갱신되는 5회의 무료 이용횟수를 활용하여 몇 가지 상품을 등록해보고 본인에게 이 사이트의 기능이 유용하다고 생각이 들면 이후 유료 구독상품을 이용할 것을 추천한다.

5 _ 키워드 분석 도구 활용 시 주의사항

이처럼 유용한 데이터분석 사이트들 덕분에 우리는 보다 손쉽게 경쟁력 있는 중소형 키워드를 찾을 수 있게 되었다. 하지만 분석 사이트를 이용하여 얻은 데이터를 기반으로 키워드를 작성할 때 반드시 주의해야할 점이 있다. 바로 상표권 침해이다.

인터넷에 있는 수많은 검색데이터를 수집/분석하는 분석 알고리즘 특성상 특정 상표권이나 저작권이 있는 검색데이터까지 모조리 수집하기 때문에 분석 사이트에 추천해주는 키워드를 무조건 가져다 쓰게 되면 나도 모르는 사이 상표권, 저작권을 침해하게 되는 결과를 초래할 수 있다.

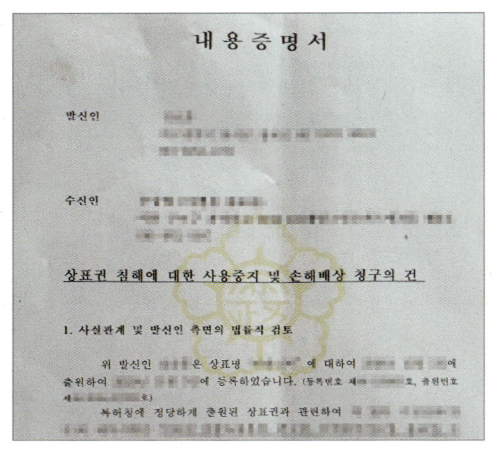

중판팀장도 과거 분석 사이트를 이용한 키워드 발굴 중 새로 생긴 신조어라고 생각해 사용했던 키워드가 실제 상표권이 등록되어 있는 키워드로 밝혀져 해당 상표권의 주체로부터 손해배상을 청구하는 내용증명을 받았던 경험이 있다. 물론 해당 업체에서 중판팀장의 상표권 침해로 인한 실질적 발생 손해를 소명할 수 없었기 때문에 실제 법적인 절차까지 이어지진 않았지만 분석 사이트를 통해 추출되는 키워드를 사용할 때에는 항상 이 점을 유의해야 함을 명심하자.

> **TIP**   상품 제목 입력 시 알아두어야 할 사항
>
> 상품의 제목은 최대 100자까지 입력 가능하지만 가급적 50자 미만으로 작성하는 것이 최적화에 도움이 된다. 무턱대고 연관키워드들을 꽉꽉 채워 작성하는 경우 네이버 알고리즘이 이를 오히려 어뷰징으로 인식하여 상품노출이 제한될 수 있다.
> 어뷰징이란? 남용, 오용을 뜻하는 'abuse'에서 파생된 단어로, 고의적으로 특정 데이터를 조작하거나 특정 행동을 유도하는 행위이다.

6 _ 최적화에 도움이 되는 상세설명 작성법

키워드 분석 사이트를 통해 경쟁력이 강한 나만의 중소형 키워드를 찾는 법에 대해 알았다면 이제 키워드만큼이나 상품 최적화에 큰 영향을 미치는 상품의 메타데이터(상세정보와 상세설명)를 작성할 차례이다. 상세정보와 상세설명을 작성할 때에도 앞에서 이야기 했듯이 우리는 스마트스토어 운영자의 관점에서 바라보고 생각할 필요가 있다. 해당 상품이 최적화 상품이라고 판단되면 알고리즘은 더 많은 소비자들에게 상품을 노출시켜주려 하기 때문에 최적화 상품이 많아질수록 소비자는 많은 상품을 접할 수 있다. 이는 곧 매출상승으로 이어지기 때문에 네이버는 최적화 상품이 많아지도록 유도하기 위해 친절하게도 상품등록을 어떻게 해야 질 높은 최적화 상품이 되는지에 대한 가이드라인을 직간접적으로 제시해 주고 있다.

다음은 네이버에서 고시한 상품 검색 알고리즘에 관한 FAQ 중 일부를 발췌한 내용이다.

적합도
이용자가 입력한 검색어가 상품명, 카테고리, 제조사/브랜드, 속성/태그 등 상품 정보의 어떤 필드와 연관도가 높은지, 검색어와 관련하여 어떤 카테고리의 선호도가 높은지 산출하여 적합도로 반영됩니다.
- A. **필드 연관도** : 검색어가 "나이키"인 경우 "나이키"는 브랜드 유형으로 인식되며, 상품명에 "나이키"가 기입되어 있는 것보다 브랜드에 "나이키"로 매칭되어 있는 것이 우선적으로 노출됩니다.
- B. **카테고리 선호도** : "블라우스" 검색어의 경우는 여러 카테고리 상품이 검색되지만, [패션의류>여성의류>블라우스] 카테고리의 선호도가 매우 높습니다. 검색 알고리즘은 해당 카테고리의 상품을 먼저 보여줄 수 있게 추가 점수를 주게 됩니다.

인기도
해당 상품이 가지는 클릭수, 판매실적, 구매평수, 찜수, 최신성 등의 고유한 요소를 카테고리 특성을 고려하여, 인기도로 반영됩니다. 인기도는 카테고리별로 다르게 구성되어 사용됩니다.
- A. **클릭수** : 최근 7일 동안 쇼핑검색에서 발생된 상품 클릭수를 지수화
- B. **판매실적** : 최근 2일/7일/30일 동안 쇼핑검색에서 발생한 판매수량/판매금액을 지수화, 스마트스토어의 판매실적, 리뷰수는 네이버페이를 통해 자동 연동, 부정 거래가 있을 경우 페널티 부여
- C. **구매평수** : 개별 상품의 리뷰수를 카테고리별 상대적으로 환산하여 지수화
- D. **찜수** : 개별 상품의 찜수를 카테고리별 상대적으로 환산하여 지수화
- E. **최신성** : 상품의 쇼핑DB 등록일을 기준으로 상대적 지수화, 신상품 한시적 노출 유도

신뢰도
네이버쇼핑 페널티, 상품명 SEO 등의 요소를 통해 해당 상품이 이용자에게 신뢰를 줄 수 있는지는 산출하여, 신뢰도로 반영합니다.
- A. **네이버쇼핑 페널티** : 구매평/판매실적 어뷰징, 상품정보 어뷰징 등에 대한 상품/몰단위 페널티 부여
- B. **상품명 SEO 스코어** : 상품명 가이드라인을 벗어난 상품에 대한 데널티 부여

위와 같은 기준을 바탕으로 네이버 쇼핑 알고리즘이 작동하게 되며 그 밖에도 상품등록 페이지 내에 대표/추가이미지의 크기는 1000×1000 픽셀을 권장하는 등의 수치화된 별도 가이드가 첨삭되어 있기 때문에 이 가이드라인만 잘 따라한다면 누구나 충분히 최적화 상품을 만들어낼 수 있다.

> **TIP** 상품 최적화 정보
>
> 대표이미지를 포함하여 상품 정보에 담기는 이미지 내에는 가급적 텍스트가 없는 고해상도의 깔끔한 이미지를 사용하는 것이 좋으며, 상품 상세설명을 작성할 때엔 타오바오 이미지를 그대로 갖다 쓰는 것보다 블로그 포스팅처럼 사진-글-사진-글의 형식으로 작성하는 것이 상품 최적화에 도움이 된다.
>
>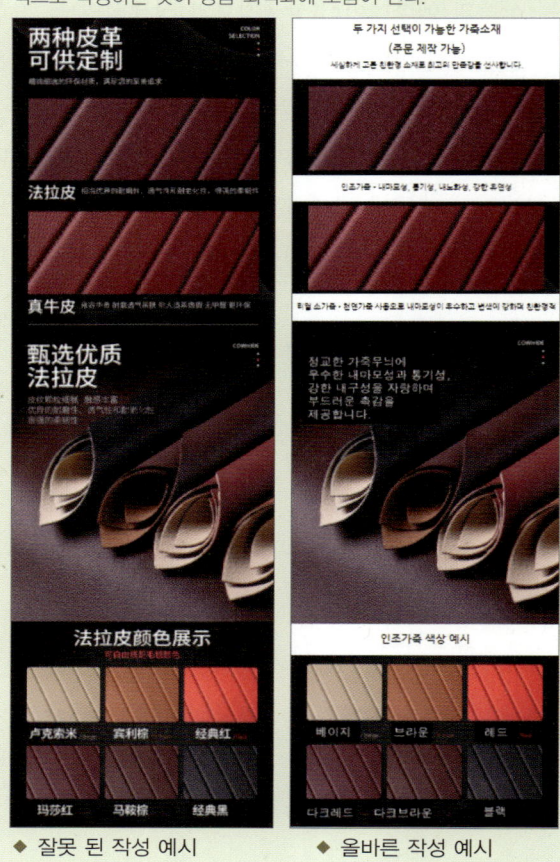
>
> ◆ 잘못 된 작성 예시 　　　　◆ 올바른 작성 예시

7 _ 스토어 운영의 핵심 리뷰관리와 선제적 CS

리뷰관리 중요성

셀러가 소비자가 되어 내가 필요한 물품을 구매한다고 생각해보자. 네이버에 구입하고자 하는 상품 키워드를 검색하고 여러 스토어를 둘러보며 가격과 함께 최우선으로 참고하는 것이 바로 리뷰이다. 같은 가격대의 상품이라면 당연히 리뷰가 많은 스토어에서의 구매를 결정하는 것은 본능에 가깝다. 즉, 리뷰관리가 실제 구매 전환으로 이어지고 더 많은 리뷰가 쌓여 더 많은 매출을 일으키는 순환 매출 구조를 구축하여야 한다.

중요한 것은 리뷰가 좋든 안좋든 고객의 리뷰에 반드시 셀러가 답장으로 보답하는 것이다.
이를 통해 살아있는 스토어와 관리되는 스토어임을 잠재 고객에게 각인시킬 필요가 있다.
각종 리뷰마케팅은 스마트스토어 교육과 관련자료가 많으니 참고해서 운영해 보기 바란다.

선제적 CS의 중요성

또 한 가지 중요한 것이 선제적 CS이다. 대다수 구매대행 셀러가 이 부분을 놓치고 있어 안타깝다. 구대대행 특성상 고객이 주문 후 바로 제품을 수령할 수 없고 빠르면 3~4일 늦으면 10일 이상도 소요되는 경우도 있다. 셀러 입장에서는 상세페이지에 이를 명시하였다 하지만 고객입장에서 이를 모두 인지하고 주문하지 않는다. 그러므로 주문 발생과 동시에 해외구매대행 상품임을 전화 / 톡톡 / 문자 등 고객과 연락할 수 있는 채널을 활용하여 선제적으로 CS 대응을 하여야 한다.

선제적 CS만 잘해줘도 고객의 주문취소는 현저하게 감소하게 되고 오히려 신뢰와 믿음감을 심어주어 단골로 발전하고 이러한 고객과의 소통 접점을 통해 "이물건 사주세요"로 고객이 변하여 또 다른 나의 고객이 될 수도 있는 점을 반드시 기억하기 바란다.

8 _ "이 물건 어때요" 사업의 주의사항

"이 물건 어때요" 사업은 단순히 물건을 사입해서 재고를 쌓아두고 주문 들어온 수량대로 출고만 하면 되는 기존의 온라인쇼핑몰과는 운영방식에서 큰 차이가 있다. 본 사업은 구매대행 사업이기 때문에 내 스토어에 주문이 들어오면 해당 주문 내용대로 셀러는 또 다시 중국에 주문해야 한다. 이후 배대지에 상품을 수령할 내 고객의 정보로 주문서를 작성해 주어야 하고 상품이 배대지에 도착하면 주문한 상품이 제대로 도착했는지 제공되는 도착 실사를 확인한 뒤 출고를 해야 한다.

여기서 끝이 아니다. 배대지에서 부여받은 국내 운송장번호를 스토어 주문내역에 업데이트까지 해주어야 비로소 한 개의 주문 처리가 끝난다. 때문에 "이 물건 어때요" 사업 또한 앞서 설명한 "이 물건 사주세요" 사업에 버금가는 전반적인 구매대행 전문 지식을 갖추고 있어야 위에서 언급한 일련의 과정들 중 발생하는 여러 가지 문제 상황들에 즉각적으로 대응할 수 있게 된다.

> **TIP 판매자가 알아야 할 사항**
>
> 중국엔 한국과 마찬가지로 좋은 판매자가 있는 반면, 의외로 엉뚱하고 무책임한 판매자도 더러 존재한다. 물건을 하나 빼먹거나 엉뚱한 물건을 보내고서는 나몰라라 식의 판매자도 존재하기 때문에 지속적으로 거래해왔던 신뢰하는 판매자의 상품이 아닌 경우 셀러는 반드시 상품을 출고하기 전 배대지에서 제공하는 제품 도착 실사를 필히 확인 후 출고해야만 혹시 모를 배송사고를 미연에 방지할 수 있다. 이미 한국에 들어온 상품을 다시 중국에 돌려보내기란 반품이 아닌 국가 간 수출 개념으로 접근해야 하므로 시간과 비용적 측면에서 몹시 비효율적인 일이 아닐 수 없으니 명심하도록 하자.

CHAPTER

27 사업자 구매대행

1 _ 사업자 구매대행이란?

사업자 구매대행은 개인 고객이 "이 물건 사주세요!"와 마찬가지로 사업자 고객이 "이 물건 좀 사주세요"의 사업 형태이다.

하지만 개인 고객의 "사주세요"보다 KC인증, 원산지표기, 관부가세 계산법 등 주의해야 할 내용이 보다 많다.

간이 사업자의 경우, 부가세 환급이 불가하며 계산서 발행도 할 수 없다. 사업자 구매대행의 경우 세금 계산서를 발행하여야 한다. 따라서 사업자 구매대행의 경우 일반 사업자만 가능하다. 사업자 구매대행은 다음과 같이 크게 2가지 유형으로 나눌 수 있다.

KC 인증이 필요 없는 경우 (대리통관)

자신의 사업자 명의로 통관하고 전량을 국내 도소매로 요청한 사업자에게 판매하는 유형

KC 인증이 필요한 경우

요청 사업자 명의로 통관 시 받아둔 인증서가 필요하므로 요청 사업자 명의로 통관 진행하는 유형

◆ KC 인증이 필요없는 신발
  - 내 사업자명의로 통관 진행

◆ KC 인증이 필요한 장난감
  - 요청 사업자명의로 통관 진행

2 _ 견적내기 및 수익분석

보통 [사업자 구매대행의 환율]은 자신이 송금한 환율보다 10 정도 올려서 진행한다. 환차익 이익을 보기 위함도 있지만 실제로 해당 사업자 비용을 중국으로 송금해 놓기 위해서 국내은행에서 중국으로 송금 시 달러로 송금하고 중국 내 도착한 달러를 다시 인민폐로 환전 사용하여야 하므로 이중환율이 적용되어 송금비용이 들기 때문이다.

아래의 예시를 보면서 수익에 대한 이해를 높일 수 있다.

견적	6,000위안(제품비) + 600위안(대행수수료) = 6600위안 * 186(환율) = [1,227,600원(제품비) + 국제배송비 25,000원] + 145,000원(관세) + 137,260(부가세) + 원산지표기비용 무료 + 관세사 33,000원 + 창고료 8,800원 = 1,576,750원
원가	6,000위안(제품비) * 170(환율) = 1,020,000원(제품비) + 132,600원(관세) + 115,260원(부가세) + 원산지 표기 비용 무료 + 관세사 33,000원 + 창고료 8,800원 + 국제배송비 18,000원 = 1,327,660원
수익	1,576,750 - 1,327,660 = 249,090원 수익 - 28,081 부가세 손실쿤 = 221,009원

3 _ 계산서 발행하기

입금 받은 견적금액을 부가세 포함하여 공급가액 + 세액을 견적 총액으로 계산한다.

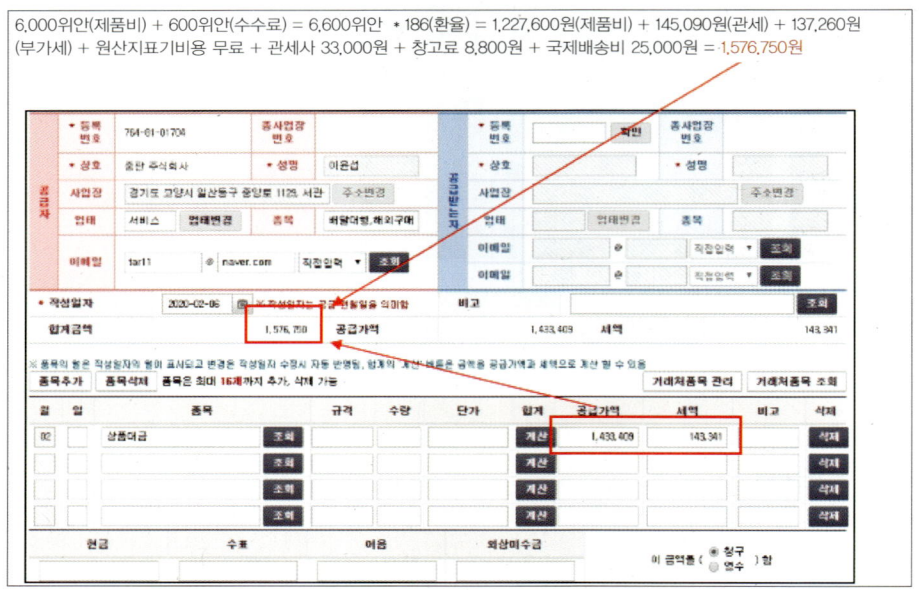

6,000위안(제품비) + 600위안(수수료) = 6,600위안 * 186(환율) = 1,227,600원(제품비) + 145,090원(관세) + 137,260원(부가세) + 원산지표기비용 무료 + 관세사 33,000원 + 창고료 8,800원 + 국제배송비 25,000원 = 1,576,750원

CHAPTER 28 구매대행의 회계처리

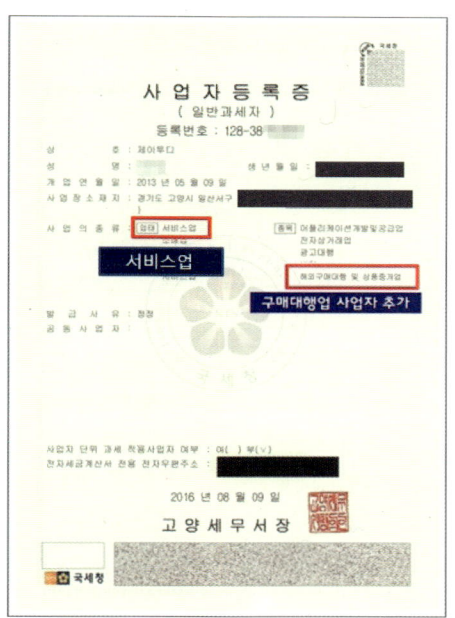

구매대행업은 2020년 8월까지 서비스업으로 분류되어 있었고 2020년 8월 이후 업종코드 525105으로 해외직구대행 명칭으로 소매업으로 분류되었다. 그러므로 업종코드 변경을 안한 기존 사업자는 코드변경을 해주는 것이 유리하다.

중국에서 사입 후 판매하는 업태는 도·소매에 해당한다. 구매대행업은 상품을 중계함에 있어 그 서비스 수수료만을 매출로 인정받는다. 도·소매는 모든 부가세법에 따른 유통과 마진을 가져간다. 또한, 간이사업자는 세금계산서 발행과 부가세 환급이 불가하다. 따라서 중국에서 사입 판매의 도소매와 함께 사업자 구매대행업도 병행하려면 반드시 [일반과세자]로 등록하여야 한다. 도소매 병행 / 사업자구매대행을 진행하지 않고, 매출 8000만 원 이하만 기대하려면 [간이사업자]로 등록해도 무관하다.

구매대행의 회계처리의 과정은 조금 복잡하다. 매입비용에는 타오바오의 원구매가격, 국제 배송비, 관부가세 및 기타 비용이 들어간다. 구매대행에서는 지급비용도 따져보아야 하는데, 오픈마켓 수수료 및 중판 플랫폼 수수료가 있다. 만약, 배송비가 1만 원이었다면 국제 배송비는 8천원, 중판 플랫폼 수수료는 2천 원으로 총수익에서 지급비용을 제한 수익을 고려하여야 한다. 또한, 국제배송비는 중판의 경우 대납 인보이스로 증빙하고 중판 플랫폼 수수료는 중판에서 세금계산서를 발행하니 이 부분을 숙지하여야 회계처리를 할 때 혼란이 없다.

구매대행의 환율의 경우, 국세청이 요구하는 기준환율을 따라야 한다. 내가 결제했던 시점 또는 내가 송금했던 시점의 환율이 아닌 점에 주의해야 한다. 물론 구매대행업자에게는 매입 비용이 줄어 이익이 늘어나 보이는 불리한 조항이긴 하지만 국세청 입장에서 수많은 구매대행의 회계를 시점별 날짜별로 구분할 수 없으니 이해는 가는 조항이긴 하다.

배대지마다 배송비에 대한 회계처리 방법 등이 다르니 배대지 처음 이용 시 어떤 방식을 채택하고 있는지 확인하여야 한다. 일반적으로 배대지는 개인을 상대로 하기 때문에 사업자가 나중에 배송비에 대한 세금계산서를 요구하면 10%의 부가세를 더 요구하는 경우가 많으니 이는 배대지 선정때부터 정확하게 확인하고 선정하는 게 중요하다.

다음은 중판 배대지를 이용했을 경우의 예시이다.

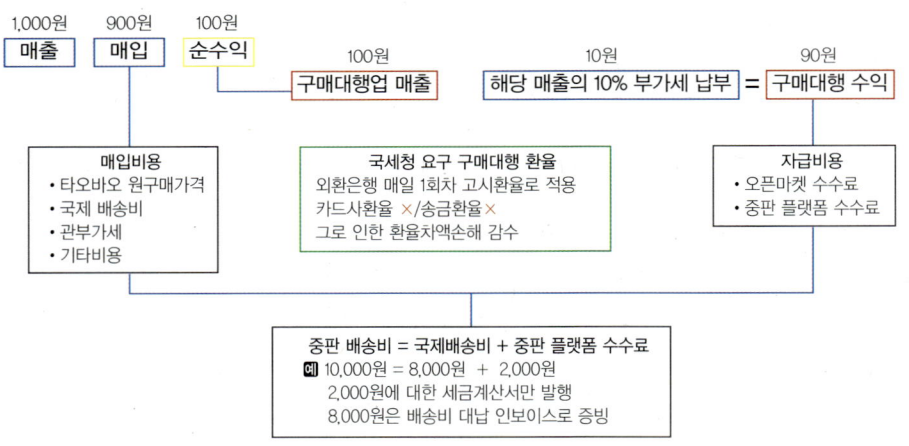

중판에서 주문서 작성을 처음부터 꼼꼼하게 해두면, 나중에 한 번에 소명자료 엑셀 자료로 출력이 가능하여 유용하다.

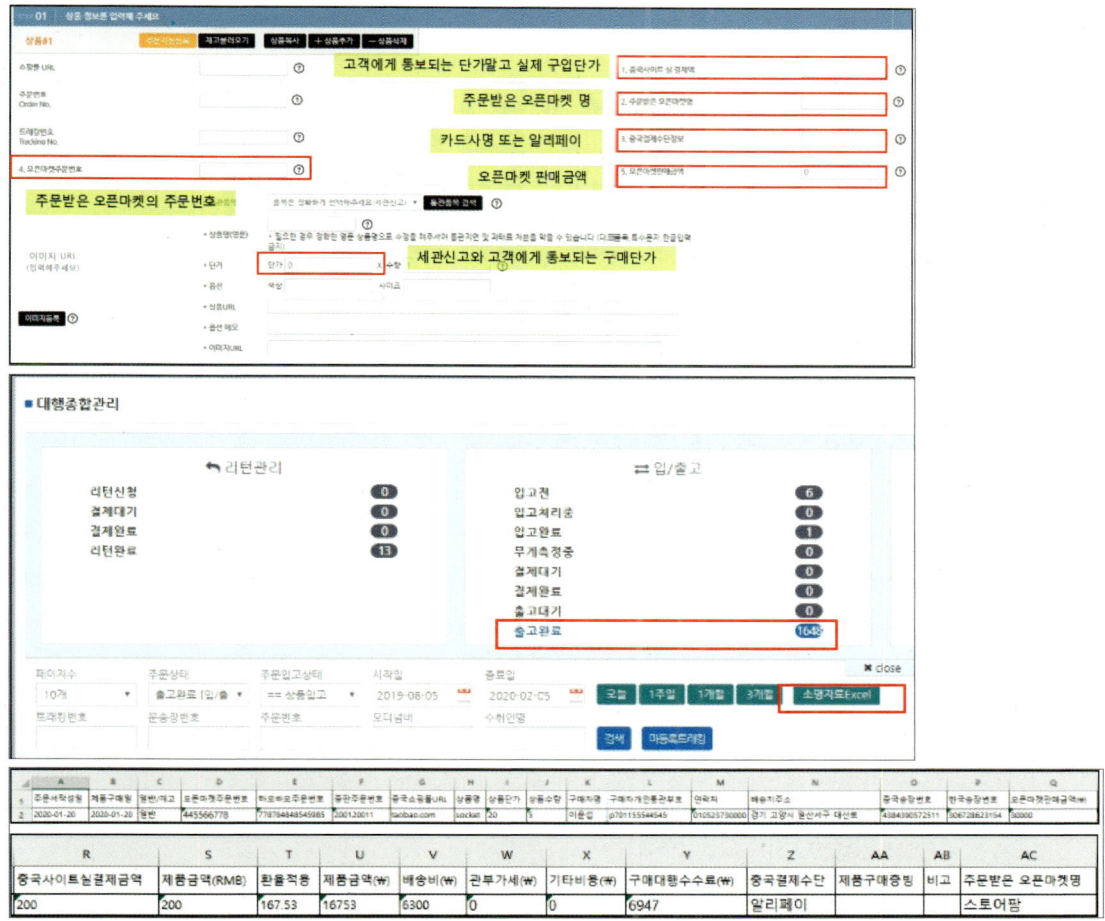

구매대행의 회계처리를 회계 신고로 간단하게 끝나는 경우가 있으나, 가끔 국세청에 소명이 받아들여지지 않는 경우가 있다. 따라서 국세청에서 원하는 소명자료로 제출하기 위해 신용카드 결제내역, 알리페이 내역서, 인보이스 증빙내역 등의 증빙자료를 항상 갖고 있어야 한다. 알리페이 결제내역 다운로드 방법 및 엑셀로 소명자료 만드는 방법 등의 참고 영상은 중판 대표의 유튜브에 있으니 참고할 수 있다.

CHAPTER 29 중국 수입판매로 진정한 셀러되기

본 중국 구매대행 끝장 매뉴얼 책이 1, 2판을 완판하고 3판을 인쇄하면서 지난 4년간의 변화에 맞춰서 '중국 수입판매로 진정한 셀러되기' CHAPTER를 추가하였다.

지난 4년간 국내 마켓에 어떤 변화가 있었고, 왜 해당 CHAPTER를 추가하게 되었는지 우리는 이제부터 무엇을 해야 할지 이야기 해 보도록 하겠다. 필자는 이 책 서두에 구매대행 셀러의 직업은 과도기적인 직업이라고 이미 말했다. 진입장벽이 전혀 없는 구매대행 시장에서 평생을 살아남기 힘들고 큰 돈 벌기 힘들기 때문이다.

그럼 지금까지 우리는 미래가 없고 의미 없는 셀러활동을 했을까? 절대 아니다 상품 보는 눈을 키워야 한다고 이전부터 강조했고 중국 구매대행을 통해 한국 마켓관리를 배웠으며 중국 소싱방법을 배웠다. 소싱을 위해 중국 판매자들과 많은 대화를 해봤고 중국 상품 시장의 흐름도 느낄 수 있었다. 배대지를 여러 곳 바꿔가며 배대지의 성향과 나에게 맞는 배대지를 찾게 되었고 통관과 국내 배송의 흐름도 배울 수 있었다. 우리는 코로나를 겪으면서 중국의 봉쇄도 경험해 봤고, 한국 시장에 코로나로 인해 폭발적인 온라인 쇼핑시장의 성장도 확인했다.

이 책을 통해 꾸준하게 구매대행을 진행했다면 위 내용에 모두 공감할 것이다.

지난 4년간 중국 구매대행 뿐만 아니라 미국 유럽 등의 구매대행 사업도 많이 위축된 게 사실이다. 그렇다면 직구시장 자체가 죽은 걸까? 아니다. 오히려 직구시장은 중국은 매해 100%의 증가세를 보이고 있다.

국가	올해 1~3 분기	지난해 1~3 분기	증감율
중국	2,221,700	1,077,700	106.1%
미국	1,392,879	1,541,757	-9.7%
유럽연맹 영국	650,473	857,777	-24.2%
일본	344,974	301,910	14.3%

◆ 출처 : 통계청 (2023년 1~3분기 기준)

얼마 전 필자의 인스타그램에 나온 알리에서 주문한 물품 현재 위치라는 캡처 화면이다.

2023년 3분기 평균

직구통관 500만건 / 월

알리익스프레스 250만건 / 월

테무 30만건 / 월

한국 세관통관을 하고 있습니다.
문제는 이 많은 제품이 구매대행 상품이 아니라 소비자 직접구매 제품이 훨씬 더 점점 많아지고 있다는 사실이다.

◆ 출처 : 인스타그램

직구 시장은 점점더 활성화 되어 가는데 왜 나의 구매대행 사업은 활개를 치지 못할까?
모든 사업에 있어 시장분석은 필수 이다. 시장의 방향성이 구매대행 사업의 쇠퇴를 의미하고 있다.
그 이유를 먼저 짚어 보자.

첫 번째, 구매대행 셀러가 많아도 너무 많다 !

진입장벽이 없는 시장에 누구나 진입할 수 있으니 구매대행 강의가 성행하고 그에 맞는 대량등록 / 반자동 프로그램 등이 몇 배는 더 탄생하며 너무 많은 구매대행 셀러들을 양성했다.
직구 시장이 커진다고 하여도 이 신규셀러들이 대량 업로드하며 구매대행 시장을 나누기 시작하니 이전에 비해 매출이 감소한다 ! 내 주력제품을 빼앗겼다 ! 더 이상 구매대행은 돈 못번다라는 절규가 쏟아지고 있다.

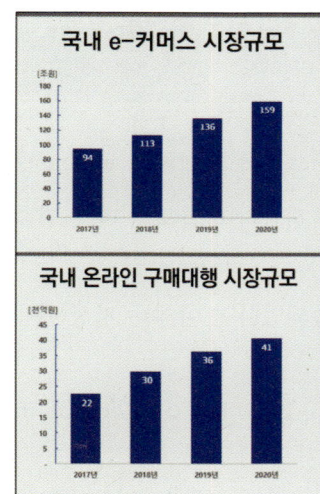
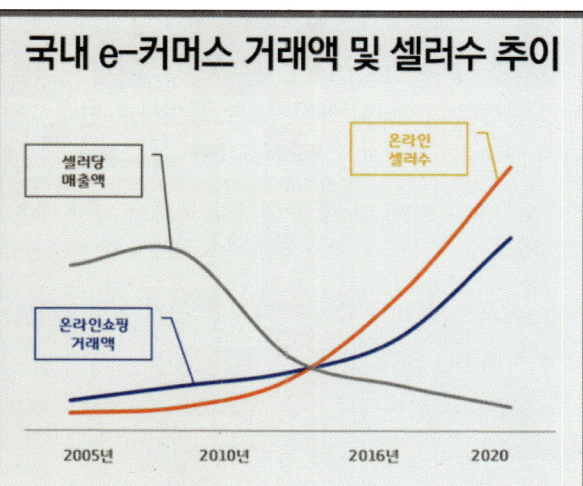

◆ 도표에서 보듯이 온라인 시장 규모가 커지는건 분명하지만 온라인 셀러수의 급격한 증가와 그에따른 셀러당 매출액 감소를 뚜렷하게 보여주고 있다

두 번째, 소비자들의 직구방법의 정보 습득을 통한 직접구매로 이동

유튜브, 인스타그램, 블로그 등 SNS에 직구 성공후기 직구상품 추천 직구 방법 등의 수많은 콘텐츠가 만들어지고 소비되고 있다.

이를 접한 소비자들의 구매대행 시장에서 직접구매 시장으로 빠르게 변화하고 있어 구매대행을 통한 직구 시장이 위축될 수 밖에 없다.

◆ 출처: 유튜브

세 번째, 대형 마켓들의 직접 진출과 차이나 셀러의 습격

대형마켓들의 직접 진출은 구매대행 셀러나 함께 공생하는 배대지에도 엄청난 타격을 주고 있다.

배대지를 운영하는 중판도 이를 피할 수 없겠지만 중판은 이미 3년 전부터 해당 시장을 예측하고 수입셀러 위주로의 체질 변화에 성공하여 안정적으로 운영하고 있다.

중국 알리바바 그룹의 글로벌 마켓 알리익스프레스는 배우 마동석 씨를 동원한 대대적인 광고는 물론 중국 내수 시장 타오바오는 이제 전 세계 대다수 국가에 직접 배송을 시작하며 글로벌 마켓 진출을 선언했다.

기존에 타오바오 주문 상품은 반드시 중국 배대지를 거쳐 한국으로 운송되었다면 이제는 지정 배대지가 없이도 한국으로 직배송을 하고 있다.

또한 중국 2위 시장점유율을 기록한 핀도도는 테무라는 글로벌 마켓을 미국에 먼저 오픈 성공 후 한국시장 진출을 선언하고 알리익스프레스와 경쟁하고 있다.

쿠팡의 중국 로켓직구 오픈, 11번가의 아마존 제휴, 네이버와 알리익스프레스 입점 등 우리 구매대행 셀러는 이런 대형 마켓과도 경쟁해야 하는 시장으로 접어들고 있다.

더 우리를 힘들게 하는 것은 차이나셀러의 한국 마켓 습격이다.

한국 오픈마켓들이 차이나 셀러의 중국사업자를 다시 받거나 최근에 중국인이 한국 사업자를 만들고 한국 마켓에 가입 후 배송은 중국에서 직접하는 중극 셀러들이 늘어나고 있고 이들과 우리 한국 셀러들은 경쟁할 수밖에 없는 시장으로 내몰리고 있다.

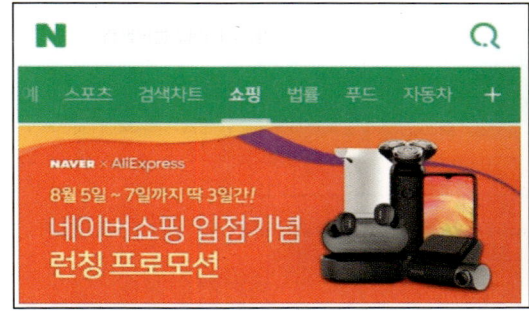

이렇게 우리는 3가지 큰 이슈로 구매대행 시장의 미래를 예측할 수 있다.

그러면 우리는 구매대행을 포기해야 하는 걸까?

아니다. 여전이 초보 셀러에겐 구매대행을 이전보다 큰 수익을 기대하기 어려울 뿐 셀러의 모든 것을 배우고 자리 잡기에 매우 훌륭한 판매방식인 건 분명하다.

어찌 되었든 우리가 가야 할 셀러의 길 또 셀러로 성공하기 위해서는 구매대행이라는 업무는 과도기에 불과하다.

◆ 구매대행으로 출발하여 사업의 최종 목료를 보고 달려보자

구매대행을 경험해 보고 이 사업을 확장하고 싶다면 글로벌 판매 방법도 생각해 볼 수 있다.

이미 많은 셀러분들이 각각의 분야로 영역을 확장하여 중국발 한국 도착 구매대행이 아닌 다양한 글로벌 셀러 방법으로 구매대행 시장에 진출하고 성공하는 셀러들이 나오기 시작했다.

이미 성행하고 있는 방법과 그 방법으로 또 다른 구매대행의 세계가 있음에 사고의 전환을 가져보자.

한국 사업자로 쇼피에 가입 후 한국 제품을 동남아 6개국에 판매해 볼 수 있다.

중국 법인을 설립하여 알리익스프레스에 가입하여 글로벌 판매도 해볼 수 있다.

홍콩 법인을 설립하여 쇼피파이로 독립몰을 만들어 한국 뿐만 아니라 글로벌 판매도 해볼 수 있다

기타 글로벌 마켓에 판매자 승인을 얻은 후에 해당 국가로 중국제품을 판매할 수도 있고 한국 제품을 판매할 수도 있다.

이미 1세대 구매대행 셀러들 중 한국시장을 벗어나고 싶은 셀러들은 위와 같이 글로벌 셀러의 길을 걷고 있고 그 성공 사례가 하나 둘 씩 나오고 있다.

해당 책은 위와 같은 셀러를 위한 내용의 책이 아닌 만큼 가볍게 위와 같은 방법 들도 있음을 알려드리고 본격적인 수입판매의 다양한 내용을 소개하고자 한다.

수입판매에 관한 방대한 설명을 이 책 한권에 모두 담기에 한계가 있어 좀 더 구체적인 예시와 내용은 이미 중판 대표의 유튜브에 소개해 놓고 있으니 유튜브 강의와 함께 이 책의 내용을 이해한다면 큰 도움이 될 것이다.

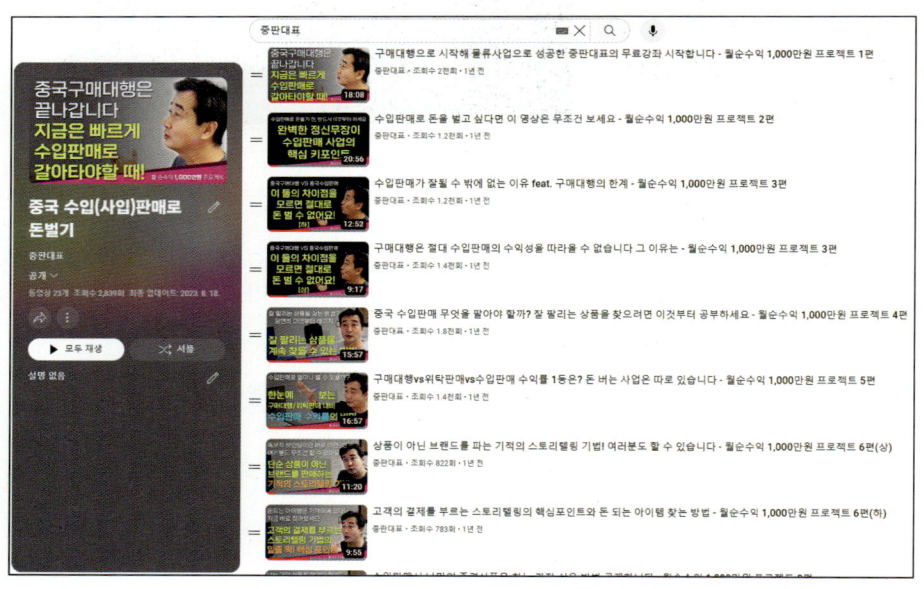

수입판매 구체적 사례 동영상강의 QR-코드

1 _ 중국 수입 소싱 사이트의 이해

기존 고전적인 수입방법은 수입 대상 상품 선정을 위해 직접 중국의 이우시장 또는 광저우 도매시장에 수입 에이전시를 대동하고 방문 체류하며 제품의 선정과 계약을 함께 진행했었다.

당연히 중국 체류비용도 원가에 포함되고 에이전시 가이드 비용은 물론 에이전시를 통한 수입진행을 위해 수입비용 전체에 10~15% 가까운 대행fee를 지불해야 했으므로 대형 수입업자만 가능했다.

◆ 이우시장에서 관심 상품이 있다면 명함과 함께 제품을 촬영하여 그 상점을 기억하고 발주하는 방법을 사용했다

2020년 이후 꼭 중국을 방문하지 않아도 알리바바닷컴(영문사이트)및 1688 사이트를 통해 손쉽게 샘플 제품을 받아보고 소액 수입을 진행하는 셀러들이 많아졌다.

이로 인해 지금의 이우와 광저우의 중국 도매 시장도 인터넷 판매를 늘리고 있고 이전 대량 판매에서 소량도 판매하는 전략을 새롭게 쓰고 있다.

기존에 1688에서 수입을 하고 싶어도 결제를 할 수 없어 수입 에이전시를 이용하거나 부득이하게 영문 알리바바 (https://www.alibaba.com)을 이용하였다.

1688과 장단점은 있으나 결국 1688이 더 저렴하고 소량 수입이 가능하며 공장과 직거래 가능한 장점으로 1688 수입이 대세가 되었으며 가장 큰 단점인 결제 문제는 중판의 1688 슈퍼ID 서비스를 오픈하면서 해결됐다.

중판의 1688 슈퍼ID는 별도로 설명할 것이기 때문에 여기서는 설명을 생략한다.

구분	알리바바 닷컴 Alibaba.com	1688 1688.com
성격	글로벌 B2B 온라인 거래 플랫폼	중국 내수 최대 도매 사이트
언어지원	영어 및 한국어도 지원가능	중국어
결제지원	신용카드 지원	알리페이·중판 인보이스를 통해 결제 해결
판매자 성향	무역업체 또는 영문 상담 대행 업자	1차 도매 또는 공장
피드백 속도	느림(실 공장과 소통후 답변해야함)	빠름(공장 직원 직접 응대함)
MOQ(최소 구매 수량)	최소의 MOQ 이상 가능	단가만 맞음 MOQ 상관없이 주문 가능
실 결제단가	1688보다 비쌈(내고폭이 적음)	알리바바 보다 저렴(내고폭이 큼)
운송방법	증치세 환겹을 위해 직접 국제배송 비율이 높음	중국 내륙운송으로 배송대행회사로 배송
배송비용	페덱스등을 이용 하여 배송비 비쌈	배송대행사의 해운으로 배송비 저렴
검수방법	직발송은 중간 검수 불가능	배송대행회사를 통해 직간접 검수 가능
상품가격표시	USD/KRW 환율적 부정확함 발행	CNY 표기 정확한 가격
슈퍼 ID 사용 여부및 혜택	사용 불가능 – 혜택없음	사용 가능 – 기본 5% 할인 및 큰폭의 내고가능

TIP 중국 도매 사이트

중국대표적인 도매사이트
- 1688 (www.1688.com) 중국 내수시장 최대 도매몰
- 영문 알리바바 (https://www.alibaba.com) 글로벌 무역 도매몰
- vvic (www.vvic.com) 광저우 상가 연합회가 운영하는 의류 도매몰
- 패션 도매몰 (https://hz.17zwd.com) (https://www.qm41.com)
- 가방 도매몰 (https://www.bao66.cn)
- 기타잡화몰 (https://www.zhaojiafang.com)

기타 수많은 전문 도매몰이 존재하지만 결국에는 1688에 모두 입점하거나 1688에서 해결 할 수 있는 도매몰로 앞으로 우리는 1688을 중점으로 도매 수입 방법을 배워보도록 하겠다.

2 _ 중국 구매대행과 수입판매의 차이점

구매대행은 내가 재고를 가지고 있지 않으며 수많은 상품을 등록하여 시장에 좌판을 깔듯이 상품을 진열하여 판매하는 방식이라면 수입판매는 몇 가지에서 수십개의 주력 상품군을 직접 수입해와 판매하는 상품 선정 방식부터 차이가 있다.

구매대행은 서비스업에 가까워 내 서비스 용역에 대한 매출만 따로 부가세를 납부하면 되었지만, 수입판매는 완전한 도소매 판매방식으로 판매에 따른 부가세를 납부해야 한다. 물론 수입할 때 잡히는 매입에서 부가세는 환급된다. 그러므로 두 가지 방식 구매대행과 수입판매를 하나의 오픈마켓으로 사업을 진행할 수 없으며 사업자도 별도로 내야 한다. 구매대행은 간이사업자가 유리하지만 수입판매는 부가세가 발생하는 일반과세 사업자로 진행해야 부가세 환급이 가능하여 일반과세가 유리하다.

간혹 구매대행 사업자로 운영하는 마켓에 소량 수입하여 수입판매를 하는 셀러분들이 계시는데 마켓들은 구매대행이나 수입판매 위탁 등을 구분하지 않고 세금계산서가 발행되며 이를 국세청 담당자가 구매대행을 인정하지 않고 모든 매출을 수입판매로 인정하게 되면 구매대행으로 판매했던 모든 판매금에 부가세가 부과될 수 있으니 반드시 분리 운영을 원칙으로 해야 한다.

또한 구매대행은 중국의 상세페이지를 그대로 또는 자동 번역을 하거나 간단한 번역을 통해 상세페이지를 만들었다면 수입판매는 중국의 이미지를 그대로 사용한다 할지라도 상당한 공을 들여야 한다.

제품을 직접 촬영하는 것은 물론이고 전문적인 디자이너에게 의뢰하여 나만의 제품 나만의 상세페이지를 만들어야 한다. 이렇게 상세페이지에 공을 들이는 이유는 첫 번째가 고객에게 어필하기 위함도 있고 국내 빠른 배송임을 강조하기 위함도 있지만 어차피 중국 구매대행 셀러들과도 경쟁을 해야 하고 한국 다른 수입판매 업자와도 경쟁을 해야 하기 때문이다. 즉, 수입해 온 제품에 브랜드명을 제품까지 아니더라도 상세페이지에 브랜드명을 기재하고 국내에서 제품 재 촬영을 하고 상세페이지를 꾸미는 것은 고객의 신뢰를 얻는 것은 물론이며 경쟁사와 차별화를 두기 위함을 기억하자.

내 상세페이지의 제품을 경쟁사나 고객들이 이미지 검색을 통해 중국 사이트에서 검색해도 같은 제품이 아닌 것처럼 꾸미는 것이 무엇보다 중요하다.

업종코드	업태명	업종명	상세 설명
525 101	도매 및 소매업	전자상거래 소매업	일반 대중을 대상으로 온라인 통신망을 통하여 각종 상품을 소매하는 산업활동
525 104	도매 및 소매업	SNS 마켓	블로그, 카페, 페이스북, 인스타 등 각종 SNS 채널을 이용하여 물품판매하는 산업활동
525 105	도매 및 소매업	해외직구대행업	허외에서 구매 가능한 재화등에 대하여 정보를 제공하고 해당 재화를 이용자의 명의로 대리하여 구매 후 이용자에게 전달해줌으로써 수수료를 받아 수익을 얻는 산업활동

해외구매 대행업은 간이 과세자 유리	중국 수입판매는 일반 과세자가 유리
해외구매 대행업은 수수료를 매출로 함	해외구매 대행업은 판매대금 전체를 매출로 함
간이 과세자는 부가세 환급이 안됨	일반 과세자는 부가세 환급이 됨

TIP   수입판매의 빠른 배송 장점을 활용하자

고객이나 셀러인 우리조차 당연히 중국에서 직구하면 해당 제품이 저렴함을 알면서 더 비싼 비용을 지불하고 국내배송을 선택하는 경우가 적지 않다.
스마트스토어의 가격보다 쿠팡의 로켓배송 가격이 더 비싸더라도 로켓배송을 구매하는 소비패턴이 존재한다.
그러므로 수입판매에서 제품선정에도 위와같은 소비패턴을 감안한 제품선정을 해야한다.
쿠팡에 로켓배송 입점이 아니어도 수입판매 방식으로 로켓그로스 입점이 가능하여 빠른 배송을 할 수 있고, 스마트스토어의 풀필먼트 창고를 이용해 도착보장 프로그램에도 참여할 있고 이는 분명하게 구매대행 방식과 차별화 되는 점을 기억하자.
참고로 로켓그로스 판매를 위해 중국 중판 배대지에서 바로 쿠팡 입고를 위해 바코드 작업도 해드리고 있고, 이렇게 작업된 화물은 국내통관을 거친후 직접 쿠팡까지 입고 할 수 있다.
중판의 많은 셀러들이 슈퍼ID를 이용하여 1688 직접수입후 쿠팡 직접입고로 최저가 소싱과 물류비 절약을 통해 아이템 위너로 매출 상승의 반복으로 크게 성장하는 셀러분들이 탄생하고 있다.

3 _ 어떤 제품을 수입판매 해볼까?

내가 팔아서 돈벌어야 하는 제품 선정 = 아이템 선정
중판대표가 강의때 가장 많이 질문 받는 것중 하나이다 도대체 무엇을 가져다 팔아야 돈을 벌 수 있습니까?
그 정답 = 제품을 누구도 가르쳐 주는 책과 강의는 없을 것이다.

책 서두부터 줄곧 제품을 공부하고 창의적인 생각을 하라는 말은 중국 제품을 그대로 가져와 팔 수도 있겠지만 창의적인 상품을 기획하여 오로지 나만의 제품을 만들어 팔 수도 있기 때문이다.
구매대행 상품은 이런 제품기획이 불가능하지만, 수입판매 상품은 충분히 가능하기에 언제나 열린 사고로 끊임없이 제품을 분석하고 연구하고 발굴하려는 노력을 기울여야 한다.

필자가 기획 판매하는 필드버디 상품을 예로 들자면 많이 팔릴 수 있는 상품은 아니었다. 그 이유는 골프 내기 문화를 바꿔야 판매되는 어려운 상품이다.

골프를 쳐본 필자는 항상 내기 골프를 한다. 금액이 크지 않은 천원짜리 내기라 할지라도 대다수 골퍼들이 재미를 위해 또는 캐디피 정산을 위해 저녁식사를 위해 멘탈을 강화한다는 목적으로 내기 골프를 즐긴다.

화려한 골프장 클럽하우스에 가면 5성급 호텔 못지 않은 인테리어에 지폐 교환기가 있는걸 흔히 있는걸 볼 수 있다.

오락실도 아닌데? 요즘 현금 가지고 다니는 사람도 별로 없는데 지폐 교환기가 왜 있을까?
내기 골퍼를 위해 설치한 지폐교환기이다.

이에 착안하여 필자는 카지노에 가면 칩으로 즐기다 나중에 바꾸면 되는데 왜 골프는 비바람 불때 돈 젖고 날아다니고 잃어버리는 지폐로 할까? 전용 칩이 있으면 좋겠다 !라는 생각에 만든것이 필드버디이다.

어느덧 출시 1년이 다 되어 가지만 2023년 300 셋트 완판이 눈앞에 보인다. 이건 솔직히 지금 당장 성공한 제품은 아닐지 몰라도 후기도 좋고 같이 라운딩한 일행들 사이 입소문이 나면서 점차 판매량이 늘어나고 있다. 어느날 지폐 대신 칩으로 골프치는 문화가 정착되어 간다면 성공한 상품기획으로 기록될 것이다.

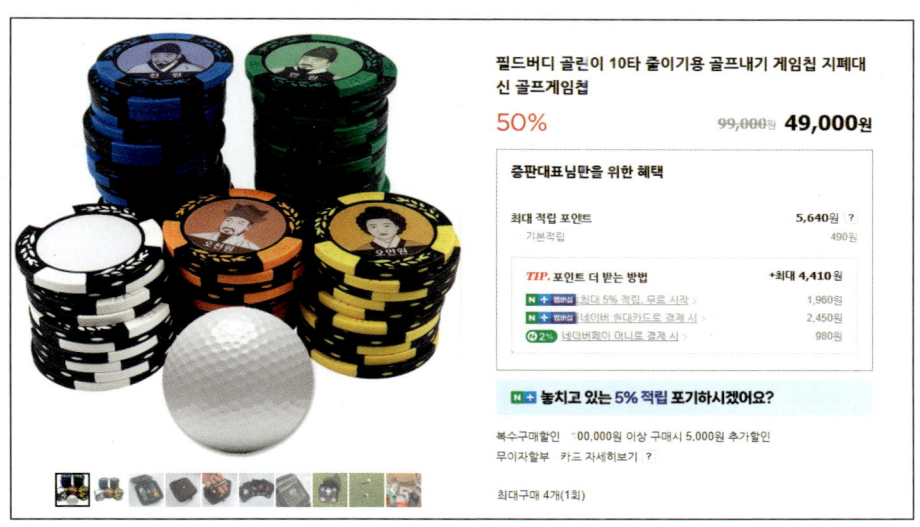

◆ 필드버디 기획부터 판매에 대한 스토리는 유튜브에 있으니 많은 시청 바랍니다

또 하나의 에피소드를 소개하겠다.

중국 출장이 많은 중판 대표가 중국 웨이하이를 방문했을 때 커피를 좋아하지 않던 현장 대표가 중국에서 최근 마오타이 (중국 최고 명주)와 커피의 조합으로 술향 나는 커피가 중국에 폭발적인 인기를 끌고 있다고 한다.

한국인이 내가 생각하기에 커피에서 술향과 맛이 느껴진다고? 이게 팔려? 라는 생각과 호기심 하지만 실제 커피숍에서 주문한 커피 맛은 지금까지 한국에서 경험해 보지 못한 커피 맛이었다.

한국에 대표 커피 브랜드가 한국에 이 커피맛을 선보일 수 있겠다는 생각이 들었고 그렇다면 한국에서도 마라탕, 탕후르 등이 유행한 것처럼 마오타이 커피가 유행 할 수도 있겠다는 생각이 들었다.

그렇다면 자본력이 없는 내 수준에서 대기업들과 체인점 계약을 할 수도 없는 것이고 분명 이렇게 유행하면 중국에서 커피믹스형태로 해당 맛을 비슷하게 구현하는 업체가 있을것으로 생각했고 바로 중국 현장대표에게 시장 조사를 지시했다. 처음 중국대표 첫마디는 없어요 !!! 아냐 분명 있어 더 찾아봐 브랜드명 빼고 맛 표현 방법등으로 검색해서 찾아보라고 재지시하고 결국 찾았다 ! 있다 !

어디서도 브랜드는 표기되어 있지 않은 중국 독자 브랜드 잔향커피라는 것을 발견하고 한국에 샘플로 가져와 시음해 본 결과 진짜 술맛과 향이 난다. 다만 중국 커피숍 커피보다 맛이 없었다. 호불호가 있다 좀 더 순화된 믹스가 있다면 수입판매를 해볼 결심을 할 수도 있을것 같다.

이처럼 주변 어떤것 하나 놓칠 수 없는 것이 셀러의 숙명이다. 끊임 없이 생각하고 연구하고 실행해 보는것 그것이 빅 셀러로 성장하는 주요 요인 중 하나일 것이다.

구매대행을 했다면 내가 판매한 구매대행 상품 중 5개 이상 팔렸던 상품을 수입하기

구매대행을 경험했다면 분명 많이 판매된 주력제품이 있을 것이다. 그 주력제품이 수입에 용이한 제품일 수도 있고 KC 인증이 필요한 제품일 수 있지만 초보셀러라면 수입은 인증 불필요 제품 안에서 상품을 선택해 보자. 이후 자신감이 붙는다면 KC 인증제품이 오히려 나에게 독점적 우선권을 가져다 주는 효자상품이 될 가능성이 높다. 이 인증 부분은 향후 따로 다루도록 하겠다.

여기서 중요한 건 이제 타오바오의 소매 가격도 아니고 1개씩 구매하는 수량도 아니다.

수입은 동일제품 대량 수입이므로 타오바오가 아닌 1688에서 새롭게 해당 상품을 찾고 1688 셀러와 내가 수입할 규모와 조건 등을 협의해서 단가를 결정해야 한다.

1688에 써져 있는 1개 구매시 가격, 100개 구매시 가격은 사실 큰 의미는 없다. 결국에 나의 협상력을 가지고 내 수입 규모에 따라 협의 단가가 결정되기 때문이다.

본인이 관심 있는 가장 잘 아는 카테고리에서 상품찾기

주력 재품이 내 매출의 60% 이상을 차지하게 된다.

종교	여행	취미	직업
레저	전공	스포츠	모방

필자가 골프에 관심이 많아 골품용품을 주로 취급하는 것은 그 용품을 보면 직관적으로 이해가 빠르고 품질 브랜드를 잘 알기 때문이다.

분명 이 책을 보는 독자분들도 자신만이 자신있는 카테고리가 존재함에도 무심하게 흘려 버리는 경우가 많다.

내가 잘 아는 상품 분야에서 보면 샘플만 봐도 딱 알아보고 제품기획을 새롭게 해볼 수 있는 창의력을 발휘하기 쉽다.

물론 브랜드화하기에도 내가 잘 아는 상품 카테고리가 훨씬 유리하다.

중판에 입사하는 직원들은 의무적으로 위 트래이닝을 받는다. 그래서 본인의 취미속에서 필요한 제품을 구매대행이나 수입판매하는 교육을 받는다. 필자도 모르는 생소한 상품들을 기획하고 실제로 팔리고 이 제품들을 어디에 홍보해야 잘 팔릴 수 있는지 정확하게 이해하고 있고, 필자는 그 부분을 이끌어 주고 성공할 수 있도록 교육을 해준다.

◆ 파충류및 뱀을 취미로 키우던 중판직원이 기획한 상품

◆ 스쿠버다이빙을 취미인 중판 직원이 기획한 상품

아이템 위너 상품 중 가격 경쟁력 있는 상품 찾기

쿠팡에 아이템 위너 상품 또는 로켓배송이나 판매자로켓 뱃지를 달고 있는 상품 중 대략적인 한국 판매가격을 확인했다면 가볍게 이미지 검색을 통해 1638 판매자 가격을 보고 경쟁력이 있다고 보이면 수입을 진행해 볼 수 있다.

위 예시는 골프 수건을 쿠팡에서 검색했을 때 표시된 화면이며 대략 7~8천 원 수준에서 유통됨을 확인할 수 있다.

Chapter 29 _ 중국 수입 판매로 진정한 셀러되기 **239**

대략적인 1688 이미지 검색결과를 보면 2~4위안 한국 가격 350~700원 정도에 유통됨을 확인할 수 있다.

물론 1688은 물량 규모나 협상에 따라 얼마든지 가격을 더 낮게 가져 올 수 있다.

단순하게 비슷한 상품을 소싱하기 보다 품질도 보고 이왕이면 나의 브랜드 로고도 인쇄할 수 있다면 충분히 가격적으로 경쟁력 있는 상품이 될 수 있고 이러한 상품을 소량 수입해 보고 아이템 위너로 판매해 보면 자신감이 충분히 붙을 수 있다.

> **TIP** 수입상품 손쉽게 원가 계산하기
>
> 수입상품의 원가계산은 관세 부가세 물류비 중국내 배송비 등 복잡한 계산이 선행되지만 아직 수입결정이 되지 않은 대략적인 원가 계산은 중판의 최저가 수입이 가능한 1688 슈퍼아이디 이용 시 곱하기 1.25~3 정도하면 되고 에이전시를 통한 수입이라면 곱하기 1.5~7 정도하면 대략 수입 원가 계산이 맞아 떨어진다.
> 물론 물성에 따라 이 금액 증감은 있지만 손쉽게 보편적으로 계산할때 쓰는 방법이다.
> 예 10위안 이면 1.3을 곱하면 13위안이 원가가 되고 이를 송금 환율로 계산하면 한화약 2370~2380원 정도임을 확인할 수 있다.

아이템 선정이 어렵다면 국내 위탁상품 판매 먼저 해보기

위 방법대로 본인의 주력 카테고리와 상품을 찾을 수 없는 초보라면 우선 국내 도매 위탁 사이트의 상품을 판매해보고 팔리는 제품을 찾아 해당 제품을 수입하거나 브랜드화 해보는 방법이 있다.

위 사진은 스페셜오퍼에서 대량 등록 했던 위탁 상품 중 기모 바라클라바가 팔리는 것을 확인할 수 있었다. 이를 1688에서 검색하고 가격 경쟁력이 있는지 파악이 되면 해당 제품을 수입 판매해볼 수 있다.

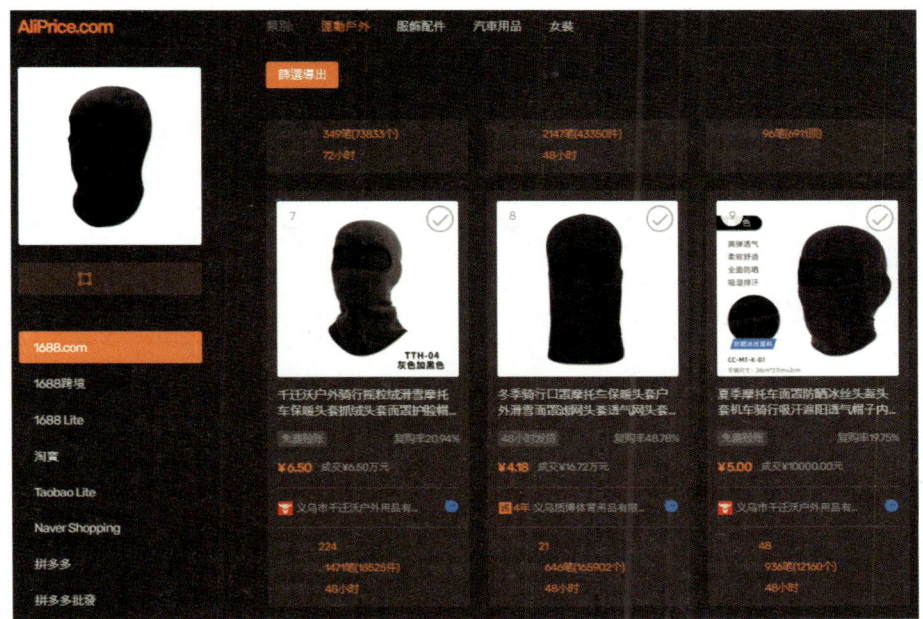

국내 위탁에서 소비자가 10,000원으로 책정된 상품이며 위탁가격 7260원으로 확인된다. 1688 판매 가격은 5위안 정도 1.3을 곱해도 6.2~3 위안 정도이고 한국 돈으로 1120위안 1200원이 채 안되는 원가 계산이 나온다. 이렇게 팔리는 제품을 확인했다면 1200원의 원가 상품을 소비자에게 10,000원에 판매 가능하다는 계산이 나오고 이런 상품을 소싱판매해 볼 수 있다.

처음부터 기획상품 만들어보기

기획상품이란 세상에 없는 상품을 기획하거나 조합하거나 변형을 주는 방식으로 독자적인 나만의 상품을 만드는 것을 의미한다. 브랜드로 상품화 할 수도 있겠지만 제품 자체 제작으로 처음부터 아이템 위너를 가져가며 경쟁상대 동일제품 없이 판매하는 전략이다.

제품에 대한 이해력이 깊지 않으면 도전하기 쉽지 않지만 창의력만 있고 시장이 존재한다면 바로 도전도 불가능한것만은 아니다.

필자의 필드버디 상품이 이에 해당한다. 오로지 중판 대표만 팔고 있는 독자적인 상품이다.

하지만 뜯어 보면 케이스 업체 따로 칩 업체 따로 다우치 업체 따로해서 조합하여 새로운 상품을 만든것일 뿐 모든 걸 한 업체에 의뢰해서 만든 것은 아니다.

칩 도안은 10만원주고 인터넷에서 상업용으로 구매
1688 칩 업체에 도안을 주고 3만개의 칩을 주문
케이스 업체에 의뢰하여 브랜드 로고 인쇄조건으로 300개 주문
파우치 업체 의뢰하여 1200개 파우치 브랜드 인쇄조건 주문
이렇게 합쳐진 상품이 필드버디라는 상품으로 재탄생

TIP 수입제품 선정시 주의사항

제품선정시 계절상품 시즌상품은 발주 시기를 주의해야 한다.
예를 들어 계절상품인 선풍기 스키관련 상품이라면 이 상품들은 겨울이 끝나면 판매량이 확 떨어진다. 즉 재고의 위험 부담이 크다. 시즌상품으로 크리스마스 트리용품을 보자면 이는 11월과 12월중순까지만 판매가 가능하고 이후 판매량이 확 떨어지게 된다.
위탁상품으로 크리스마스트리가 잘팔린다고 11월에 크리스마스 트리를 수입한다면 이 수입 물량은 100% 올해안에 소진할 수 없고 내년 시즌으로 넘겨팔아야 한다.
늘 계절상품과 시즌상품은 3개월전에 수입이 완료되어야 한다.
12월 상품이라면 이미 8~9월에 중국 이우시장에 공급되기 시작하니 항상 최소 3개월 앞서가야 함을 명심하자.
또 계절내 시즌내 완판이 되지 않으면 재고로 다음 계절과 시즌까지 기다려야 하고 그때는 신상이 나와 더 안팔릴 수 있으니 주의하자.

TIP 수입한 제품 완판해보기

수입판매의 가장 큰 단점은 재고를 가지고 선 투자가 선행되어야 한다. 하지만 구매대행을 경험한 셀러는 재고에 대한 부담 또한 선투자에 대한 부담감이 앞서기 마련이다. 복권도 구매를 해야 당첨이라는 행운을 얻을 수 있는데 몇몇 구매대행 셀러를 보면 복권도 안사고 당첨이라는 요행을 바란다.
일단 결심했다면 실행해라 !
수입한 제품은 수단과 방법을 가리지 않고 모두 판매하겠다는 다짐을 해라.
오픈마켓에서 모두 소진되지 않았다면 스스로 제품 판매에 도움이 될 인플루언서를 찾아 협찬도 해보게 될것이고 그래도 안된다면 나 혼자 판매라는게 아니라 도매사이트에 공급하여 나 이외 다른 셀러들과 함께 파는 방법도 선택할 수 있다.
스스로 결심하고 실행하여 수많은 판매방법을 통해 완판이라는 결실을 얻는다면 2차, 3차 수입에 대한 자신감은 배가되고 수입 규모를 키울 수 있으며 이 길이 빅셀러가 되어 가는 길임을 명심하자.

◆ 인플루언서 찾기

인플루언서도 하나의 광고매체이다. 그러다 보니 협찬 방법에 여러가지가 존재한다. 제품 협찬만 요구할 수도 있고 광고비를 요구할 수도 있다. 제품 판매에 대한 수익 쉐어를 요구할 수도 있다. 더 나아가 기획상품을 함께 만들자는 제안도 올 수 있다.
어째든 내가 수입한 제품에 맞는 인플루언서를 찾아보고 금전적인 소통도 있겠지만 1인 미디어의 특성상 공감대가 형성이될 수 있다면 단순 협찬만으로도 큰 매출 기대를 해볼 수 있으니 인스타그램, 유튜브, 틱톡, 블로그 등의 소통을 게을리 하지 말자.
또 하나의 방법은 아예 이런 인플루언서와 나와의 관계를 금전적으로 연결해주는 중개 사이트들도 있다.
필자는 이런 사이트 중개를 통한 방법은 추천하고 싶지 않지만 제품 특성상 해당 사이트에서 효과를 바랄 수 있는 유튜버가 있다면 시도해볼만 하다.
공팔리터 (https://biz.08liter.com) / 링크튜브 (https://linktube.me) 등이 있다.

◆ 도매처 공급으로 판매해보기

도매꾹 (https://domeggook.com) / 도매다 (https://domeda.co.kr) / 도매로 (https://www.domero.net) / 도매매 (https://domemedb.domeggook.com) / 도매신 (https://www.domesin.com) / 도매직방 (https://www.dzb.co.kr) / 도매토피아 (https://dometopia.com) / 오너클랜 (https://ownerclan.com) / 스페셜오퍼 (https://specialoffer.kr) 등 기타 수 많은 도매사이트가 있으니 참고해 보자.

◆ 전문몰 입점 고려하기

수입 제품에 따라 오픈마켓이 아니어도 구매대행 셀러가 입점 불가능한 전문몰 등이 많이 존재하고 있고 내 수입제품의 재고가 있다면 얼마든지 입점이 가능하다.

◆ 골프용품 전문몰 딜팡　　◆ 인테리어 전문몰 오늘의 집

4 _ 수입시 필요한 용어 설명

부피와 포장에 따른 기초 용어

CBM이란?

CBM(Cubic meter)이란 물품에 대한 부피로서 가로×세로×높이를 의미한다. 따라서, 1CBM은 가로 1m×세로 1m×높이 1m이다.

LCL / FCL 이란?

LCL이란 Less than container load 의미로 하나의 컨테이너에 여러 화주의 물건들이 혼합 적재되는 것을 의미한다. FCL이란 Full container load 의미로 단독으로 컨테이너 적재 운송하는 것을 의미한다.

파렛트란?

1CBM을 적재하기 위한 받침대로 목재는 수출입이 불가능하여 최근에는 플라스틱 파렛트를 많이 이용한다. 파렛트 포장은 아예 지게차를 이용하여 들고 내릴 수 있는 포장 방식을 의미한다.

수입 물류 모두가 무조건 위 사진과 같이 수입되는것은 아니다. 박스단위로 여러박스가 있다면 해당 박스의 모든 크기로 계산해서 CBM으로 계산되기도 하고 정말 1CBM 단위로 포장하여 규격 포장을 하는 경우도 있다.

장단점이 있는것은 파렛트 포장을 할 경우 지게차로 운반을 하므로 파손위험이 적으나 최종 화물을 받을때에도 지게차가 있어야 가능할 때도 있으니 무조건 파렛트 포장이 좋은 것은 아니다.

일반적으로는 여러 박스가 한 번에 수입통관이 되면서 하역 작업시에 용이하게 박스별로 하역작업이 될 수 있게 하는 게 일반적이다.

통관방법에 따른 용어

개인통관과 사업자 통관이란?

개인통관은 말 그대로 개인의 자가 사용 목적으로 개인의 개인통관고유호를 기재하여 통관하는 방식으로 이는 반드시 개인의 자가사용 목적으로만 통관해야 된다.

사업자통관은 내가 물건을 모두 받아 판매할 목적으로 사업자명의로 통관하는 것을 의미하며 이 경우에 개인 수취정보가 아닌 모든 내용은 사업자로 기재하여야 한다.

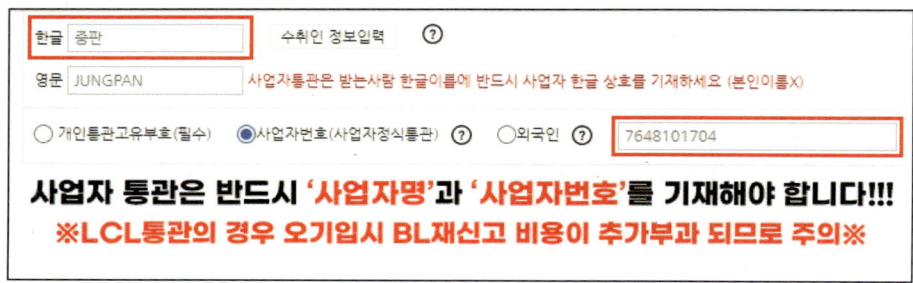

전자상거래 방식과 LCL 통관 방식

사업자 통관이라 하더라도 전자상거래 통관방식은 일반 직구 개인통관물량과 함께 통관이 진행되며 배송비는 무게단위로 과금된다.

통관속도가 개인 직구 물량의 통관속도(평균 3~5일)와 같거나 1~2일 더 늦어지게 되며 통관되어도 경동택배 등의 대형 화물로 분류되어 다시 국내 대형택배사를 이용해 배송되어 진다.

LCL 통관 방식은 보편적으로 수입할때 쓰는 방식이며 여러 대형 화주의 화물을 하나의 컨테이너로 통관이 진행되면 배송비는 부피단위로 과금된다.

통관속도는 익일 통관이 평균적이며 통관후에도 별도 배차(화물차)를 받아 빠르게 제품을 수령할 수 있다.

평균적으로 60KG을 기준으로 전자상거래 방식 물류비용과 LCL 방식 물류비용이 비슷하게 된다. 하지만 파손위험이 적어야 하고 통관속도가 빨라야 한다면 LCL 방식이 유리하다.

둘 다 통관비용(관세사/창고료/BL비용) 등은 항목의 차이는 있지만 비슷하고 물론 관부가세는 동일하다.

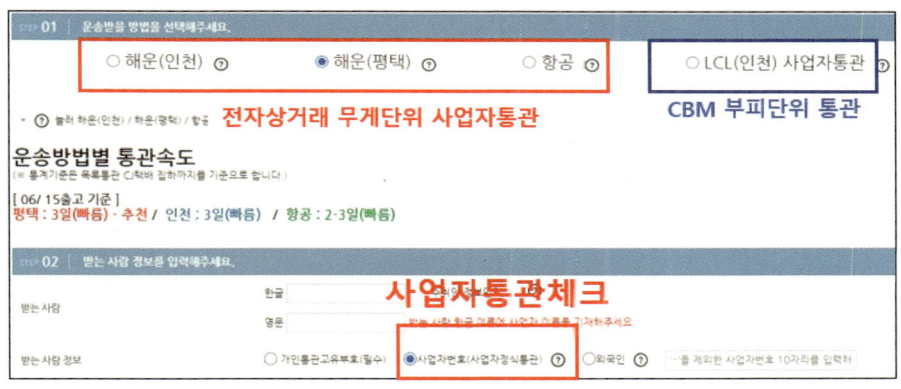

관세와 부가세 및 환율

관세는 국내로 수입하는 외국 물품에 대해 부과 징수하는 조세이며 제품에 따라 평균적 신고가에 8~13%가 부과된다.

부가세는 거래에 따른 조세로 10%가 확정 부과되며 매입시 낸 부가세는 매출시 환급 정산된다.

{물품구입 총액(중국내 택배비 포함)×과세환율 + 과세운임]×해당 물품의 관세율 % }×부가세 10%

환율은 나라별 돈을 교환하는 비율이며 여기서 중요한건 기준(고시)환율로 거래가 되지 않는다. 즉 내가 달러를 살때면 살때환율이 있고 팔때면 팔때환율이 있다. 은행에서 살때는 기준환율보다 비싸게 주고 사고 반대로 팔때는 기준환율보다 싸게 팔게되며 은행은 그 환차익을 수익으로 한다.

무역에 있서는 현금을 사고 팔지 않으므로 보통 우리는 송금환율 즉, 해외로 보낼때 환율을 기준으로 생각하면 된다.

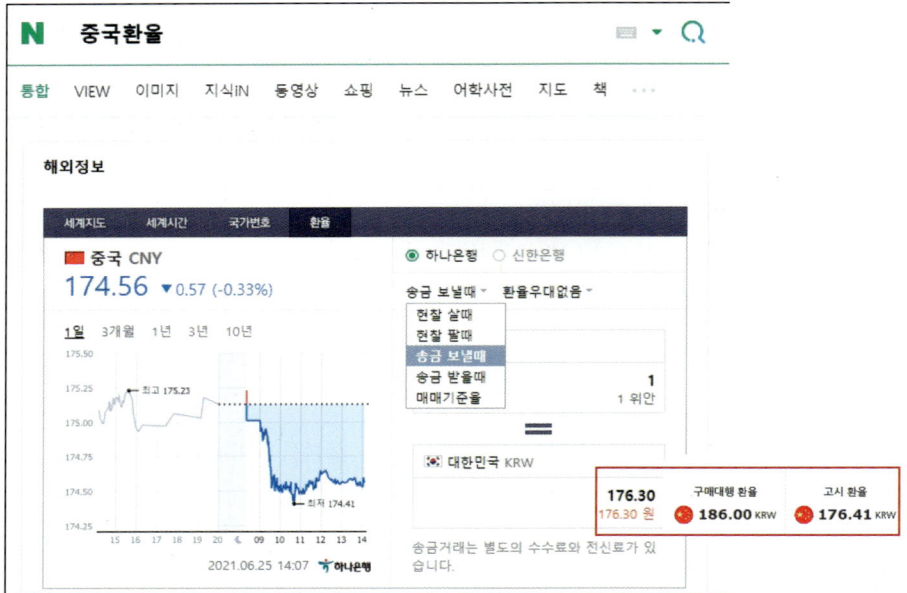

◆ 직접수입 환율 176.3 구매대행환율 186을 비교하면 10,000위안 수입시 1,763,000원 - 1,860,000원 = 97,000원을 절약할 수 있다

> **TIP**   고시환율과 구매대행 환율
>
> 일반적인 배대지와 수입대행사 또는 수입 에이전시에 의뢰할때 초보 셀러가 묻는 질문이 대행 수수료 얼마예요? 이다.
> 중판도 에이전시 역할을 하고 있지만 이 질문은 크게 중요하지 않다. 어느 대행사는 0% 어느대행사는 10% 이걸 기준으로 대행사를 선택하면 상식적으로 대행사에서 고객의 물품을 책임지고 한국까지 보내드리는데 수수료 0%에 무료 서비스를 해줄 수 있을까?
> 대다수 대행사에서는 구매대행 환율이라고 위 송금환율이 아닌 해당 업체가 정한 환율을 적용한다.
> 환율에 따라 수수료를 0% 해드린다고 해도 환율이 엄청나게 비싸면 10% 수수료에 송금환율로 하는것보다 훨씬 비싸게 대행을 의뢰하게 되는 경우이다.
> 그러니 수수료 뿐만 아니라 적용하는 환율이 얼마인지도 반드시 확인해야 하며 물류비도 공시되어 있는지 확인해야 한다.
> 단순하게 수수료만 가지고 평가하면 수입완료 후 정산해보면 수수료 20% 이상을 주고 수입한 결과도 허다하다.

원산지 증명과 원산지 표기

원산지 증명 C/O (Certificate of Origin)는 물품을 생산한 나라 즉, 물품의 국적을 의미하는 문서이며 해당 문서를 통해 한중 FTA (Free Trade Agreement) 협정을 적용하면 관세가 면제 되거나 할인받을 수 있다.

즉, 쉽게 설명하면 한국과 중국이 서로 무역 협정을 통해 물품을 정하고 해당 물품이 수출입될때 관세를 면제하거나 낮추는 협정을 한 것이며 그 증명서 CO가 이를 증명하는 문서가 되는 것이다.

원산지 표기는 수입물품이 어느나라 제품인지를 표기하는 것이며 여러 표기 방법이 있지만 보통의 경우 [Made in China]로 표기한다.

수입할 물품은 반드시 원산지 표기가 되어 있어야 하며 표기 원칙은 최소 판매단위 제품에 직접 표기를 원칙으로 한다.

물품특성별 표기 방법도 다르다. [의류/가방 - 재봉] [도자기 신발 - 불명잉크] 등 다양하나 일반적으로 의류 가방 신발을 제외하면 스티커로 대체 하는 경우가 보통의 표기 방법이다.

하지만 물품을 수입하다보면 어쩔 수 없이 표기를 제품에 직접할 수 없는경우 또 벌크단위로 해야 하는 경우 등이 있다.

안타깝게 이런 규정들이 명확하게 규정되어 있지 않다보니 일반적인 표기 방법이 벗어난 것은 통관시 세관원의 주관적으로 판단하는 경우가 많다.

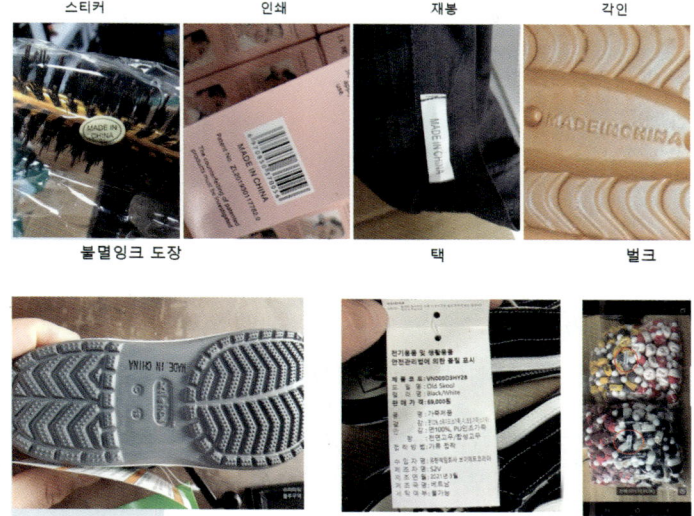

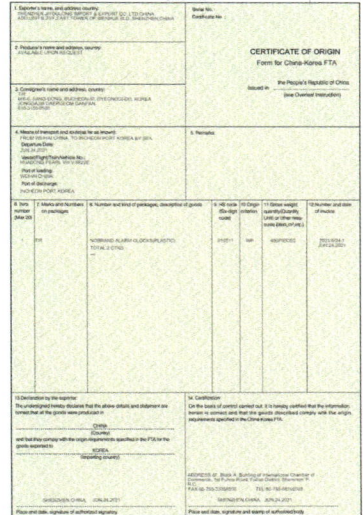

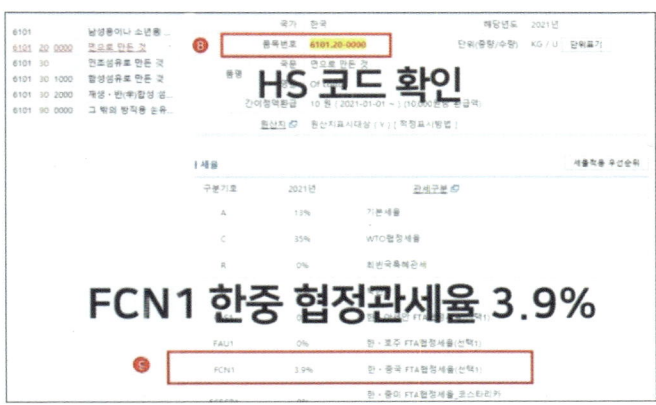

◆ 원산지증명서 (C/O)　　　　◆ C/O 혜택을 받기위해 제품별 HS코드를 확인해야 한다

> **TIP**　C/O 발행을 위한 HS코드 확인과 원산지 미표기 적발시 대처
>
> 원산지표기 규정위반으로 통관시 적발되면 2~3회까지는 보수명령 즉 통관장에서 처리하고 반출할 수 있다. 이 경우 보통 한국의 대행업체에 의뢰하여 처리 가능하나 중국에서 처리 하는것 보다 3~5배 비싸게 진행이되며 이 비용이 아까우면 직접 통관장에 가서 본인이 표기할 수도 있다.
> 적발 횟수가 많아지면 과태료 처분도 함께 나오고 블랙리스트에 올라가서 해당 사업자로 수입시 지속적인 검사비율이 높아지게 되니 주의하자!
> 일반적으로 원산지증명(C/O)와 원산지표기는 배대지에서 유료로 서비스 받을 수 있다.
> C/O 발행을 위해서는 반드시 HS코드를 알고 있어야 한다 HS코드란 국제적으로 통용되는 품목분류코드이다.
> 쉽게 면으로 만든옷을 어느 국가나 6101.20 이라는 숫자로 이 품명은 면으로 만든 옷임을 뜻하는 것이고 본인이 수입할 제품의 HS 코드와 영문 재질명을 정확하게 알고 CO 발행 요청을 하여야 한다.
> 참고로 배대지에 알아서 CO 발행을 요청하면 틀린 HS코드로 발행될 수 있으며 틀린 HS코드로 관세혜택을 받고 수입판매를 했다. 관세청 적발시 과태료와 혜택받은 관세 모두를 물어내야 할수도 있으니 주의하자.
> 본인이 HS코드 확인이 어렵다면 이용하는 배대지와 협력된 관세사를 소개 받고 문의하면 해당 관세사에서 조회하여 알려준다.

인보이스와 사전무역대금 그리고 T.T 송금

인보이스(Invoice)는 중국 수출업자또는 에이전시가 발행하는 매매계산서이다. 쉽게 설명해서 국내간 거래라고 하면 국세청 홈택스를 통해 전자세금계산서를 발행하고 받고 하면 자금 흐름의 근거가 되지만 국제 해외 거래에서는 이를 대체하는것이 인보이스인 것이다. 즉, 해당 외화자금이 어떤 목적으로 어느 국가에 어느 기업이 수취하며 수취은행은 어디임을 명시하여 정상적인 거래임을 증명하는 거래명세서인 것이다.

아래 T.T 송금시 은행에 해당 인보이스가 없으면 외화자금을 보낼 수 없다.

사전무역대금 이란 말 그대로 아직 수입이 이뤄지기전에 수입물품 대금을 해당 국가에 미리 해외송금 하는것을 뜻한다. 이때 송금하는 방식이 T.T (Telegraphic Transfer) 송금이다.

해외로의 송금은 그 자금의 사용목적이 투명하고 정확해야 한다. 그렇지 않으면 외환법 위반의 소지가 크다.

내가 수입을 목적으로 송금하고 수입을 정상 진행하였다 하더라고 T.T 송금시 송금목적을 다르게 표시했다면 관세청 외환관리법 위반이 될 수 있으니 반드시 주의하자.

또한 T.T 송금은 국내로 송금하는것이 아닌 해외로 송금하는 것이다 그에 따라 나라별 송금 가능한 통화도 다르고 은행별 수수료가 별도로 있다.

해외송금은 국내은행(원화를 달러나 해당국가통화로환전 송금) - 해외중계은행 1. (보통 달러시 미국 은행 경유) - 해외중계은행2 (최종 도착국가 은행 (발생될수도 안될수도 있음) - 최종 도착은행으로 진행이 되며 각 은행마다 수수료를 차감한다.

평균적으로 은행에서 송금시 T.T 송금 수수료 8000~10,000원 부과되며 해외 송금수수료가 다시 10,000~30000원정도 금액별로 차등 부과되고 중계은행 수수료를 한국에서 납부(평균 18~20불)한

다고 하여도 제2 중계은행이 있는경우 다시 해당 은행 수수료가 차감되고 최종 금액이 입금될 수 있다.

수입은 무역의 한 분야이다 우리가 무역을 함에 있어 어쩔 수 없이 외화를 주고 받아야 하는데 외환에 대해 너무 안일하게 생각하는 셀러들이 많다.

외환관리법에는 공식적인 루트를 통해 합법적인 송금이 이뤄져야 내가 진행하는 수입이나 수출 사업이 정상적으로 인정받을 수 있는데 위와 같이 복잡하고 오래걸리고 (송금시 도착까지 1~3일 소요) 환율이 비싸다는 이유로 환치기 (개인간 환전 거래)를 통해 수입을 진행하는 셀러가 적지 않다.

이런경우 국세청에 당장은 매입이 인정된것 처럼 보일 수 있지만 외환법을 위반했다면 이미 인정된 매입처리가 취소 또는 상당한 금액의 과태료 처분을 받을 수 있으니 반드시 합법적 송금을 진행해야 한다.

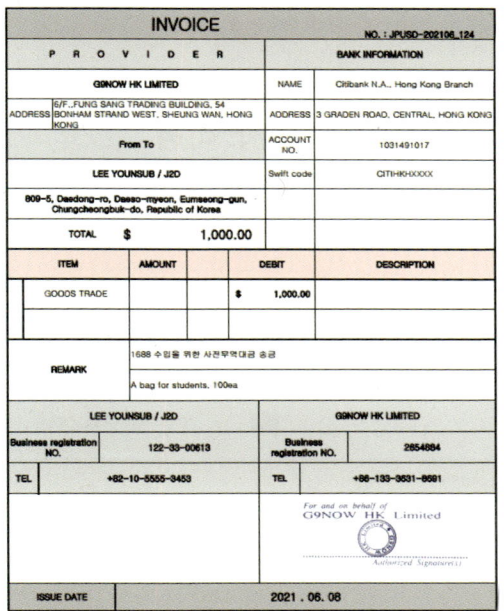
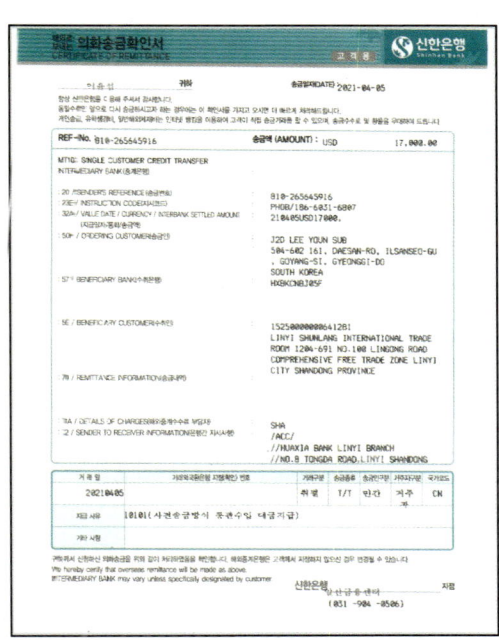

◆ 자금 증빙을 위한 인보이스와 T.T 송금을 진행했다는 송금전문 이 두가지가 있어야 자금증빙이 가능하다. 기억하자 이 두 가지는 자금증빙이다. 매입증빙과는 다르다.

TIP 중판은 핀테크 업체 센트비즈와 제휴 손쉬운 외화송금 가능

중판은 센트비즈와 제휴를 통해 1688 슈퍼아이디 이용시 T.T 송금을 은행방문 없이 손쉽게 할 수 있도록 제휴를 진행했다. 센트비즈를 통하면 빠르고 수수료 절감하며 합법적인 외화송금이 가능하다.

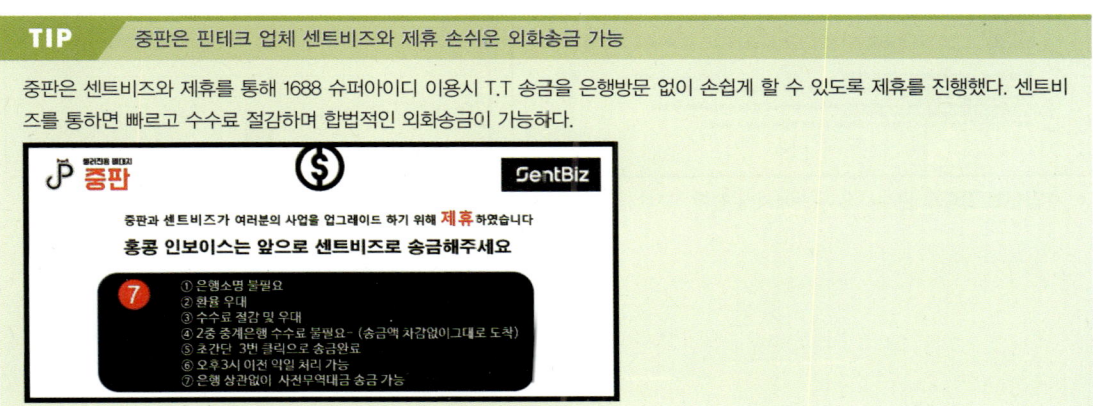

수입신고 필증과 수입세금계산서

수입신고 필증이란 내 사업자로 정상적인 수입이 이뤄지면 관세청에서 해당 수입에 관한 모든 정보를 표기한 증명 서류를 발급해 주며 이것이 바로 수입신고 필증이다.

해당 수입신고 필증은 관세사를 통해 보통 자동으로 메일로 통보된다. 하지만 배대지를 바꾸거나 관세사가 바뀌었거나 못받았다면 [화주교부등록] 진행했던 관세사에 요청하여 유니패스 상에서 직접 열람도 가능하다. 단 반드시 해당 화물을 진행했던 관세사를 통해야 하므로 배대지 여러곳을 사용한 경우 해당 배대지 마다 요청을 해야 그 배대지와 연결된 관세사에게 전달 할 수 있다.

수입세금계산서는 관세사의 통관수수료 처리비용과 화물차 배차를 통해 국내 운임이 발생한 경우 포함하여 관세사가 청구발행하는 세금계산서이며 관부가세는 각 통관하는 세관에서 발행하는 관부가세 전자세금계산서이다. 세금계산서는 자동으로 국세청 홈택스에서 통보 본인이 직접 확인할 수 있다.

이 두 가지가 있어야 해외로 부터 수입이 이뤄졌다는 국세청 매입 증빙이 가능하다.

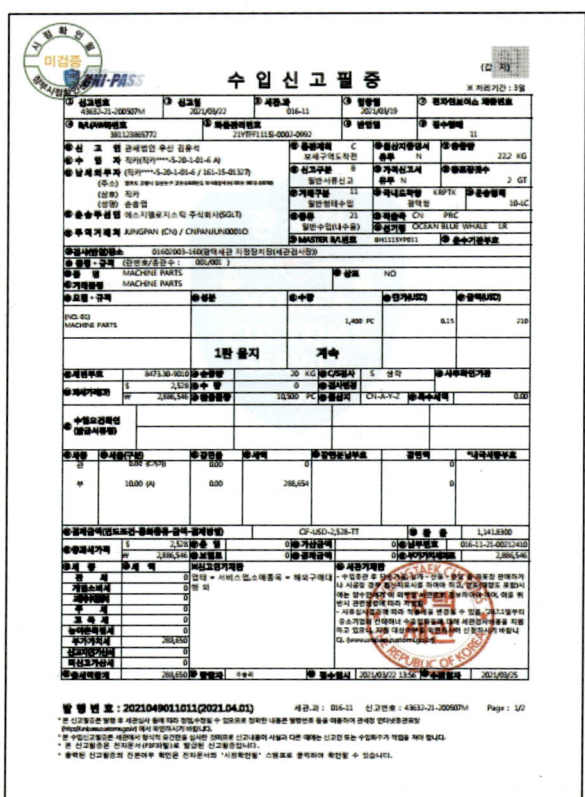

◆ 수입신고 필증과 관세사및 세관에서 발행한 전자세금 계산서 기억하자. 이 두 가지는 매입증빙이지 자금 증빙과는 다르다

자금증빙과 매입증빙

자금증빙은 내가 수입을 위해 사전무역대금을 T.T 송금을 진행하였고 그에 따른 인보이스와 송금전문으로 증빙을 할 수 있다. - 관세청, 금감위 관할

매입증빙은 내가 수입할 물건이 정상 통관을 거쳐 수입신고필증과 관부가세 세금계산서를 받았다면 이 두가지가 매입을 증빙 할 수 있다. - 국세청 관할

우리가 정상적인 수입을 진행할때 이 두 가지 증빙 모두를 갖춰야 하는데 정상적인 거래가 아니게 수입을 진행 하는 사업자분들도 마치 그것이 정상인것 처럼 착각하여 나중에 사업적으로 피해를 보는 경우가 적지 않다.

나가는 외화는 있는데 들어오는 화물이 없다던지 들어오는 화물은 있는데 나가는 외화가 없다던지 모두가 비정상 거래이다.

에에전시(대행사)를 통한 수입을 진행할 경우에도 가급적이면 에이전시 해외 법인으로 부터 인보이스를 받고 외화송금하길 추천한다. 간혹 국내에 한국돈으로 수입대금을 입금한다면 그 에이전시가 합법적으로 해외송금을 진행했는지 여부를 판단해야 하는데 이게 쉽지 않기 때문이다. 본인은 한국에서 정상적인 계좌에 입금을 했으니 잘못없어 하는 잘못된 생각을 하는 셀러들이 적지 않은데 그 에이전시가 불법송금으로 물품대금을 송금했다면 함께 조사 받는건 피할 수 없고 불법에 동조한 꼴이 되니 조심하여야 한다.

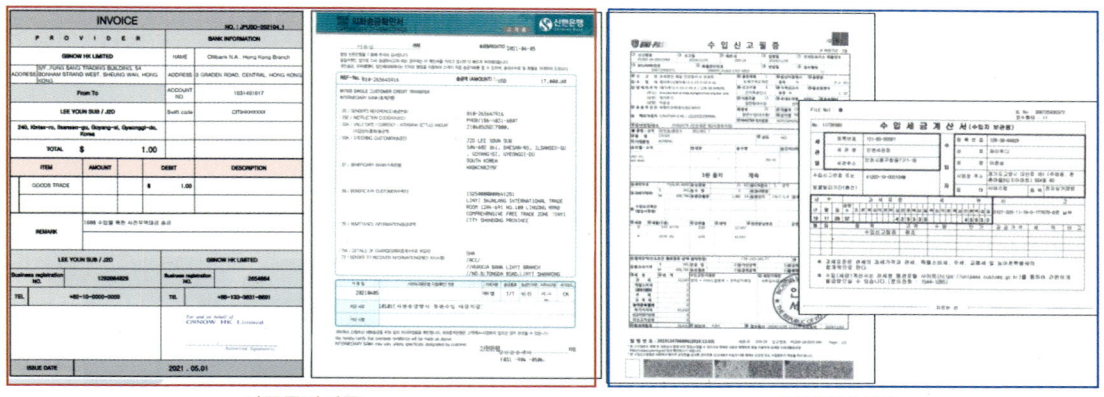

자금증빙서류   매입증빙서류

KC 인증과 지재권 (지식재산권)

KC인증이란 수입할 제품이 국내에 유통이 되어도 안전한지 사전 검사를 검사기관에 의뢰하여 통과되어야만 국내 유통이 가능한 통합 인증 제도이다.

그러므로 반드시 KC 인증이 필요한 수입물품은 사전에 샘플을 가져와 국내 KC 인증서를 획득해놓고 수입을 진행하여야 하며 KC 인증 필수 제품을 인증없이 수입하게 되면 절대 통관이 되지 않는다.

물론 세관에 보류상태에서 KC인증을 받을 수는 있겠지만 짧게는 1~2주 길게 서너달이 걸릴 수 있는 해당 기간동안에는 세관창고료가 나오게 되고 혹여 인증불합격을 받게되면 전량 폐기해야 할 수도 있는 재산상 엄청난 손해를 끼칠 수 있으니 사전에 반드시 확인해야 한다.

각 산업별 전기 전자 전파 가스 등 너무 많은 기관별 인증제도가 하나로 통합되어 KC 인증으로 부른다.

지재권은 저작권, 상표권, 특허권, 디자인권, 실용신안권, 퍼블리시티권 등을 통합적으로 일컫는 말이며 위반 상품을 수입해 오면 안되고 수입해 온다고 해도 한국에서 판매시에 문제가 될 수 있으니 주의하자.

초보 셀러가 지재권을 스스로 판단하기란 결코 쉽지 않다. 이런 사업에 도움을 주는 변리사 제도가 있지만 조사 비용도 만만치 않고 특히 특허권에 대해서는 변리사 조차 정확하게 조사하기란 사실상 불가능 하다.

해당 내용은 키프리스에서 본인 스스로 조회 해볼 수 있으니 불명확하다 싶은 내용들은 항상 검색정도는 해보는 습관을 가지도록 하자.

TIP 공익 변리사 상담센터 활용하기

유료 변리사에 의뢰할 수도 있지만 간단한 상담과 분쟁이 발생했다면 공익변리사 특허 상담센터를 이용해 볼 수도 있다.

중국 판매자가 받은 인증서

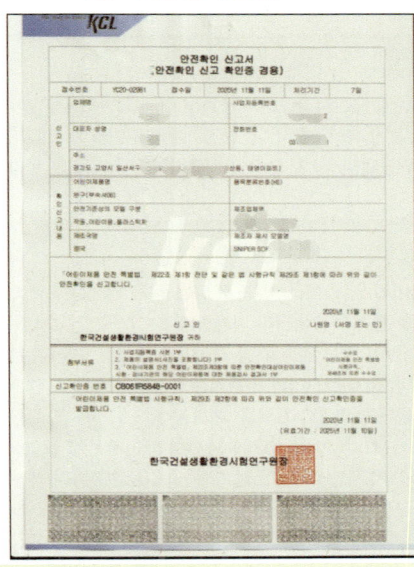

어린이 안전확인증

Chapter 29 _ 중국 수입 판매로 진정한 셀러되기 253

| TIP | KC 인증은 중국업체가 받아준 경우 나도 사용할 수 있다 |

KC 인증서는 내 사업자로 받을 수도 있지만 이미 생산 수출업체가 해당 국가에 수출을 목적으로 받아두었다면 내 사업자로 따로 받지 않아도 인증서를 사용할 수 있다.
그러니 인증제품을 수입시에 중국 판매처에 한국 KC 인증서가 있는지 확인해 보는 습관을 가져야 한다.
어린이 안전 확인증은 14세 이하 어린이 대상제품 전체에 해당한다. 같은 의류라도 어린이가 사용하는 유아동복이라면 어린이 안전확인증이 반드시 필요하다.
다만 14세 이상의 성인이 사용해야 하는 제품이지만 어린이 용품으로 보일 경우에는 별도 안전확인증 없이 +14세 이상 사용 스티커로 대체하여 수입할 수 있다.

◆ KC 인증 표기를 부착한 상태
　배대지에 해당 내용을 전달주면 원산지표기 작업시 함께 진행

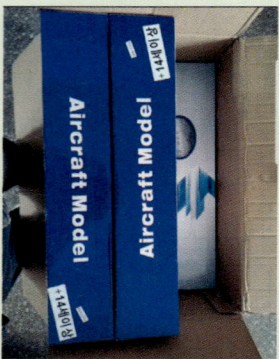
◆ 성인용 장난감에 14세 이상 사용가능하다는 스티커

| TIP | 내가 수입할 제품의 KC 인증 유무 알아보기 |

내가 수입할 제품에 KC 인증이 필요한지 어린이 안전확인이 필요한지등을 알아보기 위해서는 [1381] 인증표준 콜센터에 문의해볼 수 있거나 중판과 제휴되어 있는 [LooKC] 앱이나 상담을 통해 알아볼 수 있다.
[LooKC]는 상담뿐만 아니라 인증대행사로서 인증이 필요한 경우 의뢰하면 된다.

| TIP | 수입식품 인증 |

수입식품의 정의는 먹는 식품이외 입에 직간접적으로 닿는 용품 일체를 말한다. 그러므로 직접 먹는 식품을 물론 컵 수저 찻잔 믹서기 등도 모두 수입식품검사를 통과해야 통관이 가능하다.
다만 수입식품검사는 KC와 어린이 안전 인증 처럼 사전에 인증서를 교부받는게 아니라 통관시에 식약처에서 샘플을 수거하여 검사 후 통관여부가 결정되게 된다. 이게 불안하면 인증업체에 샘플을 통해 사전에 검사를 해볼 수 있다.
수입식품은 별도로 수입식품 등 판매영업업 등록을 해야 한다.

❶ 식품위생교육 온라인 강의 – http://www.kfia21.or.kr/ (첫 페이지 안내 동영상 참조)
❷ 영업등록 – 사업자등록 소재지 지방식약처에 등록 – 식품 보관유통이 가능해야 하므로 자택주소로는 허가되지 않는다.
❸ 해외제조업소 등록신청 사전조회 – 수입식품 정보마루 https://impfood.mfds.go.kr
❹ 한글 표기사항 – 제품마다 부착
❺ 재질증명서 – 식품이 닿는 부분 모든 부분 표기 (중국 회사명, 사업자번호, 메일, 도장 또는 싸인)
❻ 기타사항 – 첫 수입건은 100% 정밀검사 및 비용 발생(단, 첫 수입 시 단일품목(HSCODE) 기준 100kg 이상으로 수입하는 경우 이후 검사는 서류검사로 대체) – 이후 실적건 (제조국·해외제조업소·제품명·제조방법 및 원재료명이 같은 것으로서 정밀검사를 받은 날로부터 5년동안 정밀검사 면제(단, 무작위 선별검사 발생할 수도 있음)

◆ 한글 표기사항
－ 내용을 적어주면 배대지에서 부착해준다.

5 _ 수입시 주의 사항 5가지

앞서 용어 설명에 모든 내용을 설명드렸다. 우리는 구매대행 셀러가 아닌 수입셀러로서 구매대행과 달리 5가지 주의사항을 반드시 주의 해야 한다.

자금증빙과 매입증빙은 말할 것도 없고 내가 수입해 판매 하는건 사업자통관이라는 통관방식으로 관부가세가 과세되는것은 물론 KC 인증유무 등도 따져봐야 한다.

복잡한것 같지만 사실 배대지를 통해 수입할때 직접 물류 핸들링한다고 해도 아래 5가지와 수입물류의 주의할점만 인지하고 있다면 구매대행과 별반 다르지 않다.

인증이 필요한 제품인가?

앞서 설명한것처럼 내가 수입할 물품이 인증이 필요한 제품인지를 먼저 생각해 봐야 한다.

일반적인 신발, 의류, 모자, 기타 악세서리 제품등은 인증이 필요 없다. 하지만 의류에 발열조끼로 열선과 배터리가 사용된다면 당연히 인증이 필요할 것이고 어린이 의류라면 당연히 어린이 안전확인증이 필요하다.

단순하게 의류니까 필요 없겠지 생각하지말고 인증에 대해서는 명확하게 인지하고 사전에 알아보는 습관을 들이도록 하자.

또한 아예 해외 수입자체가 안되는 제품도 있다 국민의 생명과 직결되는 제품들은 KC 인증 시 공장실사도 정밀하게 진행하게 되는데 해외공장일 경우 정밀검사가 불가능하기 때문이다. 버너 등 가스제품 취급류 등이 이에 해당한다.

원산지 표기는 되어 있는가?

중국에서 판매되는 제품에는 모두 원산지표기 Made In China가 표기 되었다고 생각하는데 이외로 표기된 상품이 많지 않다. 사실 제품에 재봉을 하거나 스티커 표기하거나 제품 개별박스에 표기되어 있으면 간단히 해결될 문제이지만 이를 놓치고 수입하다 보수명령이나 과태료 처분을 받는 셀러가 상당히 많다.

내가 수입할 제품에 대해 1688 판매자에게 원산지표기가 되어 있는지 확인하고 확인할 때 육안으로 확인할 수 있도록 사진정보를 제공해 받는게 가장 정확하다. 간혹 표기되어 있다고 하고 전체 상품이 아니라 일부 상품에만 표기해서 보내는 판매자들도 있기에 항상 확인하는 절차가 중요하다.

표기가 안되어 있다면 1688 판매자에게 요청하면 무료로 해주는 판매자도 있고 일부 소정의 금액 좀 더 받고 해주는 판매자도 있다 하지만 소량주문일 경우 아예 이에 응하지 않는 판매자도 있다.

판매자가 응하지 않아도 괜찮다. 이용하는 배대지에 요청하면(중판포함)원산지 표기 작업은 기본작업에 들어간다.

최근에 중판배대지에서 쿠팡 로켓배송이나 로켓그로스 입점을 위해 바코드 작업을 요청하는 셀러들이 늘어나고 있는데 이 경우 원산지 작업도 한 번에 될 수 있게 바코드 라벨에 원사진표기까지 한 번에 적어서 요청하면 빠르고 경제적이다.

중판 바코드 작업 신청서 양식		
* 바코드요청 품목에 색상이나 옵션등이 다를경우 옵션별로 바코드 따로 남겨주시고 수량도 확인해서 기재부탁드립니다 *		
작업할 중판 주문번호	2206200226	작업할 중판의 주문번호 기재
라벨지 크기 선택	1번	작업할 라벨지 사이즈 1번 또는 2번 선택 기재 (1번 40mm*70mm / 2번 50mm*30mm)
작업시 주의사항 알려주세요		2번상품 벌크시 색상별로 5장씩 묶어서 바코드 한장씩 부착해주세요
※ OPP봉투 포장요청시 개당 - 50원 ※		

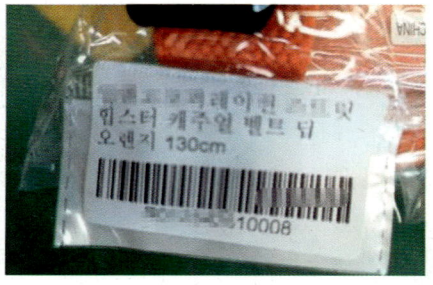

지재권 침해 상품은 아닌가?

구매대행으로 내가 모르는 지재권 침해상품이 유통되면 해당 제품 한 개만 세관에서 폐기되고 말겠지만 사업자통관으로 대량으로 수입하는 제품이 지재권 침해상품이라면 전량 폐기될 수 있다.

물론 나를 포함 세관도 인지하지 못하는 지재권 침해 제품이 통관이 되었다고 하더라도 통관과 한국 오픈마켓에 상품을 등록하여 전시 판매하는 것은 다르다. 전시만 했다는 이유로 내용증명을 받는 경우도 허다한데 판매는 당연히 할 수 없을 것이다.

세관에 통관되어 수입신고필증이 나왔다고 이걸 정품인냥 광고하는 업체들을 많이 봤다. 세관이 정품을 인증하는 기관이 아니다. 지재권 상품이라도 세관에서 인지하지 못했다면 당연히 수입신고필증이 나온다. 같은 맥락으로 통관되어 수입신고 필증이 나왔다고 한국에서의 모든 지재권에서 자유롭다는게 아니라는 말이다. 다만 일상적인 생활용품에는 특허권 등이 존재하지 않으므로 크게 걱정할 필요는 없다. 상표권 하나만 조심하고 내 브랜드 상표를 붙여 판매한다면 이 또한 크게 걱정할 필요 없다.

브랜드에 관한 내용은 다시 한번 다루겠지만 수입판매할 제품의 내 상표권을 등록하고 내 상표를 부착하고 판매하면 적어도 상표권 보호는 오히려 내가 받을 수 있는 것이다.

◆ 중판의 패들보드 ODS 상표등록증

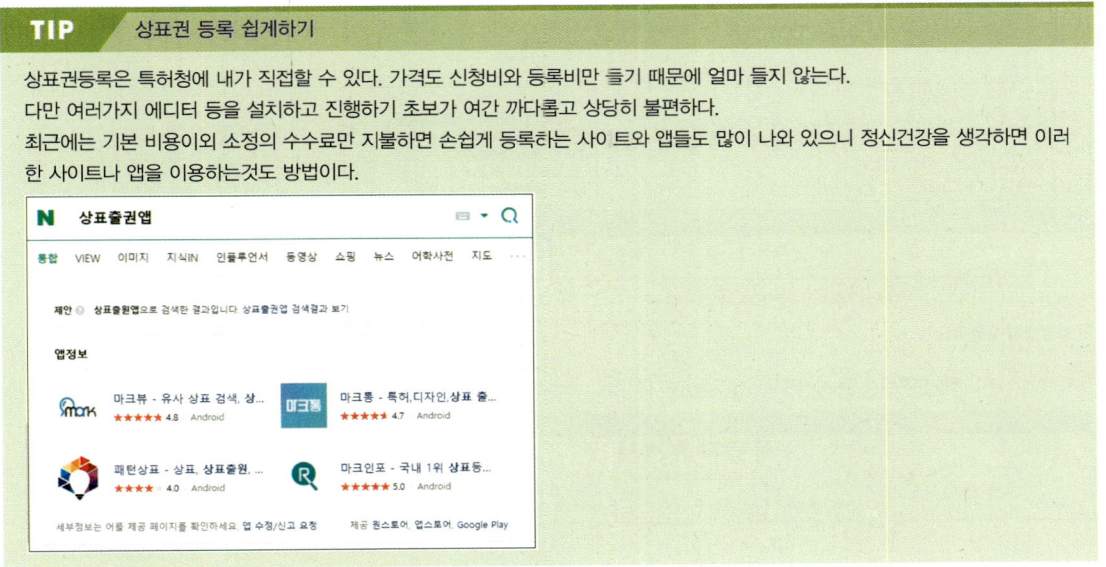

국제 물류의 선택

구매대행 셀러라면 고객별로 하나의 주문서로 하나의 상품을 해운이나 항공으로 보내면 끝나겠지만 수입물류는 같은 주문서를 작성하더라도 대량 상품이 많기 때문에 더욱 신경쓰고 주의할게 많다.

수입물류 다루는 건 따로 설명하기로 하고 해당 내용에서는 전자상거래 방식으로 출고할지 LCL로 출고할지에 대한 내용을 다뤄 보겠다.

전자상거래 방식은 배대지 기준으로는 무게단위 배송비가 책정이 된다. 개인 직구 물량과 함께 통관이 진행되는 방식으로 해운인천 해운평택 항공 모두 선택이 가능하다.

단, 항공은 전자제품 액체류 가스류 배터리 등 탑재 불가능 상품이 상당히 존재하니 급하다고 항공 통관을 하다 중국 해관에 압수되는 일이 없도록 주의하자.

LCL 통관은 인천으로 입항하게 되며 부피단위 통관이다. 그러므로 중판기준으로는 1CBM 기본단위에서 이후 0.5CBM 단위로 과금이 진행된다.

1CBM이라고 하니 이 부피를 채워서 통관해야 된다고 생각하고 중국창고에 계속해서 물품을 쌓는 셀러분들이 계시는데 그렇게 되면 품목도 많아지고 특히 쿠팡 직 입고 시에는 창고별로 상품을 다시 분류해야 하는데 이러한 인건비와 시간이 훨씬 더 낭비적이다.

어차피 통관할 때 관부가세는 여러 번 나눠서 통관을 진행하나 한 번에 하나 똑같고 국내 배송비도 화물량이 증가하면 일정 부분 증가하는 것도 비슷하다. 다만 관세사 비용과 BL 비용 등 5만원 내외 비용을 아끼고자 지속적으로 수입할 제품을 모으는것은 추천하지 않는다.

1회 수입시 다품종 소량수입시에는 세관검사비율은 당연히 높아지게 되고 여러 품목 중 단 하나의 원산지표기 미비나 인증제품이 포함되어 있다면 전체 상품의 통관이 지연되거나 힘들어 지기 때문이다.

원산지 증명으로 관세 혜택을 받고 빠른 통관과 제품을 받길 원한다면 LCL 출고를 적극 추천한다.
원산지 증명도 필요 없고 늦게 받아도 상관없고 제품 금액이 많지 않고 30~40KG 화물이라면 전자상거래 해운을 추천한다.

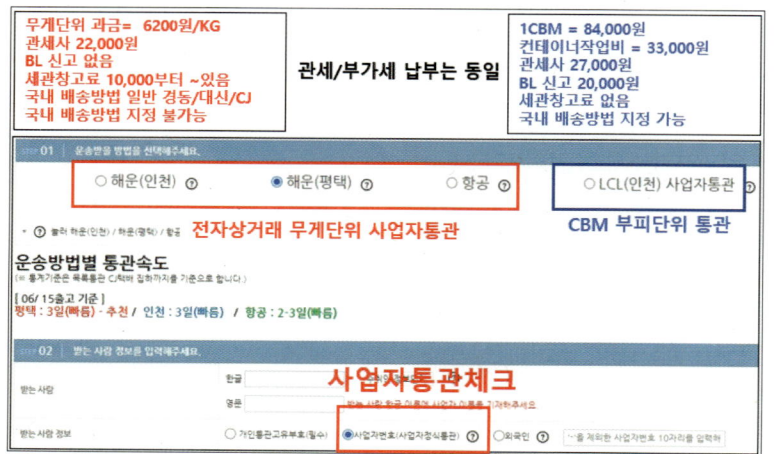

FTA 관세 혜택 유무

LCL 출고시 원산지 증명서(C/O)를 발행하고 관세 혜택을 받을 수 있다. 이때 주의할점은 본인 수입제품의 HS코드를 모두 알고 있어야 하며 배대지에 C/O 발행 요청시 HS코드와 영문 재질명을 알려줘야 한다. 영문 재질명은 여러 혼합 재질일 경우 가능 큰 비중을 차지하는 재질 한가지만 알려주면 된다.

한가지 팁을 드리면 원산지증명을 통한 관세혜택이 초보 소액셀러에게 유리한게 아니다. 그 이유는 원산지 증명서 발행이 유료이기 때문이다.

중판기준으로는 5만원의 발행비가 발생이 된다. 즉 내가 수입할 제품의 관세 할인혜택이 5만원 미만이라면 꼭 받을 필요는 없다.

또 한가지는 소액 700불 미만 까지는 원산지 증명없이 FTA 적용이 가능하여 관세 면제를 받는 제도가 있다. 배대지나 관세사에 요청을 하면 처리가능하니 참고하기 바란다.

HS코드 찾는 걸 어려워 하는 셀러분들이 계시는데 아래 HS코드 내비게이션을 이용하면 손쉽게 코드 조회가 가능하다.

6 _ 수입물류처리시 주의사항

수입대행을 의뢰한다면 수입물류처리는 대행사에서 처리해 주겠지만 당연한 경제적 논리로 수수료가 발생이 된다.

수입대행사가 환율이나 수수료 또는 부가서비스 항목에서 대행사의 수익이 남게된다.

하지만 경쟁이 치열한 수입셀러 세계에서 원가의 10%-20%를 절감할 수 있다면 직접 물류처리 하는 방법을 배워야 한다.

기본적으로 물류처리라 함은 1688에서 결제가 이뤄진 이후 1688 판매자가 물건을 중국내에서 배대지로 보내게 되고 배대지에서 해당 물품을 수취하여 한국으로 발송처리까지를 의미한다.

여기서 구매대행 셀러시절 물류처리와 다른점은 소량 고객명의로 배대지의 주문서를 작성하여 입출고 처리를 했다면 수입셀러는 내 사업장명의로 대량 주문서 작성을 하여야 한다는 점이다.

초보 수입셀러분들이 가장 많이 실수하는 부분이 전체 물량이 다 도착한 줄 알고 배대지 출고지시를 했고 전체 물량에 대한 관세 부가세의 세금납부까지 했는데 실제로 제품을 받았을때 일부분만 받는 실수를 가장 많이 한다.

그렇게 되면 관부가세 세금을 돌려받기도 쉽지 않고 다시 중국 창고에 남아 있는 제품을 또다시 관부가세 등을 납부하고 받아야 하는 금전적 손실이 클 수 밖에 없다.

물류 처리를 이해하지 못하고 계속 실수하다 보면 결국에 대행을 맡기거나 수입을 포기하는 셀러가 있을 만큼 간단한 것 같으면서도 어려운게 수입물류 직접 처리이다.

1688의 모든 트래킹번호 확인하기

배대지의 물류 관리는 처음이자 끝은 이 트래킹번호 (중국내 택배번호)로 모든걸 관리한다.

1688 처음 접하는 셀러는 타오바오 처럼 왼쪽에 있는 LP로 시작되는 것을 트래킹번호라고 배대지 주문서에 기재해 놓고 입고를 기다리지만 이것 1688의 주문관리번호 일뿐 트래킹번호가 아니다

1688의 트래킹번호는 오른쪽으로 위치하며 복수 트래킹번호라면 스크롤 하면 아래로 트래킹번호가 더 표시되어 있다.

왜 트래킹번호가 여러 개 일수 있을까?

사업자는 대량주문이 많다 예를 들어 빗 1000개를 주문했다 치면 이 1000개를 하나의 박스로 보내면 하나의 트래킹번호만 나오겠지만 실제로 화물이 너무 커지기 때문에 100개 단위로 하나의 박스 포장으로 보냈다고 하면 10개의 트래킹번호가 나오게 될것이다.

배대지는 이 10개의 트래킹번호가 모두 주문서에 작성되어 모두 입고처리가 가능하게 된다.

위 언급처럼 한 개의 트래킹번호에 1000개가 온줄알고 출고를 진행하면 한국에서 받아봤을때 100개만 받고 900개는 배대지 창고에 있는 경우가 많다.

그러므로 내가 주문한 상품의 모든 트래킹번호를 파악하는 것이 수입물류의 처음 시작이다.

1688 주문시 무조건 트래킹번호 여러 개인 경우 알려달라고 알리왕왕으로 챗을 남기고 주문할때 메모남기는 습관이 정말 중요하다.

1688 판매자가 모든 트래킹번호를 1688 사이트에 기재해 주는 판매자도 있지만 비율로 봐서 10%도 안된다. 나머지 판매자들은 10개의 트래킹번호중 하나만 기재하고 나머지 9개는 알려달라고 할때까지 알려주지 않는 판매자가 훨씬 많다.

그러므로 트래킹번호 관련해서 알리왕왕 챗은 기본적으로 수행해야 하는 1688 판매자와의 대화이다.

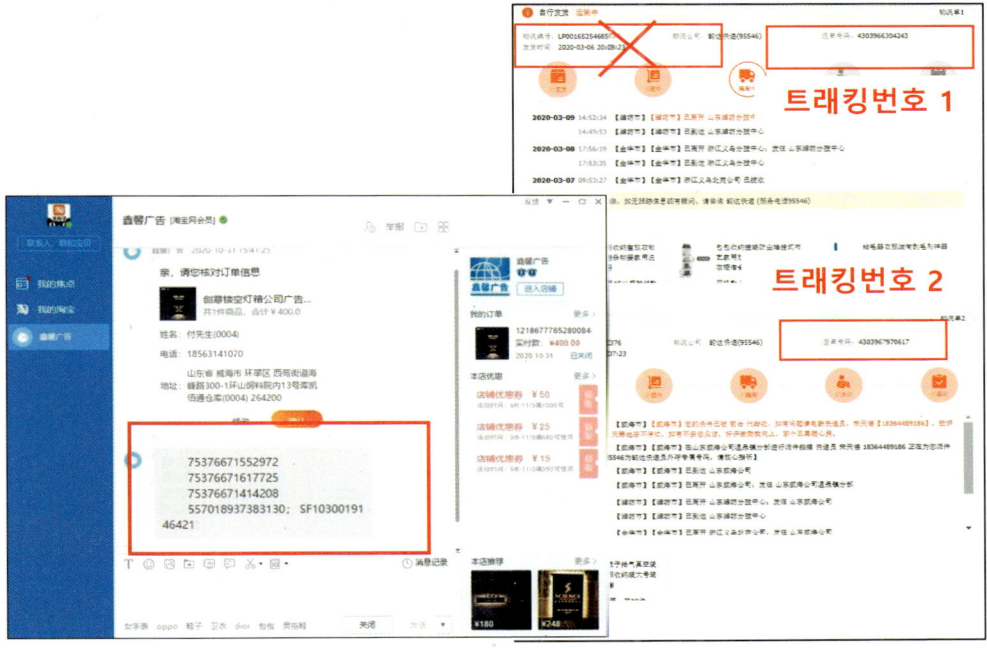

배대지는 트래킹번호로만 관리한다

배대지에 주문서를 작성하다 보면 트래킹번호 기재 하는 곳이 있다. 배대지에서는 화물이 도착하면 트래킹번호를 바코드로 스캔하게 되고 이미 고객이 작성해 놓은 트래킹번호가 일치해야만 입고처리가 가능하다.

배대지 주문서 작성할때 보면 단가, 옵션, 색상, 수량, 품목 등 다양하지만 중국 배대지 현장에서 입고할 때 이를 하나하나 다 확인하고 맞다 틀리다 체크하고 입고하지 않는다. 물론 유료 서비스로 모든 품목의 구분을 해달라고 요청하면 입고 완료 후에 별도 서비스 비용을 받고 수량도 세어주고 색깔별 수량도 세어준다. 하지만 어디까지나 유료 서비스 고객의 요청에 따라 서비스가 제공되는 항목이지 사업자 대량 입고시 이게 맞는지를 하나하나 확인하고 입고하지 않는다는 점을 주의하자.

결국 배대지에서 입고할때는 이 트래킹번호로 제품이 왔어요 하고 도착 사진 한장 올려놓는 것으로 일단 입고작업이 끝나게 된다.

통관시 세관이 중요하게 보는것

반대로 세관은 중국의 트래킹번호등에는 관심이 없다.

배대지에 작성하는 주문서는 곧 세관 신고용 주문서이다.

고객이 직접 작성한 주문서를 토대로 배대지는 그대로 세관에 이를 신고하게되고 사전 신고가 되어 있는 상태에서 화물이 세관장에 반입이 되어야만 통관진행이 된다.

주문서를 대충 작성했다면 세관에서 문제가 될 수 있으니 주의하자.

배대지 주문서 중에 세관이 보는 항목은 영문 상품명 / 단가 / 수량 / 전체 수입 금액 이 4가지 이다 이를 기반으로 어떤걸 얼마치 수입하니까 관부가세 얼마라고 통보할 수 있는 것이다.

배대지마다 한글로 상품명을 조회할 수 있는건 편의상 한글로 검색하면 영문으로 표기하기 위함이지 실제로는 영문 상품명만 세관에 전달된다 이때 세상에 나와있는 모든 상품이 등록되어 있는게 아니므로 내가 수입할 상품이 한글로 없다면 유사 상품을 선택하고 영문상품명을 직접 바꾸던지 배대지에 요청하여 해당 상품명을 넣어달라고 하면 넣어등록해 준다.

또한 배대지 주문서에는 단가가 위안화 (CNY) 중국돈으로 기재 되지만 실제 세관에 신고될때에는 USD 미국 달러로 신고가 들어가게 되고 이때 배대지에서 해당 고시환율을 적용해 두어 자동으로 CNY -> USD로 신고 될 수 있게 해놓았다 다만 소액의 환율차이가 발생될 수 있으나 큰 문제가 되진 않는다.

노데이터란 무엇인가?

노데이터란? 배대지에서 도착한 화물의 트래킹번호를 스캔했을때 이미 작성된 주문서가 있다면 즉시 입고가 되겠지만 작성된 주문서도 입력된 트래킹번호도 없을때 누구의 화물인지 몰라 임의 보관하는 화물을 말한다.

앞서 예시처럼 빗 1000개 주문중 1개의 트래킹번호는 확인하여 주문서에 등록해 놓았고 이것이 전부인줄 알고 있다면 나머지 9개의 트래킹번호는 주문서에 트래킹번호가 기재되어 있지 않기 때문에 모두 노데이터 처리가 된다.

배대지 입장에서의 노데이터는 몇번을 다시 스캔해야 하는 작업량을 증가시키는 요인 중 하나이다. 그러므로 노데이터는 그 다음날 작성된 트래킹번호가 있는지 확인하기 위해 노데이터 물량 전체를 다시 스캔하게되며 이때 작성된 트래킹번호가 있다면 입고를 진행하고 없다면 계 속 노데이터로 입고가 안되고 방치되게 된다.

하루 2번만 노데이터 스캔을 진행하기에 즉시 입고가 안되므로 고객 입장에서는 그만큼 출고가 지연 될 수 있으니 반드시 1688 주문 후 트래킹번호가 확인되면 해당 화물이 배대지 도착전에 사전에 작성한 배대지 주문서에 트래킹번호를 입력해 두는것을 잊지 말자.

또한 노데이터를 확인하지 않고 출고하면 앞서 말한겻처럼 화물을 빼놓수 수입하면서 전체 관부가 세등을 납부하는 대형 손실이 발생하니 노데이터 관리에 정말 심혈을 기울여야 할것이다.

노데이터 상품은 평균 한달 보관을 하고 그때까지 입고를 잡지 않으면 폐기 처분한다.

여러 품목 주문서 작성하는 방법

배대지에서 만들어 놓은 자동주문서 기능은 수입셀러는 절대 사용하면 안된다.
배대지마다 차이가 있지만 하나의 주문서마다 무한대로 상품을 등록할 수 없다. 중판기준으로는 1개의 주문서에 20개의 상품등록이 가능하다. 20개의 상품등록이라는 말은 20개의 중국 트래킹번호를 기재할 수 있다는 의미이다.

앞에 예시처럼 품목은 빗 1000개 이지만 10개의 트래킹번호로 판매자가 발송했다면 나는 하나의 주문서에 10개의 동일 상품을 등록하고 각각 10개의 트래킹번호 모두를 기재하여야만 전체입고가 되는 것이다.
배대지에서 옵션을 보지 않는다고 이미 말을 했음에도 주문서 작성 시 하나의 트래킹번호에 5가지 색상의 빗이 온다고 5개의 상품을 색상별로 등록하고 하나의 트래킹번호를 등록하면 이미 20개 등록 가능한 상품수에서 동일 상품을 가지고 5개를 사용하는 결과가 초래되어 더 많은 상품을 담을 수 없게 된다.

반대로 한명의 판매자에게 빗, 목걸이, 반지를 주문했고 이를 하나의 트래킹번호로 판매자가 발송했다면 세관은 품목을 본다고 말했으니 동일 트래킹번호라 할지라도 품목별로 빗 몇 개, 목걸이 몇 개, 반지 몇 개로 주문서에 상품 3가지를 작성하고 동일 트래킹번호를 기재하여야 세관에 정상 신고될 수 있다.
또한가지 품목이 모두 같은데 단가가 다를 때에는 평균단가와 전체 수량만 입력하면 된다. 예를 들어 큰빗 10위안 −10개 작은빗 5위안 − 10개 빗이 하나의 트래킹번호로 온다면 품명 빗 단가 7.5위안×20개로 주문서에 상품 1개만 작성하고 트래킹번호 1개만 입력하면 세관입장에서 빗이고 전체금액이 확인되기 때문에 문제가 없다.

내가 수입할 모든 제품이 위와같이 줄여서 작성했음에도 불고하고 도저희 1개의 주문서로 작성이 불가능 할때는 1개의 주문서당 20개씩 트래킹번호 기재가능한 상품을 초과할때 다른 주문서를 다시 작성하여 입고를 더 잡을 수는 있다. 이경우 출고시 세관에는 하나의 주문서만 신고 가능하므로 신고용 주문서를 따로 작성하고 배대지에 2개의 주문서를 합포장 해달라고 하면 된다. 이 신고용 주문서에도 20개의 품목은 넘어갈 수 없으므로 정말 다품목 수입이라면 나눠 수입하길 권장한다.
특히 쿠팡에 로켓 입고를 2~3개의 쿠팡 창고로 가야할 품목이 있다면 이건 반드시 쿠팡 같은 창고로 가능 상품끼리 주문서작성과 각각 통관을 해야한다. 배대지에 구분 포장을 요청하거나 통관후 구분 국내 배송시 배보다 배꼽이 더 큰 경우가 많이 발생하니 주의하자.

- 1개의 주문서에 상품등록(트래킹번호) 최대 20개 까지만 가능

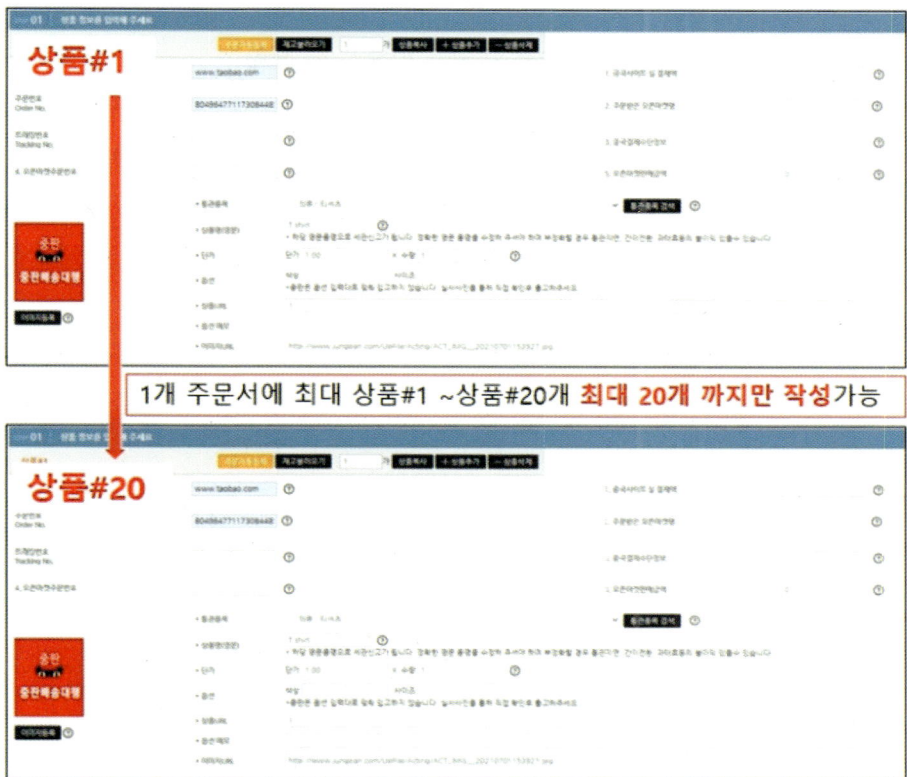

- 동일품목 색상이나 사이즈가 다르게 하나의 트래킹번호로 온다면 트래킹번호 1개만 기재해서 입고하기

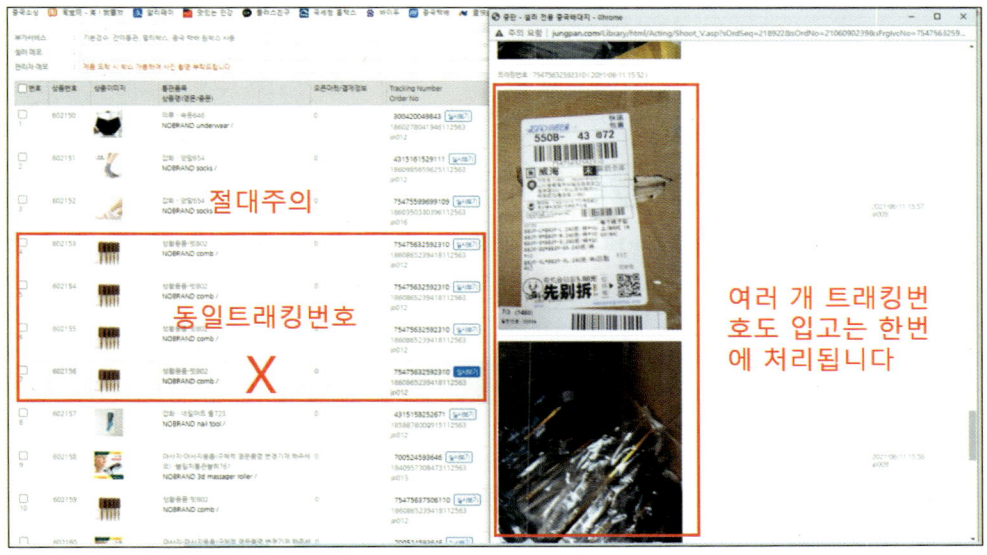

Chapter 29 _ 중국 수입 판매로 진정한 셀러되기 **265**

- 품목이 같은데 가격이 다르면 전체 평균단가와 전체 수량으로 주문 금액 맞추기

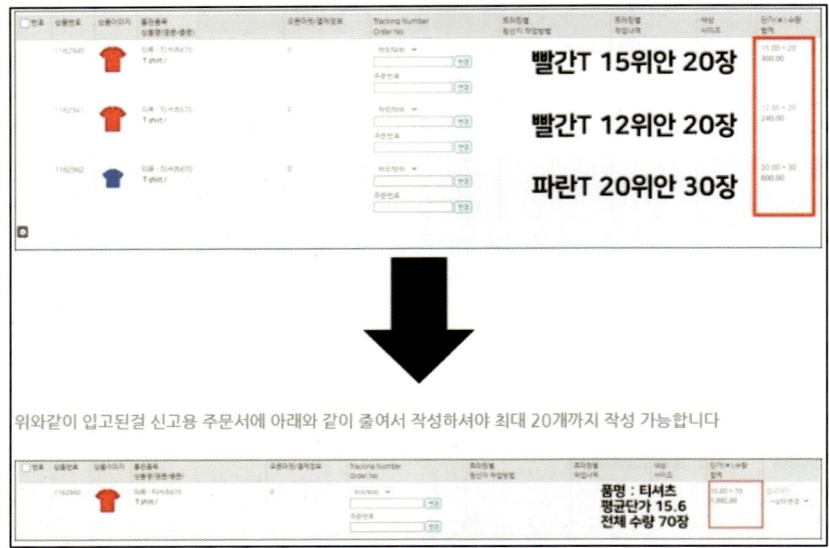

- 품목이 다른데 하나의 트래킹번호로 온다면 품목별로 상품을 기재하고 동일 트래킹번호 기재

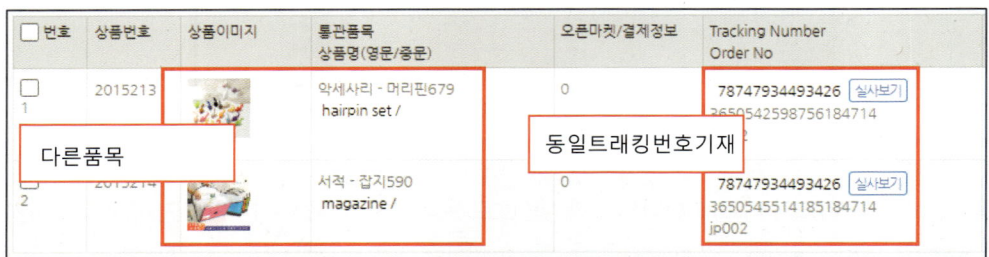

- 주문서 하나 20개 트래킹번호로 처리 불가능할때 입고용 주문서 따로 신고용 주문서 따로 작성하고 포장을 합포장으로 요청

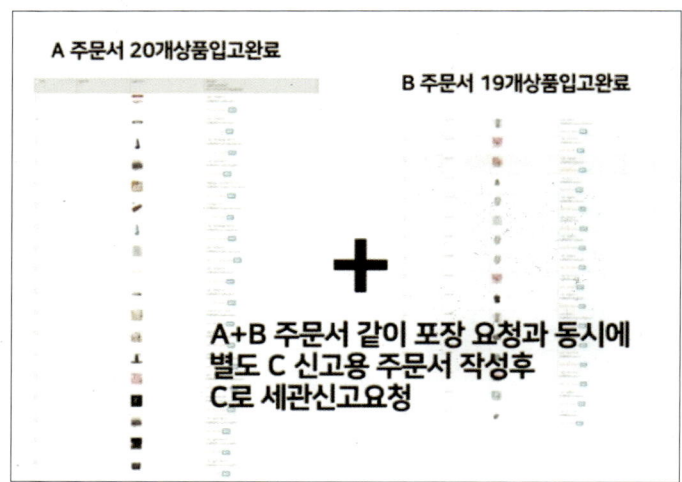

배대지와 상생 소통하기

수입물류를 처리하는 배대지는 정말 다양한 상품 다양한 작업을 실수 없이 진행해야 하는 어려움을 갖고 있다.

입고시 10만개 소형 악세사리를 수량에 10만개로 표시했다고 10만개가 맞는지 확인하고 입고해줘야 된다고 생각한다면 반대로 10만개를 세는데 2~3세시간이 족히 걸릴 일인데 무료로 했어야 한다는 것은 앞뒤가 맞지 않는다.

당연히 고객이 2-3시간의 작업비를 지불하고 요청한다면 배대지에서는 이를 수행해 드릴 수 있다.

또 원산지 표기도 옷에 간단하게 재봉하면 200원 이겠지만 카펫트에 재봉을 하려면 펼치고 재봉하고 다시 포장하는 작업을 하고 똑같이 200원을 청구 해야 된다고 볼 수 없다.

즉 동일 원산지 표기 동일 수량검수에도 물성에 다라 작업 난이도와 시간이 상당히 달라질 수 있다.

이런 부분을 서로 인지하고 배대지와 소통을 한다면 크레임 없이 부드럽게 넘어갈 수 있을 것이다.

배대지는 알아서 모든걸 책임져 주는 하청업체로 보지 말고 내 물건의 특징 즉 물성을 파악하여 배대지에 요청하고 배대지가 이를 수행 했다고 하면 반드시 본인도 한번 더 사진으로 검증하고 사진으로 검증이 안되면 문의를 통해 출고가 늦더라도 내가 요청 사항이 모두 반영되었는지 확인 하는 교차 검증이 필요하다.

배대지에 요청했고 작업이 되었다고 하여 본인 확인 안 하고 출고되었다가 본인 뜻대로 작업이 안되었다고 항의하기 보다 내가 해야할 일은 작업 지시했으니 한번 더 내가 확인하여 정상적인 작업이 이뤄졌는지 교차 확인을 하는 것, 이것이 배대지와 소통하고 상생하는 길이다.

◆ 중판 배대지 창고 전경

7 _ 브랜드 상표가 필요한 이유

브랜드 상표라고 하면 덜컥 겁부터 먹으며 내가 어떻게 그걸 할 수 있지 하는 고민부터 하는 셀러들이 많다. 우리가 브랜드를 만들자고 하는건 나이키 샤넬 처럼 대기업의 브랜드 가치를 만들자는 내용은 아니다. 물론 제품의 성공이 거듭될 수록 브랜드의 가치는 상승할 수 있겠지만 처음부터 브랜드 가치만을 위한 노력을 할 필요까지는 없다는 말이다.

적어도 구매대행 상품과 다름을 또 동일 수입제품이라 하더라도 타사 제품과 다름을 강조하기 위해 더 나아가서 소비자에게 우리 제품은 브랜드 상품이라는 선택을 폭을 더 주기위해 가격 경쟁력에서 좀더 비싸도 다름을 강조하기 위해 브랜드 작명하고 사용하는것을 말한다.

제품에 브랜드까지 표기될 수 있다면 더 좋겠지만 그럴 수 없는 경우 제품 상세페이지에 기재만 하더라도 안한것 보다 훨씬더 판매량의 차이가 있음을 알게될 것이다.

소비자가 내 브랜드를 아나요?

당연히 모른다. 그럼 왜 필요할까? 단순하게 이 책을 읽는 독자에게 질문해 보겠다.

패들보드와 자동차 주차 번호판의 생각나는 브랜드를 말해보자.

있는가?

없을것이다.

소비자가 모르는데 실제 판매하는 셀러들은 브랜드를 붙여서 팔고 있을까?

◆ 출처 : 쿠팡 [주차 번호판] 검색화면

위 사진처럼 주차번호판에도 브랜드 상표를 붙여 파는 셀러들을 확인할 수 있다.

이 브랜딩을 통해 제품의 퀄리티가 높아져 보이고 판매가도 좀더 높여 받을 수 있을 것이다.

단순하게 제품과 상세페이지 제목에만 브랜드를 붙인 경우도 있지만 간단한 제품박스를 제작하여 브랜드화 시킨 제품도 보인다. 그렇다면 이 브랜드 제품들은 모두 한국에서 자체 제작한 제품들일까? 물론 정확하게 100%는 알수 없다. 하지만 대다수 자체제작이라도 중국OEM 이거나 1688에 판매하는 제품을 패키징만(박스재포장) 한 경우가 많다.

소비자 입장에서 직구를 할지 중문 또는 엉성한 이미지 번역되어 있는 구매대행 상품을 살지 쿠팡에서 살지를 고민할때 사실 같은 제품이었더라도 브랜드와되어 있고 빠른 배송이 쿠팡을 선택할 확률이 훨씬 높다. 반대로 판매자 셀러인 우리 입장에서 고객에게 판매하기 위해 위와같은 브랜딩 작업을 하는 것이다.

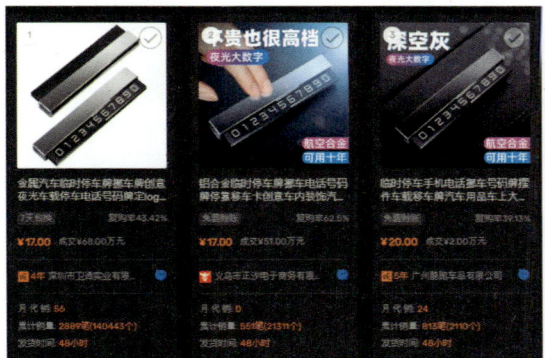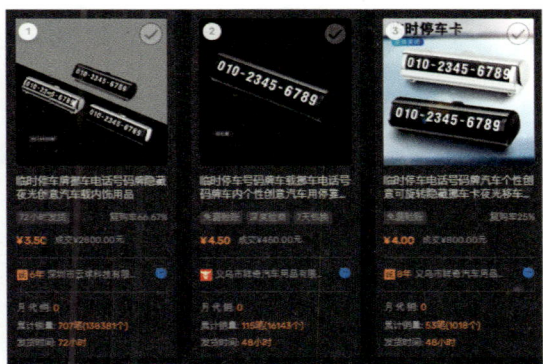

◆ 1688의 이미지 검색결과 동일제품으로 보이지만 브랜드화 시켜서 고객들은 직구보다 쿠팡의 제품을 신뢰하게 된다

상표권 보호와 외부유입

이번에는 중판이 판매했던 패들보드를 예로 들어보자.

OEM 디자인 변경 생산한 패들보드에 중판은 ODS라는 브랜드를 사용하였고 이미 ODS 라는 상표권까지 획득한 정식 브랜드이다.

일반적인 패들보드와 패턴과 색상이 다르고 상세페이지는 완전히 한글화와 직접 촬영한 사진을 사용하였으며 브랜드 정품인증 판매처를 기재하여 신뢰도를 높였다.

아마도 일반 고객중에 가격이 비싼데 ODS라는 패들보드 브랜드가 있나 하고 구매 최종 결정전에 네이버 검색을 해볼 수도 있을것이다.

당연히 네이버 블로그에서 검색되에 블로그 작업도 해놓았고 블로그를 보면 공식 판매처로 스마트스토어를 링크해놨다.

즉 패들보드 구입전 - ODS 브랜드 인지 - 네이버 ODS검색 - ODS브랜드 인정 이라는 고객의 검색패턴과 외부유입을 유도하는 마케팅 전략의 일환이다.

아울러 실제로도 같은 패들보드라도 이제부터 누구도 나의 ODS 상표를 사용할 수 없다.
오로지 중판만 사용가능한 브랜드이다. 구매대행 셀러들이 대량 프로그램을 통해 상품을 올리면서 ODS 패들보드를 올리는 경우가 중판대표 눈에도 많이 보인다. 이전 구매대행 셀러때 상표권 위반으로 내용증명과 합의를 했다면 이제는 상표권자로서 그 권리를 행사할 수 있게 된것이다.

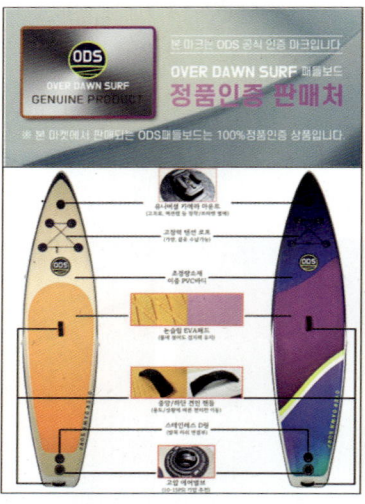
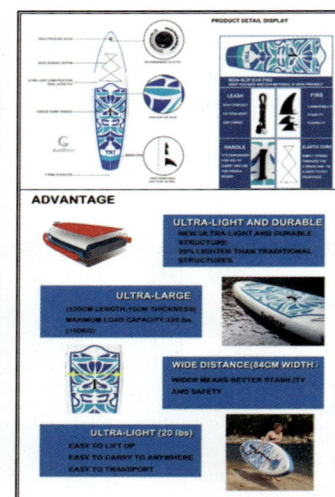

◆ 상표등록과 정품인증되어 있는 패들보드 VS 구매대행 상품이라면 소비자는 어떤 제품을 선택할까?

브랜드 네이밍 쉽게 하기

브랜드화 하기로 결정했다면 이제 브랜드를 정해야 한다. 이말은 상표를 만들고 로고도 만들고 해야 하는 어떻게 보면 전문직종에 의뢰해야 가능한 작업일지 모른다.
하지만 초보셀러가 비싼 비용을 지불하면서 브랜드 네이밍부터 상표 디자인까지 하기란 결코 쉽지 않다.
필자도 디자인 할줄 모른다 우선 상표권에 대한 다양한 정보를 이해하는게 우선일 것 같다.
책에서 글로 설명하기 보다 백종원대표가 설명하는 정보를 보는것이 빠르니 아래 영상을 시청해 보자.

기초적인 상표등록 절차를 이해 하였다면 앞장에 설명한 상표출원 앱을 이용해 실제 출원까지도 해볼 수 있을 것이다.

다만 상표출원에는 시간과 비용이 따른다. 시간은 출원부터 등록까지 1년 6개월정도 소요되며 비용은 20~30만원정도 소요된다.

비용은 직접하느냐 대행에 맡기느냐에 따라 달라지는데 대행에서는 해당 상표가 등록가능한 상표인지를 먼저 조사하고 접수 받는 단계가 있으므로 비용은 들지만 상표등록될 확률이 높다.

내 스스로 등록을 추진한다면 우선은 키프리스에서 나와 동일한 상표권자가 있는지 부터 검색하고 접수 해야 시간과 비용을 절약할 수 있다.

초보셀러가 수입하면서 바로 상표등록까지 하지말고 해당 상품의 판매량에 따라 가능성이 있어보일 때 바로 상표권 등록 하길 권장한다.

한 가지 더 상표에 로고가 필요할 수 있는데 해당 로그는 디자인 영역이다.

최근에는 이러한 로고도 어느정도 자동생성해 주는 사이트들이 있으니 전문 디자이너가 아니라면 해당 기능들을 이용해 보는것도 비용적인 측면에서 나쁘지 않다.

| TIP | 브랜딩까지 했다면 판매시 광고하기 |

구매대행 셀러들은 자신만의 제품이 없고 수많은 제품을 모두 광고하기에 여력이 절대적으로 안된다.
하지만 브랜딩까지 끝낸 수입판매제품은 단가도 어느정도 높여 받을 수 있고 한글 상세페이지도 제작되어 있기 때문에 충분히 광고로 매출을 끌어 올려볼 수 있다.
쿠팡의 아이템위너가 아니면 광고 자체를 할수 없다보니 브랜드는 아이템 위너에 묶이지 않을 수 있는 아이디어 이기도 하고 광고까지 진행하여 매출을 끌어 올릴 수 있는 장점이기도 하다.
당연히 판매량에 따라 고객 리뷰가 달릴 것이고 리뷰이벤트도 진행하거나 리뷰 하나하나에 판매자 답글로 성의를 보이면 지속적인 판매량 증가를 꾀할 수 있을것이다.

8 _ 1688 슈퍼아이디로 최저가 수입하기

이 책의 마지막 챕터이다. 우리는 구매대행 셀러로 시작하여 수입판매 셀러로 거듭나기 위해 앞장에서 모든걸 배웠다. 특히 수입판매 셀러가 되기 위해서는 외화자금을 증빙할 수 있는 자금증빙과 매입을 인정받을 수 있는 매입증빙을 상세하게 배웠다.

1688 슈퍼아이디의 출발은 합법적인 자금증빙에서 시작한다.

1688은 한국 신용카드 결제를 지원하지 않는다. 그렇다고 1688 판매자 한명한명에게 외화송금을 할 수도 없을것이다. 그리고 빅셀러가 되가면서 경험하겠지만 중국통장이 있어도 1688에 큰 금액(1일5만위안이상)을 결제할 수 없다. 결제를 한다고 해도 계정이 잠기는 현상을 격게될 것이다.

1688 슈퍼아이디는 이러한 문제점을 해결한 중판이 1688과 협력하여 국내 최초로 만든 서비스이고 1688 슈퍼아이디를 통해 최저가 직접 수입을 진행할 수 있다 물론 합법적으로 자금과 매입증빙이 가능하게 말이다.

이것이 1688 슈퍼아이디의 최고의 장점이고 최저가로 수입할 수 있다는 말은 국내서 아이템위너가 될 가능성이 높다는 의미이며 빅셀러로 성장할 수 있는 기초를 다질 수 있는 서비스이다.

1688 슈퍼아이디의 장점

❶ 자금증빙이 가능

중판의 홍콩법인(에이전시)로 부터 사전무역대금 송금이 가능한 인보이스를 발행받을 수 있고 T.T 송금(센트비즈가능)을 하여 인보이스와 송금전문을 갖춰 자금증빙을 할 수 있다.

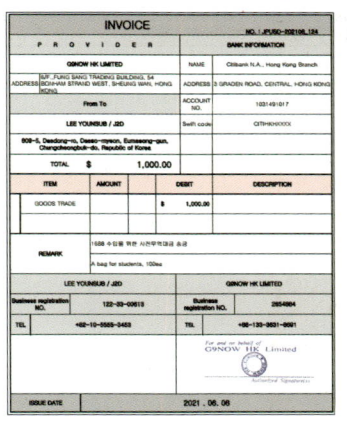
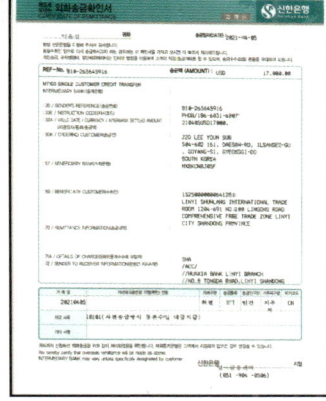

❷ 송금 환율 그대로

보통 에이전시들이 말하는 수입대행 높은 구매대행 환율로 송금하는게 아닌 오늘 지금 이시간 시점의 송금환율로 그대로 보내도 되기 때문에 환율에 따른 환차손실이 0% 이다. 즉 보낸 금액 그대로를 내가 사용할 수 있다는 의미이다. 여기서 한국에서 보낼때는 USD로 보내게 되고 도착후에는 CNY로 자동 환전이 되는데 이 또한 알리바바 그룹에서 지원하는 공식 환전을 통해 낮은 환율 그대로 CNY로 변환 적립된다.

❸ 최저가 수수료

수입대행에서 말하는 5% / 10%등의 수수료가 없다. 다만 인보이스 발행 시 중판 배대지 이용조건의 1.7%의 (타배대지 조건 2.5%) 수수료가 전부이므로 환율에 앞서 수수료도 국내 최저가 수수료이다.

예 1000USD를 송금 시 1.7%인 17USD만 수수료 기본수수료 11,000원(건당) 포함하여도 32,000원 내외의 수수료가 전부이다.

❹ 절대 계정이 잠기지 않으며 큰 금액도 결제 가능하다

1688 개인 아이디를 이용하다 보면 계정 잠김 현상을 격게 되고 잠김을 풀 수 있으면 그나마 다행이지만 못푸는 경우도 허다하다. 또 개인 알리페이 결제를 하려고 해도 5만위안/일(민생은행기준) 결제를 진행할 수 없다. 하지만 슈퍼ID는 중판의 주계정 아래 자계정 형태로 운영되어 모든 보호를 중판 주 계정으로 받기 때문에 위와 같은 일이 발생하지 않는다.

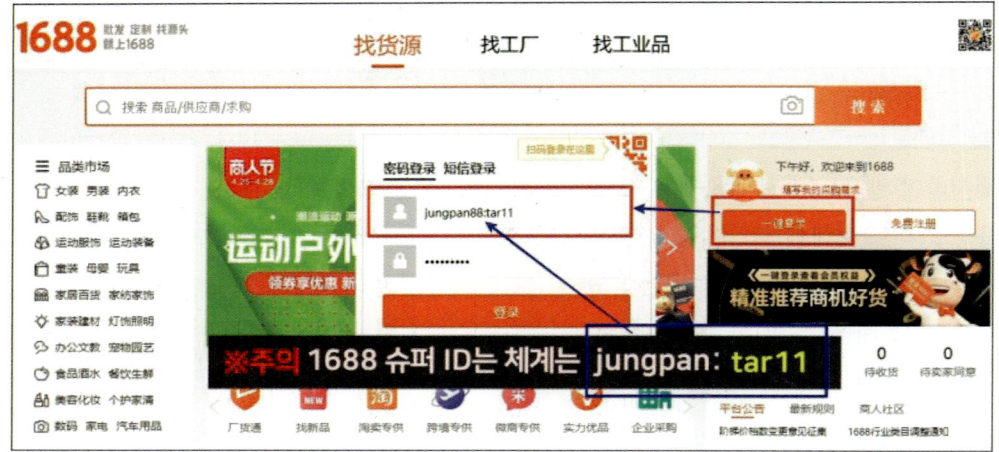

❺ L6 레벨 적용 5% 할인

슈퍼ID는 중판의 주계정 아래 자계정을 활용하는것으로 주계정의 L6레벨 혜택 그대로가 적용된다. L6 레벨이므로 1688 판매자가 5% 할인설정을 했다면 슈퍼ID 결제시 자동으로 5% 할인적용이 된다.

하지만 단순 샘플이나 구매대행 셀러에게는 유리하지만 수입셀러는 결국 판매자와 가격 협상을 해야 하므로 이 경우에는 협상가격이 우선이된다. 당연히 5%보다 더 낮게 협상할 것이다.

1688 슈퍼ID 이용 방법

1688 슈퍼아이디는 중판에서 슈퍼아이디 월간 / 년간별로 구분해서 일단 구매를 하여야 한다.

2024년 1월 기준으로 월간은 55,000원(부가세포함) / 년간은 330,000원(부가세포함) 금액으로 판매하고 있으며 아이디와 비밀 번호는 내가 설정 할 수 있다.

이후 사전무역대금 송금을 위해 인보이스를 신청하게되면 인보이스 신청금액의 1.7%를 발행 처리 수수료를 국내 계좌로 입금하면 인보이스가 발행이 된다.

발행된 인보이스를 기준으로 T.T송금(또는 센트비즈송금)을 하면 해외자금 도착까지 1~2일 소요되고 중판에서 외화 자금 안내 도착 카톡을 드리면 이후 사용이 가능하다.

사용방법은 1688에서 결제할 금액만 5개 단위로 중판사이트에 올려놓으면 30분 이내 1688에서 결제처리가 된다.

좀더 자세한 신청방법과 사용방법은 아래 블로그를 참고하면 된다.

https://blog.naver.com/china_sms/222325048091

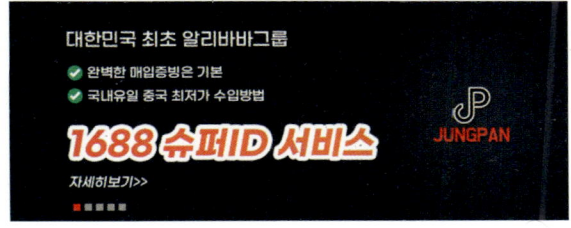

수입대행과 카드결제 수입대행 아보카드

중판도 배대지를 운영하면서 당연히 수입대행 업무로 함께 병행하고 있다.

이 책에 모든 설명을 드렸지만 직접수입에 대한 부담감 또는 빅셀러로 가면서 시간상 직접수입이 어렵다면 수입대행을 의뢰할 수 있다.

중판의 수입대행 서비스에는 2가지가 있다. 일반적인 T.T 송금을 진행하는 수입대행 업무와 같은 수입대행업무이지만 모든 결제를 한국 신용카드로 진행되는 아보카드라는 서비스를 운영중이다.

1688 슈퍼ID는 셀러가 직접 수입할때 1.7%의 수수료로 1688 결제만 합법적으로 진행이 되는 서비스라면 수입대행 업무는 중판이 에이전시가 되어 모든 물류처리를 진행하면서 최종 목적지까지 배송완료하는 수입대행 서비스이다.

그러므로 10%의 수수료를 받고 있고, 환율은 송금환율 그대로를 적용하며 환율 장사는 하고 있지 않다.

❶ 수입대행

별도의 사이트는 없으며 모든 업무를 카톡으로 진행해드리고 있다. 다른 수입대행 업무와 다른점은 내가 수입할 물건들의 링크 가격 옵션 등을 엑셀로 정리 하거나 사이트에 신청하는 방식이 아니라 중판이 운영하는 1688슈퍼ID를 임대받게 되고 해당 슈퍼ID 카트에 수입할 물품을 모두 담으면 견적을 주고 T.T 송금하므로서 수입대행 업무가 개시된다.

슈퍼ID를 이용하므로 손쉽게 카트에 담기만 하면 되는 편의성이 있고 5% 할인이 자동 적용되며, 최종 결제 금액을 고객과 중판이 그대로 공유하는 투명성을 가지고 운영하고 있다.

❷ 아보카드

아보카드는 소액 수입대행에 적합한 서비스이다. 별도 T.T송금을 하지 않아도 한국 신용카드로 결제한 하면 수입대행이 진행되는 서비스이다.

여기서 중요하게 볼께 신용카드 결제 승인이 해외에서 이뤄진다. 앞에 설명했듯이 국내에서 카드승인이 나는 것은 국내 도소매 결제이지 수입대금 결제가 아니다. 그러므로 아보카드에서의 신용카드 결제는 모두 해외승인결제로 이뤄진다.

처음 수입하는 셀러에게 적합한 서비스이다.

보다 자세한 이용방법은 아보카드 별도 사이트로 운영중이니 사이트 내에서 이용방법은 확인하자.

https://avocard.co.kr/

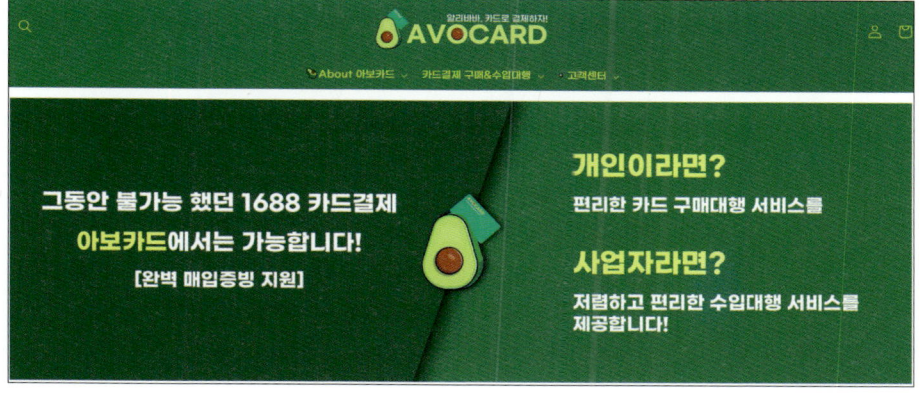

Epilogue

책 집필을 마치며

중판 카페 활용하기

이 책을 집필할 때는 중국 구매대행이 정점에 있었을 때였다. 중판대표도 구매대행 업무를 아직도 하고 있지만 수입판매쪽으로 사업의 방향을 한차례 더 틀었다.

구매대행 사업은 아직도 매력적인 사업임은 분명하다. 하지만 그 달콤함에 빠져 있다면 진정한 셀러가 될 수 없는 걸 잘알기에 이번 개정판에는 수입판매에 관한 내용을 상당부분 추가하게 되었다.

구매대행으로 시작하여 실력을 키우고 수입판매 나아가 브랜드까지 성공할 수 있다면 우리는 비로서 진정한 빅셀러가 될 수 있을 것이다.

앞으로 중판대표는 유튜브와 카페를 통해 독자와 소통하며 이 책을 읽고 빅셀러가 될 수 있도록 모든 지식을 풀어놓을 예정이다.

이 책을 읽고 이해되지 않는 부분 등은 네이버 중판카페를 활용하여 질문을 하면 빠르 시간내에 답변 받을 수 있다.

- 네이버 중판 카페

https://cafe.naver.com/taobao4

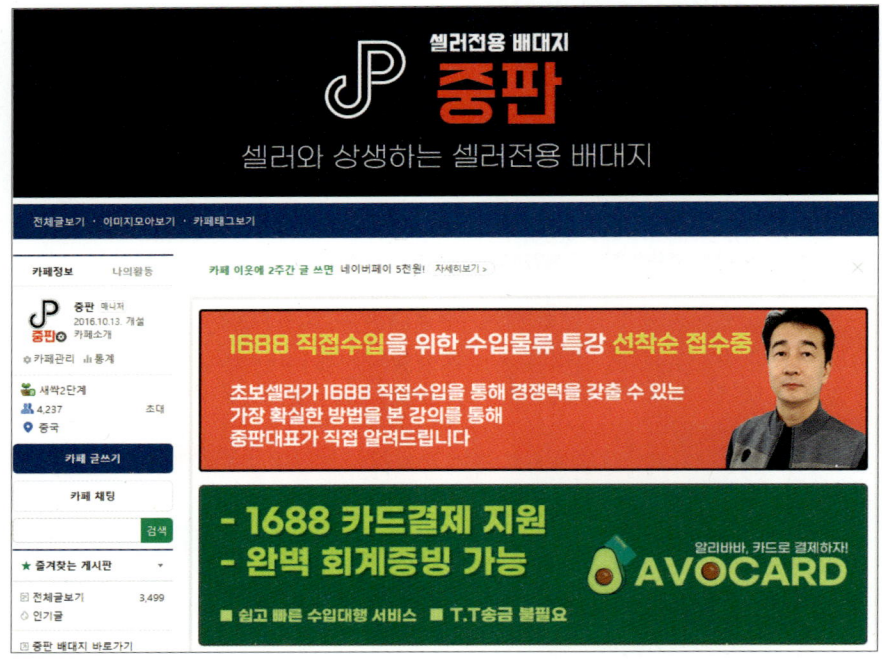

독자를 위한 무료강의

중판 대표는 그동안 무료특강과 유료강의도 진행하였다. 이를 통해 수많은 파워셀러들이 양성되었고 이러한 파워셀러와 중판 배대지가 함께 성장하는 상생을 이뤄왔다. 앞으로 중판 대표는 해당 책을 중심으로 소액강의를 확대하여 많은 셀러분들과 함께 성장할 수 있도록 소액강의 위주로 강의를 진행할 예정이다. 셀러분들의 중판 오프라인 강의 후기는 카페에서 직접 확인해 볼 수 있다.

중판 배대지 장점 활용하기

중판은 셀러전용 중국 배송대행지 배대지도 운영하고 있다.
중판 대표가 셀러입장에서 최대한 불편함이 없고 저렴하게 활용할 수 있도록 만든 배대지이고, 특히 다른 배대지에는 없는 셀러를 위한 특화된 서비스 몇 가지를 제공하고 있다.

• 중판 : http://www.jungpan.com

(1) 중국 통장 투어 진행

2018년도부터 중국 통장만들기 투어를 진행하여 실패없이 투어참여 셀러 모든 분들께 중국 통장을 만들어 드렸다. 아울러 개설된 통장의 알리페이 연동도 중국 현지에서 진행해드리며 혹시나 알리페이 잠김 현상을 줄이기 위해 실제 현장에서 결제해보는 체험까지 모두 마치고 귀국하게 된다.

중국 통장은 중국정부의 정책으로 단순 여행비자로는 개설이 힘들어 졌지만 반드시 중국 구매대행 셀러에게 필요하므로 중판 중국 현지법인의 노력으로 이를 극복하고 중국 통장을 개설해 드렸다. 다만 이 책의 초판 집필 당시 2020년 기준 코로나로 인해 일시적으로 통장투어를 진행하지 못하였지만 2023년 2월 이후 코로나가 해지되면서 2023년 12월 기준 30기(기수당 4명)의 통장투어를 다시 진행하고 있다.

◆ 중국 휴대폰 개통

◆ 중국 통장 개설

(2) 중판 셀러명의 운송장

구매대행셀러가 고객에게 물건을 발송할 때 대다수 배대지 명칭으로 CJ 운송장이 발행되고 전화번호도 연락 안 되는 전화번호를 사용하여 고객이 제품을 받았을 때 어디서 주문했고 어디에 문의를 해야 할지 신뢰 못하는 경우가 많았다.

중판에서는 이러한 문제점을 없애고 셀러 상호와 연락처 및 주소로 CJ 운송장을 발행하여 통관과 배송이 이뤄지므로 셀러와 고객과의 신뢰형성은 물론 CS의 편의도 제공하고 있다.

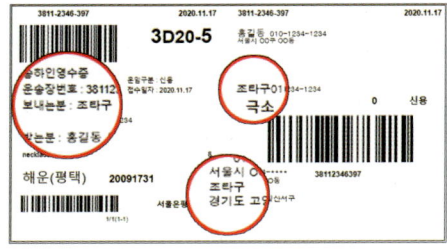

(3) 구매대행 회계 엑셀 소명자료와 환율

구매대행 셀러의 가장 큰 숙제인 엑셀 소명자료를 중판을 이용하여 출고 건에 대해 한 번에 다운로드 받아 구매대행 회계처리를 손쉽게 할 수 있도록 지원하고 있다.

이때 중요한 것 중 하나가 환율인데 국세청에 요구하는 매일 1회차 고시환율을 셀러가 하나하나 확인 하지 않아도 중판의 엑셀 소명자료를 다운받으면 자동으로 매일 달라지는 환율이 적용되어 별도의 환율 계산없이 정확한 소명 자료를 받을 수 있는 큰 장점이다.

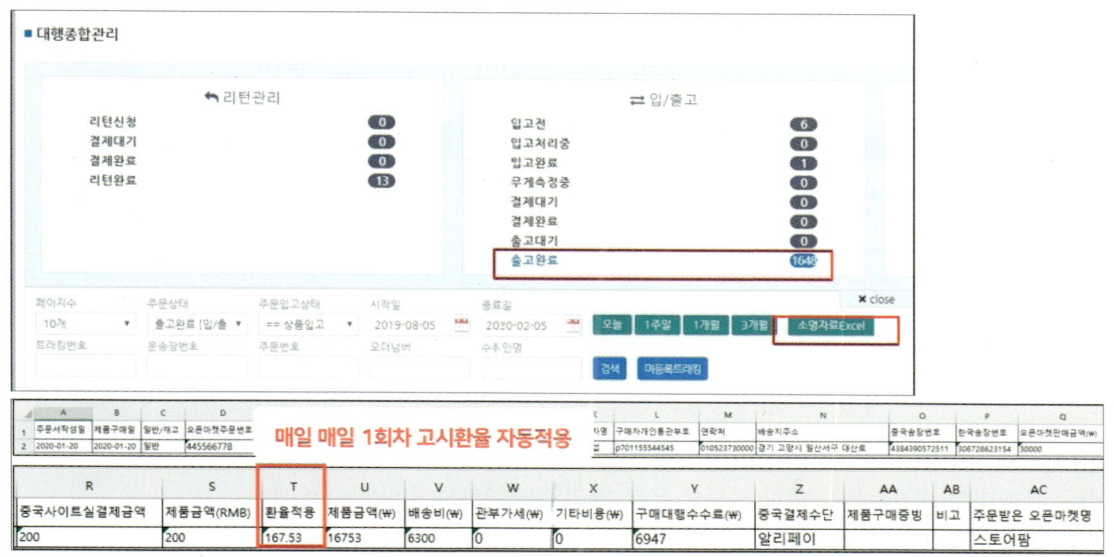

(4) 출고직전까지 수취인/운송방법 등 자유롭게 변경 가능

구매대행 셀러 특성상 오픈마켓 주문 건을 배대지를 통해 출고하다 보면 최소 2~3일의 중국 내 운송시간 때문에 고객의 주문취소를 겪게 된다. 주문이 취소되었으면 같은 상품이라면 다른 고객에게 배송이 이뤄져야 하는데 대다수 배대지는 무게측정과 동시에 CJ 운송장을 출력 부착하므로 수취인 변경이나 인천, 평택, 항공등 배송방법 변경하면 다시 CJ 운송장 출력이 필요하므로 별도비용과 하루 이상의 변경 시간이 소요된다. 하지만 중판은 출고 전까지 얼마든지 배송방법 변경과 수취인 변경이 가능하고 또 출고보류도 자유롭게 선택할 수 있어 한국고객의 변심에 빠르게 셀러가 대응할 수 있도록 출고업무를 지원하고 있다.

(5) 셀러명의 통관조회 제공

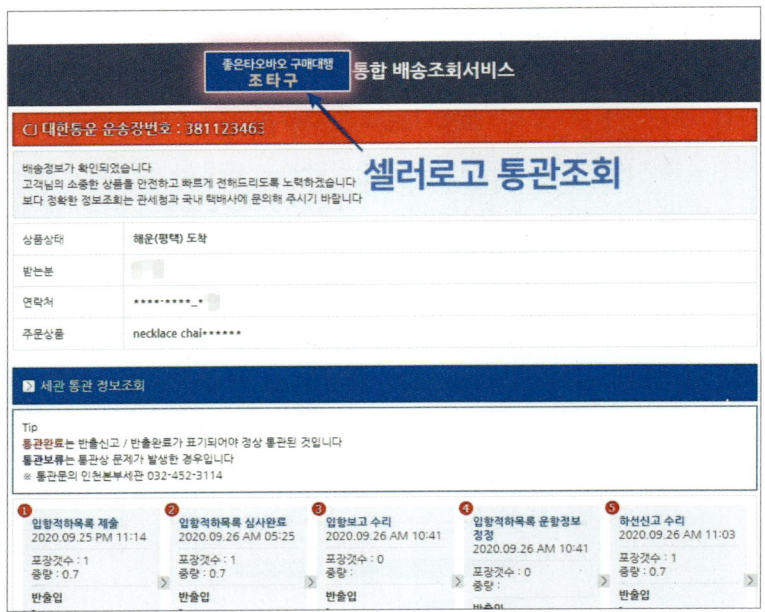

중판 유튜브 활용하기

중국 구매대행 셀러분들을 위한 유튜브 무료 강의도 진행하고 있다.

중국 구매대행 셀러를 위해 변화되는 정책도 소개하고 변화되는 중국 직구 시장을 빠르게 전달하기 위해 중판 대표는 유튜브 채널을 통해 소개하고 있으니 많은 시청 바란다.

셀러에게 최적화된 중판 중국 배대지

중국의 중판 배대지는 중판 대표가 직접 설립한 중국에서 인가한 현지 법인이다.
중국의 세법과 각종 엄격한 규정을 모두 준수하여 운영하고 있다.

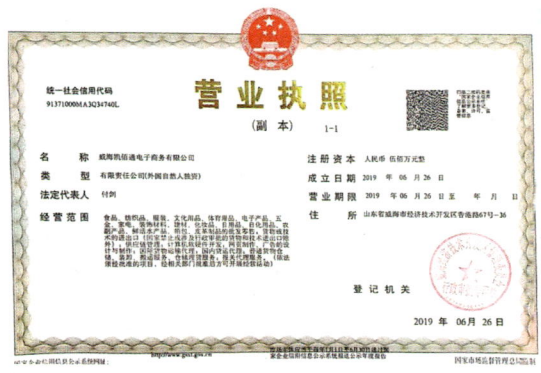

셀러와 고객의 입장을 생각해 충분한 창고 스페이스와 작업인력을 확보하고 있으며 당일입고 익일 출고 원칙을 지켜나가고 있다.

배송방법의 다양화로 해운-인천 / 해운-평택 / 항공 / LCL(인천)을 운영하고 있으며 어느 배송방법이 가장 빠른지를 안내하고 있어 그에 맞춰 배송방법을 선택하여 보내면 배송지연을 최소화하고 고객이 빠르게 제품을 수령할 수 있도록 준비하였다.

또한 사업자 정식 수입은 1688 슈퍼ID의 인보이스 서비스를 함께 이용해서 LCL(인천)을 통해 배송받으면 중판 대표가 자부하건데 모든 회계처리를 지원받으며 국내 최저가의 수수료로 수입 진행이 가능하므로 원가의 대폭절감을 통한 국내 판매가격 경쟁력을 가지실 수 있도록 셀러의 고민을 모두 담았다.

중판과 함께 성공한 셀러로서 반드시 다른 삶을 준비 할 수 있기를 기원한다.

Epilogue 283

중판과 함께 성장한 파워셀러 리뷰

인터뷰 - 홍종호 대표

안녕하세요.

저는 지방에서 회사를 다니면서 틈틈이 타오바오 구매대행을 하고 있는 홍종호라고 합니다. 이렇게 글을 적을 수 있는 기회를 주셔서 지난 2년간을 돌아 볼 수 있게 해주신 중판 이대표님께 감사드립니다.

회사 생활 중 그날도 뭐 특별한 마음 없이 출근하던 중에 우연히 접하게 된 유튜브에서 재고 없이도 사업을 할 수 있는 구매대행 사업을 알게 되었고 그날부터 사업을 시작 하게 되었습니다.

저는 회사 마치고 집에 와서 아기랑 놀고 잠까지 재우고 나면 밤 10시였습니다.

그때부터 마음먹고 책상에 앉아 노트북을 켜서 제품등록을 시작했지만 졸리기도 하고 해서 제품 하나 등록하는데 일주일씩 걸렸습니다. 이렇게 하루하루가 지나가 1년이 지났지만 제품은 100개도 되지 않았고 수익도 30만 원/월 정도로 용돈 벌이 수준이었습니다.

그러다 어느 날 출근길에 중판 대표님의 유튜브를 우연히 보게 되었고 그 중에서 특히 중국 이우 시장갔을 때 애들이 바닥에 누워있는 모습을 보고 본인 자식은 이렇게 키우지 않겠다고 하신 부분에서 깊은 공감이 들어 중판 무료 강의와 중국 통장투어에 참석했고 그곳에서 저의 구매대행 사업은 대박을 넘어 직장에서 받는 연봉을 한 달 만에 수익으로 얻는 성과를 이루었습니다.

물론 각자 처해진 상황과 현실이 다르기 때문에 정답을 말할 수는 없지만 초보단계에 머물러 있던 저에게 이대표님의 강의대로 매일 수동으로 제품을 등록해 보았고 농업적 근면성을 일깨워 회식을 하더라도 제품을 꼭 1개라도 등록하고 자는 습관까지 생겼습니다. 그래서 지금은 약 1600개의 제품이 등록 되어있고 스마트스토어 빅파워 등급을 계속 유지하고 있습니다.

제가 회사생활과 육아를 병행하면서 사업을 한다는 게 쉽지만은 않았습니다만 그 중에서 저한테 제일 필요한 것 은 일할 수 있는 시간을 버는 것이었습니다. 그 점에서 중판은 최고의 파트너였습니다. 회사생활 틈틈이 카톡으로 대화하는 중판의 실시간 소통은 상품등록과 고객CS하기에도 부족한 시간을 아껴 주었고 문제도 빨리 해결 되어 이런 혜택이 다시 고객께 전달되는 선순환 구조가 지금의 매출에 영양을 준 것 같습니다. 무한경쟁 세상에서 쇼핑몰이 커가면서 각종 신고도 많이 당했습니다. 그 와중에도 "강한 자가 살아남는 것이 아니라 살아남는 자가 강하다"는 말을 새기며 견뎌왔고 중판과 함께 대응하며 지금까지 성장 한 것 같습니다.

최근에 저는 새로운 아이템으로 브랜드를 만들어 보려고 도전 중에 있습니다. 거대한 땅 중국에서 중판과 함께할 비즈니스가 기대됩니다.

감사합니다.

인터뷰 - 제갈주현 대표

저는 타오바오 1688 직구대행 사업을 시작한지 갓 1년이 넘었고 "차구스"라는 곳을 운영하고 있는 대표 "제갈주현"이라고 합니다.

구매대행 사업은 기존에 하던 사업인 마케팅 대행사 일의 상황이 많이 좋지 않던 차에 온라인마케팅을 통해서 연계할 수 있는 일이 뭐가 있을까 하고 찾아보다가 시작하게 되었습니다.

정보를 찾아보던 중 중국 구매대행 사업을 알게 되었습니다.

또한 구매대행사업도 여러 가지 방식이 있다는 사실도 알게 되었구요.

선택한 방식은 카톡플러스 친구 회원을 유치해서 고객들이 의뢰한 물건을 직접 구매대행을 해주는 그런 구조의 사업이었습니다.

"성공 가능성이 높았고 지금하고 있는 마케팅일과 쉽게 연계할 수 있겠다"라는 생각을 했습니다.

이 방식을 알게된 건 중판 대표님인 이윤섭 대표님 유튜브 영상 때문이었습니다.

"이거다"라고 확신이 들었고 이윤섭 대표님을 멘토로 삼아서 사업을 배울 수 있는 중판 가족이 되었고 구매대행사업을 시작하게 됐습니다. 대표님 덕분에 중국가서 중국 통장도 만들고 사업에 필요한 인프라를 구축했고 1년 2개월이란 시간동안 사업을 하고 있습니다.

온라인에서 사람모으는거 빼고 아무것도 모르는 상태에서 시작했고 처음부터 모든 과정을 이윤섭 대표님께 배우면서 성장했습니다.

사업 초반에 많은 실수를 했고, 고객들 때문에 스트레스를 받으면서 나도 모르게 한숨 쉬면서 "그만둘까"라는 생각을 수도 없이 했었습니다.

차츰 적응이 됐고 대표님이 운영하시는 중판 배대지를 이용하면서 중국 물류 및 한국 통관 등 많은 경험과 노하우를 쌓게 되었습니다.

아직도 가야할 길이 멀지만 시작한지 9개월 이후부터는 수익이 어느 정도 안정화됐고 월매출 5,000만 원 전후로 꾸준하게 나오고 있습니다. 우직하게 포기만 안한다면 월매출 1억 원 이상도 가능하리라 생각합니다.

구매대행 사업을 할 때 정말 중요하게 생각해야 할 부분이 배대지선택입니다. 중국 내 물류 및 검수 그리고 한국 통관하는 과정에서 배대지와의 호흡과 소통이 정말 중요하기 때문에 선택을 잘 하셔야 합니다.

시작하면서부터 이윤섭 대표님한테 모든 걸 배웠고 지금도 배우고 있기 때문에 현재까지 어렵지 않게 사업을 이어오고 있습니다.

구매대행사업은 특별한 능력이 없어도 우직함과 꾸준함만 있다면 빛을 볼 수 있는 사업이라고 생각합니다.

아직은 구매대행 사업으로 완전하게 자리를 잡지는 못했지만 지금처럼 꾸준하게만 한다면 1~2년 후에는 더 발전하지 않았을까 라는 행복한 상상을 합니다.

구매대행 사업을 시작하게 도와준 중판 이윤섭 대표님의 책이 출간된다고 하니 구매대행 사업을 준비하는 분들이라면 큰 도움이 되지 않을까 생각해 봅니다.

인터뷰 - 윤예준 대표

저는 현재 중국 관련 비즈니스를 하며 약 1700명의 회원이 있는 구매대행 사이트를 운영 중인 20대 청년 사업가입니다.

중판 대표님을 만나기 전 대학생 신분으로 고군분투하며 사업을 진행하고 있었는데, 더욱 정교하고 내실있게 사업 확장해야겠다는 생각 끝에 대표님을 찾게 되었고 그렇게 작년 8월 소중한 인연이 되었습니다.

구매대행 사업에 안착하기까지 수많은 노력과 시행착오가 있었습니다. 아마 혼자였다면 쉽게 지치고 포기했을 텐데 다행히 제게는 중판 대표님의 많은 도움과 가르침이 있었습니다.

이 책에는 단순히 중국 상품을 한국에 소개하고 판매하는 보부상 수준을 넘어 중국에 배송대행지 법인회사를 차리기까지 중판 대표님만의 다년간의 숙련된 실전 노하우가 오롯이 담겨 있습니다.

오늘날 중국 구매대행 시장의 붐으로 인해 수많은 자칭 전문가들이 생겨나고, 이들은 잠깐의 경험과 짧은 지식으로 누구든지 쉽게 사업을 시작할 수 있다는 달콤한 말로 많은 예비 창업가, 초보 사업자들을 유혹하고 있습니다.

저라면 현장에서 직접 자신의 비즈니스를 하며 수많은 난관을 해결해 나가고 있는 사람의 강의를 듣겠습니다. 여러분들이 진정으로 중국 비즈니스를 하고 싶다면 이 책과 함께 시작하시길 강력히 추천드립니다.

광대한 중국 비즈니스에 대해 원대한 꿈을 꾸며 사업을 시작하려는 초보 창업자들은 이 책을 통해 중국 구매대행 비즈니스의 본질에 대해 알게 되고 사업에 대한 구체적인 청사진을 볼 수 있으리라 확신합니다.

아울러 다음 비즈니스 진행은 어떻게 해야 할지 고민 중인 기존 사업가분들에게도 깊은 인사이트와 탁월한 방향성을 제시해줄 것이라 굳게 믿습니다.

인터뷰 - 조성덕 대표

현재 진행하고 있는 사업이 있습니다만, 사업 확장과 중국 구매대행에 대해 관심이 있어서 중판 이윤섭 대표님 강의를 듣게 되었습니다.

구매대행 사업 뿐만 아니라 다른 분야도 보면, 강의하시는 분들이 실무를 잘 모르거나 실무에 관여하지 않으면서 이론적인 부분으로만 얘기하는 경우가 다반사인데요. 그러다 보니 겉으로 보이는 부분에 오히려 더욱 신경을 쓰곤 하는데요.

이대표님 강의는 말 그대로 실속이 있는 강의였습니다.

좁은 강의실 이었지만, 소수정예의 수강생에게 대표님의 경험을 토대로 한 실무적인 내용을 설명해 주시니 처음 접하는 참가자 입장에서도 앞으로 어느 방향으로 사업을 진행해 봐야 할지 초점이 맞춰지는 느낌이었습니다.

이번 강의 하나만 가지고 바로 사업에 적용해서 바로 매출이 팍팍 나오게 하기는 어렵겠고,

말씀 하신대로 많이 시행착오와 실패를 겪으면서 내용을 익혀 가겠지만, 대표님과 같이 수강했던 동기 사장님들과 같이 할 수 있겠다는 자신감도 생겼습니다.

번드르르 한 겉모습에 취할 것이 아니라 실속있는 사업을 키워 나갈 수 있는 좋은 계기가 되었던 교육이라 이대표님께 감사의 말씀을 전합니다.

앞으로도 많은 도움 부탁드리겠습니다.

감사합니다.

인터뷰 - 박모세 대표

저는 중국 구매대행 3년 차에 들어서며 위타오를 운영하는 박모세입니다.

지인과 마케팅 스타트업을 시작하며 고생하던 중 지인을 통하여 중국 구매대행에 대해서 알게 되었고 간단한 설명을 듣고 난 후 마케팅이 아닌 구매대행 사업이 하고 싶어졌습니다.

하지만 막상 중국 구매대행을 하려고 하니 막막했습니다. 중국에 대해서 잘 알지도 못하고 어떻게 시작해야 할지조차 몰랐기 때문입니다. 고민하다가 유튜브에서 여러 영상을 살펴보다가 중판이라는 채널을 알게 되었습니다. 다른 유튜버와는 다르게 화려한 편집은 없었지만. 중국 구매대행 프로의 향기와 진정성이 느껴졌습니다. 이분에게 중국 사업을 배워야겠다는 확신이 생겨서 배우기 시작했습니다.

많은 동영상 강의들과 자료들. 중국 관련된 수많은 질문을 밤낮없이 하며 배우고 중국에 가서 핸드폰과 통장을 만들고 시행착오를 겪으며 성장하게 되었으며. 이제는 중국 구매대행 업체 중에서는 이름있는(?) 업체가 되었습니다.

구매대행을 하시는 분들을 만나면 가장 큰 고민 중 하나는 배송대행지입니다. 중국에서 바로 한국으로 배송이 안 되기 때문에 배송을 대신 해주는 배송대행지를 이용해야 하는데. 가격이 저렴하면 서비스가 안 좋고. 서비스가 좋으면 가격이 비싸고. 그 외에도 시스템이 안 좋거나. 실수가 잦거나. 물류처리가 늦는 등 구매대행 배송대행지는 각각의 장단점이 있습니다.

인생에 있어서 좋은 스승을 만나는 것은 무엇보다 중요한 일입니다. 직구에 있어서 좋은 배송대행지를 만나는 것은 무엇보다 중요한 일입니다. 중판은 그런 면에서 볼 때 저에게 좋은 스승이었으며 좋은 배송대행지였습니다.

중판은 중국 소싱 판매자 서비스라는 이름에서 알 수 있듯이 중국 구매대행 사업을 하는 분들께 최적화가 되어 있습니다. 해운. 항공 비용은 매우 낮은 편이고 물류처리 속도 당일 입고 당일 출고 가능하고 CS 빠르고 시스템이 잘 갖춰져 있고 몇천 건 출고 시켰는데 실수가 없습니다. 저는 배송대행지 때문에 사업에 피해가 가고 지장이 있던 적은 한 번도 없습니다. 간혹 문제가 생기게 되면 바로 해결해주십니다. 대표님이 일을 워낙 잘 하시다 보니 같이 일하는 직원들도 잘합니다.

중국 구매대행 사업을 시작한 것이 제 인생에 있어서 신의 한 수입니다. 얼마 전 뉴스 기사를 보니 중국 직구 건수가 미국 직구 건수를 뛰어넘었다는 내용이 나왔습니다. 중국 직구는 향후 몇 년간은 성장할 것입니다. 그러므로 중국 구매대행에 사람도 몰릴 것이고 돈도 몰릴 그것으로 생각합니다. 직구 비즈니스는 장점이 많으며 앞으로도 발전될 비즈니스입니다. 중판 카페를 통한 정보공유, 유튜브, 대표님과의 소통, 배송대행지 이용 등을 통하여 학습할 수 있다는 것은 엄청난 장점입니다.